하나님의 인도

GUARD US, GUIDE US
by J. I. Packer and Carolyn Nystrom

Copyright © 2008 by J. I. Packer and Carolyn Nystrom
Originally published in English under the title Guard Us, Guide Us by Baker Books,
a division of Baker Publishing Group, Grand Rapids, Michigan,
49516, U.S.A. All rights reserved.

Korean Edition published by Word of Life Press, Seoul 2008
Translated and published by permission.
Printed in Korea.

하나님의 인도

ⓒ 생명의말씀사 2008

2008년 4월 14일 1판 1쇄 발행
2024년 10월 21일   13쇄 발행

펴낸이 | 김창영
펴낸곳 | 생명의말씀사

등록 | 1962. 1. 10. No.300-1962-1
주소 | 서울시 종로구 경희궁1길 6 (03176)
전화 | 02)738-6555(본사) · 02)3159-7979(영업)
팩스 | 02)739-3824(본사) · 080-022-8585(영업)

기획편집 | 구자섭, 장주연
디자인 | 오수지, 임수경
인쇄 | 주손디앤피
제본 | 주손디앤피

ISBN 978-89-04-15752-5 (03230)

저작권자의 허락없이 이 책의 일부 또는 전체를
무단 복제, 전재, 발췌하면 저작권법에 의해 처벌을 받습니다.

제임스 패커의
하나님의 인도

제임스 패커 & 캐롤린 나이스트롬

Contents

머리말 : 두려워하는 신자들 • 7

제1장 목자이신 하나님 • 15
하나님의 인도하시는 은혜 | 하나님의 언약적 돌봄 | 의의 길 | 시편 23편의 신학적인 구조 | 목자이신 하나님

제2장 의의 길 • 39
의의 본질 | 인도의 범위와 형태, 세부내용 | 표적과 확신 | 하나님의 인도와 인내

제3장 영적으로 건강한 삶 • 73
점검이 필요한 이유 | 건강한 삶을 위한 기본원리 | 건강한 지혜 | 영적 건강을 위한 "4H" | 마음의 습관 | 마음의 욕구 | 성결한 삶

제4장 말씀을 통한 인도 • 117
하나님의 명령 | 하나님의 책(성경) | 하나님의 율법 | 하나님의 생각 | 말씀으로 인도받는 삶

제5장 지혜의 길 • 155
지혜의 역할 | 지혜의 본질 | 지혜의 실천 | 요약

제6장 성숙한 조언 • 189
개성과 개인주의 | 교제와 우정 | 하나님의 손길 – 라일 주교의 경험 | 첫 번째 원리 : 조언 구하기 | 두 번째 원리 : 심사숙고하기 | 세 번째 원리 : 신중한 실천

제7장 그리스도를 본받는 삶 • 223
본보기, 하나님의 섭리 | 본보기의 역할 | 그리스도를 본받는 삶 | 지도자를 본받는 삶 | 요약

제8장 하나님의 부르심(소명) • 247
소명의 본질 | 소명의 요소 | 사역을 위한 준비과정 | 사역을 향한 첫걸음 | 소명을 위한 도우심 | 용기와 방향 수정 | 요약

제9장 환경을 통한 인도 • 273
상황의 교리 | 자기 현혹과 마귀의 유혹 | 상황을 통한 인도

제10장 성령님의 인도하심과 보호하심 • 295
성령에 대한 소개 | 두 가지 극단 | 성령의 인도 | 하나님의 직접적인 인도 | 즐겨 일하시는 은혜의 성령

맺는말 : 두려움의 극복 • 327
신실하신 하나님 | 믿음의 기도 | 두려워하는 신자들

부록 : 하나님의 인도(존 뉴턴) • 339

주 • 348

지금도 신자들은 삶을 어떻게 결정해야 할지 걱정하며 불안해한다.
그들은 여전히 두려움에 휩싸여 있다.

두려워하는 신자들

"하늘에 계신 아버지, 폭풍과도 같은 세상 속에서 우리를 인도하소서. 우리를 인도하소서. 우리를 보호하시고, 인도하시며, 지켜 주시고, 먹여 주소서. 주님 외에는 우리를 도울 자가 없나이다. 하나님이 우리 아버지가 되시면 모든 축복이 우리의 것입니다. 우리를 구원하신 주님, 우리의 연약함을 아시오니 용서를 베풀어 주소서. 주님은 우리보다 먼저 이 세상을 살아가셨고, 세상의 온갖 질고를 다 담당하셨으며, 외롭고, 쓸쓸하고, 지치고, 연약한 모습으로 거친 광야를 지나셨나이다. 하나님의 성령이 위로부터 임하시어 하늘의 기쁨을 우리 마음에 가득 채우시네. 뜨거운 열정이 가득한 사랑과 결코 싫증 나지 않을 기쁨을 허락하시고, 용서하고 인도하시니 그 무엇도 우리의 평화를 깨뜨릴 수 없으리."

— 제임스 에드미스턴(1791-1867)

죽음을 눈앞에 둔 절체절명 위기의 상황에서 느껴지는 두려움의 맛이란, 참으로 끔찍하다. 담즙이 뱃속에서부터 거꾸로 식도를 타고 넘어와 입안에 씁쓸하고 자극적인 맛을 남긴다.

내 친구 중 한 명은 뒤집어진 뗏목에 몸을 맡긴 채 마우이 해안 근처를 표류하다가 커다란 상어 한 마리가 자신의 주변을 맴도는 끔찍한 광경을 목격했다. 바로 그 순간, 그는 두려움의 맛을 느꼈다. 캐나다인 친구 하나도 침몰된 보트에서 빠져나와 시리도록 차가운 태평양의 바닷물을 헤엄쳐 나오는 동안 그와 똑같은 두려움을 맛보았다. 두려움의 맛을 느껴 보지 않은 사람은 거의 없다.

두려움은 어떤 형태의 것이든 인생의 풍미를 모조리 앗아간다. 두려움에 사로잡히면 낮에는 정신이 몽롱하고, 밤에는 잠을 이루지 못하며,

매사에 집중력을 잃고, 늘 겁에 질린 채 뒷걸음질칠 수밖에 없다.

아마도 두려움은 인간의 감정 가운데 가장 불쾌하고, 가장 큰 피해를 야기하는 감정일 것이다. 두려움은 삶의 의욕을 고갈시켜 관계에 악영향을 미치고, 똑바로 앞을 바라보지 못하고 곁눈질하게 만듦으로써 삶의 지혜를 어둡게 한다. 두려움은 극복하기가 매우 힘든 장애다.

지난 한세기 반을 지나오면서 하나님의 인도는 많은 기독교인들에게 두려움을 느끼게 하는 주제로 부각되었다. 기독교인들은 하나님이 완전한 지혜와 은혜로 우리의 삶을 인도하시고, 중요한 결단의 순간에 우리를 도우시며, 성경의 가르침에 충실할 수 있는 능력을 주신다고 확신하며 살아왔다.

하지만 오늘날, 세계의 일부 지역에서는 존 웨슬리와 윌리엄 윌버포스와 같은 사람들이 보여 주었던 뜨겁고 적극적인 믿음이 "율법적인 경건주의"로 대체되고 있다.

하나님과의 인격적인 관계보다 더 중요한 것은 없다는 경건주의 신념은 옳고 선하지만, 하나님과의 관계가 인간의 행위에 달려 있다고 믿는 율법주의는 옳지도, 선하지도 않다.

율법주의는 흔히 두 가지 잘못을 저지른다. 첫째, 기독교적인 관점에 근거해 상식적인 결정을 내리기보다 하나님의 직접적인 지시를 구하는 것이 신앙생활의 핵심 가운데 하나라는 통념을 조장한다.

둘째, 기독교인의 삶을 위한 하나님의 계획을 사전에 계획된 여행 일정처럼 취급한다. 즉, 계획된 일정 가운데 하나라도 빠뜨리면 여행

전체를 망치고 만다는 식의 논리를 전개한다. 율법주의는 이미 본래의 이상적인 계획이 실행 불가능한 상태가 되었기 때문에 손실이 불가피하더라도 차선책을 세워 충실히 지켜 나가야 한다고 주장한다.

그 결과, 복음주의 신자들 사이에 결정과 선택의 문제를 둘러싸고 두려움과 불안감이 널리 증폭되고 말았다. 오늘날, 신자들은 하나님의 특별하고 구체적인 지시가 없으면 인생의 중요한 문제를 결정할 수 없다고 생각한다.

직업, 관계, 소명, 결혼과 같은 문제들에 대해 하나님의 뜻에 어긋나는 결정을 내릴지도 모른다는 두려움은 신자들을 혼돈 속으로 몰아넣었고, 그 결과 신자들은 올바르고 선한 헌신은 고사하고 헌신 자체를 아예 포기하는 쪽으로 기울게 되었다(엄밀히 따지면 헌신을 포기하는 것 역시 결정에 해당한다). 별로 달갑지 않은 현상이다.

그러는 사이, 교회 지도자들은 하나님의 인도를 부지런히 구하지 않고 제멋대로 결정을 내리기 때문에 올바른 선택이 이루어지지 않는 것이라며, 그리스도의 명령에 복종하여 자기를 부인하고 다른 사람들을 섬기는 일에 헌신하라고 강조했다.

한때 복음주의자들 사이에는 해외 선교사, 목회자나 목회자 사모, 의료인(의사와 간호사), 학교 교장과 같은 직업을 선택해야만 일등 신자가 될 수 있다는 생각이 만연했다. 그 외의 직업은 아무리 합법적이더라도 이등 신자가 하는 일로 간주되었다.

그런 이유로, 젊은 기독교인들은 여러 면에서 좋은 결과를 가져올 수 있는 직업들을 외면한 채 오로지 이들 직업 가운데 하나를 선택하려고 노력했다.

물론, 전적으로 틀린 생각은 아니다. 이들 네 가지 직업은 다른 직업들에 비해 선행을 베풀거나 다른 사람들을 도울 기회가 더 많다. 한마디로, 직업 활용도가 매우 높다. 이런 점에서 젊은이들에게 이들 직업을 독려할 이유는 충분하다. 하지만 그런 직업을 선택함으로써 영적으로 우월한 위치를 차지할 수 있다는 생각은 하나님이 수도사나 신부를 일반 신자보다 더 귀하게 보신다는 중세시대의 미신과 하등 다를 바가 없다.

이들 네 가지 직업 가운데 하나를 선택하는 데만 급급한 나머지 본인의 적성이나 소질, 다른 사람들의 의견을 모두 무시한 채 하나님이 주시는 특별한 표적이나 확신만 있으면 그만이라는 생각 역시 미신이기는 마찬가지다.

지금도 신자들은 삶을 어떻게 결정해야 할지 걱정하며 불안해한다. 그들은 여전히 두려움에 휩싸여 있다. 이 책은 그런 문제를 해결하는 데 도움을 주기 위해 쓰였다.

두려워하는 신자들

우리는 오랫동안 목회활동을 해오면서 일반사회처럼 구원받은 신자들의 공동체 내에도 두 부류의 사람들이 존재한다는 사실을 발견했다. 하나는 어리석게 살아가는 사람들이고, 다른 하나는 두려워하며 살아가는 사람들이다.

중세시대에 유행했던 네 가지 기질에 빗대어 말하면, 다혈질과 담즙질에 속하는 사람들이 전자에 해당하고, 점액질과 우울질에 속하는 사람들이 후자에 해당한다. 현대적으로 표현하면, 전자는 조증 환자, 후자는 울증 환자로 분류될 수 있다.

조증 환자로 분류되는 사람들은 신앙생활을 할 때 매사에 신중하지 못하고 지나치게 서두르는 면이 많으며, 대개 안일하고 진중하지 못한 삶을 산다.

그와 대조적으로, 울증 환자로 분류되는 사람들은 하나님을 신뢰하지 못하고 늘 삶을 비관하는 탓에 마음의 평화를 얻지 못한다. 이들은 항상 발을 헛디뎌 실족할지도 모른다는 두려움에 사로잡혀, 스스로가 생각하는 것보다 훨씬 더 무기력한 신앙생활을 하고 있다.

고대사회의 기본 덕목에 비춰 말하면, 전자는 신중함이, 후자는 용기가 결여된 상태다. 두 부류의 사람들 모두 고유한 약점 때문에 하나님의 인도를 잘못 오해할 때가 많다.

우리의 논의가 매우 포괄적인 이유는 최대한 많은 도움을 주고 싶기 때문이다. 이 책을 읽는 사람마다 많은 도움을 얻기를 기도한다.

하나님, 도우소서. 아멘.

 양이 길을 잃으면, 목자가 다시 찾아온다. 하나님도 그와 같은 방법으로 우리를 보호하고 인도하신다. 시편 23편이 증언하는 대로, 하나님의 인도는 참으로 놀라운 복음이 아닐 수 없다.

목자이신 하나님

"우리의 보호자와 인도자가 되어 주시고, 우리가 부르짖을 때 귀를 기울여 주시며, 미끄러지기 쉬운 우리의 발이 실족하지 않게 도와주시고, 넘어지지 않게 굳게 붙들어 주소서."

— 아이작 윌리엄스(1802-1865)

"인도"라는 말은 많은 기독교인들에게 매력과 동시에 두려움을 느끼게 하는 용어다. 매력적인 이유는 기독교인들이 대개 하나님의 인도를 간절히 원하고, 또 신실한 신자들에게 하나님의 인도를 약속하는 성경구절이 많기 때문이며, 두려운 이유는 하나님의 인도를 올바로 인식하기가 어려울 뿐 아니라 잘못 판단했다가는 화를 자초할지도 모른다는 우려 때문이다. 특히, 하나님의 인도를 잘못 이해하여 성급히 행동했다가 피해를 당한 사례가 적지 않기에 두려움은 기우가 아닌 생생한 현실로 다가온다. 하지만 하나님의 인도에 관한 불확실성과 약속을 이루시는 방법의 신비로움 때문에 한편으로는 두렵고, 다른 한편으로는 매력적인 현상이 지속되곤 한다. 어떤 사람의 의중을 직접 파악하기 힘든 경우 그와의 경험을 토대로 판단을 내릴 수밖에 없듯이, 신자들은 어려운 일에 직면하여 하나님의 인도를 구할 때 자신이나 친구들의 경험을 토대로 그분의 뜻을 어렴풋이 유추한다. 하나님의 인도를 구했지만 아무 응답이 없었다고 생각될 때는 물론이고, 하나님이 확실히 인도하셨다고 생각될 때 역시 얼마든지 난관에 부딪치고, 일이 잘못되고, 희망이 꺾이고, 하나님의 인도를 구했던 진지한 노력이 수포로 돌아갈 수 있다. 그런 경우, 신자들은 절망에 빠져 슬퍼하고 당혹해한다. 그런 감정을 안고 사는 것은 좋지 않다. 그런 삶은 하나님을 영화롭게 하지 못한다.

하나님의 인도하시는 은혜

복음주의 기독교인들이 하나님의 인도에 관해 혼란스러워하는 현상은 비교적 최근에 시작되었다. 즉, 이러한 현상은 웨슬리 전통에 입각한 선교사역과 2차 대각성운동의 열풍이 지나간 후에(즉, 19세기 중반에) 미국에서 유행하기 시작한 "경건주의적 경험주의"라는 신앙노선의 산물이다. 이는 성경을 믿는 신자가 하나님의 인도를 겸손히 구하면 강한 내적 충동이나 상상, 또는 음성과 같은 형태로 하나님으로부터 직접 지시를 받을 수 있다는 신념을 부추겼다. 물론, 17세기 청교도들 가운데 음성과 환상을 통해 하나님의 인도를 받을 수 있다고 믿었던 신자들이 일부 있었지만 대다수는 그런 형태의 신앙을 "감정주의", 즉 광신주의로 배격했다. 하지만 개인을 위한 성령사역이 꾸준히 강조되어 온 덕분에 초자연적인 방법을 통해 전달되는 하나님의 인도가 가장 확실하고 정확한 인도라는 생각이 신자들 사이에 뿌리를 내리게 되었다. 특히 열정적인 신자들의 경우에는 그런 경험을 더욱 갈망한다.

20세기에 접어들어 두 가지 발전이 이루어지면서 이 같은 현상은 더욱 가속화되었다. 첫 번째 발전은 프랭크 부크먼과 그의 동료들의 가르침이다. 이들은 1920, 30년대에 "옥스퍼드 운동"으로 불렸던 영적 부흥운동을 주도했다. 부크먼은 하루 중에 잠시 시간을 내어(30분 정도가 가장 이상적이라고 한다) 그리스도의 네 가지 덕목(정직, 순결, 무욕, 사랑)을 양심에 호소하시는 하나님의 음성에 귀를 기울여야 한다고 가르쳤다. 부크먼은 그와 같은 영적 활동을 "경건의 시간"으로 명명했다. 그 후로 기도, 묵상, 성경 읽기, 자아 성찰, 고백, 새로운 헌신으로 구성된 경건의 시간이 기독교인들 사이에 중요한 영적 훈련으로 자리 잡게 되었다(물론 성경은 경건의 시간을 직접 명령하지 않는다). 경건의 시간에 충실했던 신자들은 영적으로 성숙하여 하나님 나라의 유능한 일꾼이 되었지만, 경건의 시간을 소홀히 했던 신자들은 단조롭고, 냉랭하고, 무기력한 신앙생활을 하는 데 그치는 경우가 많았다. 하지만 경건의 시간을 하나님의 인도를 구하는 마술적인 수단으로 생각하는 태도는 결코 바람직하지 않다.

두 번째 발전은 오순절주의의 확산이다. 오순절주의는 초대교회의 은사와 신앙이 교회 안에서 다시 회복되고 있고, 말씀을 통해 직접적으로 하나님의 인도를 받을 수 있다고 주장했다. 오순절주의가 주창한 은사운동은 1970년대에 세계적으로 널리 확산되었고, 선지자 아가보가 바울이 예루살렘에 갈 경우 일어날 일을 예언했던 것처럼(행 21:10-14 참조) 때로 하나님의 지시를 받은 신자가 다른 신자들에게 그 뜻을 전할 수 있다는 확신을 퍼뜨렸다. 하지만 바울은 예루살렘에 가지 말라는 아가

보의 예언을 하나님의 뜻으로 받아들이지 않았을 뿐 아니라 동료 신자들의 만류를 단호히 뿌리쳤다. 바울의 동료들은 결국 설득을 포기하고 "주의 뜻대로 이루어지이다"라고 말했다. 이는 그들이 고난을 각오하고 예루살렘에 가겠다는 바울의 결심을 하나님의 인도로 받아들였다는 뜻이다(행 20:22, 23 참조). 고난에 대한 하나님의 경고가 있다고 해서 반드시 계획한 바를 철회해야 하는 것은 아니다. 오히려 그런 경고는 결과를 뻔히 알고 있는 상황에서도 기꺼이 복종하고자 하는 마음이 있는지를 시험하기 위한 것일 수도 있다. 요한복음 21장 18, 19절이 암시하는 대로, 예수님도 그런 식으로 베드로를 시험하셨다.

이처럼 서구 기독교인들은 대개 하나님의 인도를 직접적인 말씀이나 내면의 음성, 또는 예언적인 메시지의 전달을 통해 할 일을 구체적으로 지시받는다는 뜻으로 이해한다. 몇 가지 경우를 예로 들면 다음과 같다. 적절한 수단을 강구하여 하나님의 지시를 따르는 경우[바울의 동료들이 배를 타고 마게도냐로 갔던 일(행 16:9-12 참조)], 하나님의 뜻이 분명하지 않은 상황에서 구체적인 행동을 취하는 경우[바울의 동료들이 소아시아, 무시아, 비두니아 선교를 철회하고 돌아선 일(행 16:6-8 참조), 빌립이 에디오피아 내시를 만나기 위해 광야로 갔던 일(행 8:26-29 참조)], 미리 예고된 결과를 알고 구체적인 행동을 취하는 경우[바울이 폭풍우를 만났을 때 배에 탄 사람들에게 생명의 안전을 약속했던 일(행 27:22-26, 31, 34 참조), 예수님이 베드로에게 물고기 입에서 동전을 꺼내 오라고 명령하셨던 일(마 17:27 참조)] 등이다.

앞에서 우리는 실수나 오판으로 인해 하나님의 가장 좋은 축복을 영구히 상실할지 모른다는 우려가 기독교인들 사이에 존재한다고 지적했다. 특히, 하나님의 인도를 확신하지 못하는 데서 비롯한 불안감은 다른 신자들이 기적을 체험했다는 소식을 설교나 글을 통해 전해 듣는 순간 더욱 크게 증폭된다. 한마디로, 기독교인들은 하나님의 인도에 대해 경이로움과 불안감을 동시에 느낀다.

그러면 우리는 이 문제를 어떻게 생각해야 할까? 우선, 지금까지 설명한 신념이나 견해는 대부분 잘못되었다. 하지만 하나님의 인도는 그분의 언약에 포함되어 있는 현실이기도 하다.

하나님은 성경시대에 위에서 언급한 방식으로 종종 자신의 의사를 전달하셨고, 그런 방법을 다시 사용하지 않겠다고 말씀하신 적도 없으시다. 또한, 하나님의 인도를 체험한 사람들의 증언들 가운데는 의심할 수 없는 사실들이 많다. 어떤 사람들은 성경 계시가 종결되었다는 이유를 들어 하나님이 더 이상 직접적인 방법으로 의사를 전달하지 않으신다고 주장한다. 하지만 이는 성경의 증언을 뛰어넘는 섣부른 판단일 뿐 아니라 믿을 만한 증언들 앞에서 설득력을 잃고 만다. 하나님이 스스로 제한을 두지 않으셨는데, 우리가 그분을 제한하는 것은 옳지 않다. 물론, 위에서 논의한 것과 같은 방식으로 전달된 하나님의 메시지는 믿음과 행위의 보편적인 규칙인 성경 계시와 동등하게 취급될 수 없다. 성경은 바울과 아가보의 경우를 통해 미래에 대한 하나님의 뜻을 알게 되었다고 해서 반드시 개인의 확신과 신념을 바꿀 필요는 없다고 말씀한다. 물론, 그렇다고 해서 소위 "사적인 계시"(청교도들이 사용했던 표현이다)가 오늘날에도 여전히 가능하다는 점을 부인할 필요는 없다. 우리는 이 문제에 대해 개방적인 태도를 취해야 한다. 비록 스스로 현혹될 여지가 많다는 점을 인정하더라도 하나님의 말씀을 직접 들었다는 주장을 일언지하에 묵살해서는 곤란하다. 오히려, 우리는 그런 주장을 열린 마음과 객관적인 태도로 성경의 가르침에 비추어 시험해야 한다. 성경은 신명기 18장 21, 22절과 같은 구절을 통해 시험의 원리를 가르친다. "……만일 선지자가 있어서 여호와의 이름으로 말한 일에 증험도 없고 성취함도 없으면 이는 여호와의 말씀하신 것이 아니요 그 선지자가 방자히 한 말이니 너는 그를 두려워 말지니라." 선지자를 자칭하는 사람들의 말을 분별해야 한다는 뜻이다. 바울도 데살로니가 교인들에게 "예언을 멸시치 말고 범사에 헤아려 좋은 것을 취하고"(살전 5:20, 21)라고 권고했다.

하나님의 언약적 돌봄

우리가 말하고 싶은 것은 두 가지다. 첫째, 하나님은 과거나 지금이나 직접 하늘의 음성을 통해 우리를 인도하시는 방법을 잘 사용하지 않으신다. 둘째, 그런 음성이 들려왔다 해도 단지 부분적인 것일 뿐, 하나님의 인도는 그보다 훨씬 더 많은 요소를 포함한다. 하나님이 우리를 인도하실 때 가장 보편적으로 사용하시는 방법은 계시된 성경말씀의 적절한 적용이다. 또한, 위에서 말한 대로 하나님의 인도는 우리를 돌보시기 위한 사역의 일부분일 뿐이다. 하나님은 할 일을 지시하신 뒤에 우리의 행동을 지켜보는 것으로 만족하지 않으신다. 우리를 돌보시는 하나님의 사역은 그보다 훨씬 더 많은 차원을 지닌다.

신학자들은 종종 "은혜 언약"이라는 명칭을 사용한다. 하나님의 인도는 전적으로 은혜 언약에 근거한다. 언약은 하나님과 우리의 상호 헌신을 규정하는 성경 용어다. 물론, 하나님의 언약은 대등한 입장에서 상호 협의에 의해 체결된 협약과는 거리가 멀다. 하나님과 우리의 언약 관계는 전적으로 그분의 주도 아래 이루어졌다. 이런 점에서 은혜 언약이라는 표현은 매우 타당하다. 아무 자격이 없는 우리에게 하나님의 은혜가 주어졌다는 것이 은혜 언약의 핵심이다. 그리스도의 중보 사역과 희생이 옛 언약을 대신했고, 그로 인해 언약 관계 유지의 필요조건이 달라졌지만, 관계의 본질은 절대로 변하지 않는다. 성경은 하나님의 언약을 "왕의 언약"으로 묘사한다. 즉, 하나님의 언약은 고대 세계에서 군주와 백성 사이에 이루어졌던 통치 언약과 비슷하다. 또한, 하나님의 언약은 아내와 남편이 서로에게 자신의 모든 것을 내어주고 사랑으로 섬기겠다고 약속하는 결혼 언약이기도 하고, 부모와 자녀가 서로를 돌보고 섬기겠다고 약속하는 가족 언약이기도 하다. 이 세 가지 언약의 의미는 목자와 양의 관계 안에서 하나로 통합된다. 목자와 양의 관계는 사랑, 보호, 부양, 리더십을 모두 포함한다. 간단히 말해, 목자는 양들이 필요로 하는 모든 것을 제공한다. 성경에 보면, "나는 너희 하나님이 되고 너희는 나의 백성이 되리라"는 말씀이 자주 등장한다. 종종 "언약의 주제"로 불리기도 하는 이 말씀을 올바로 이해하려면 위의 세 가지 언약의 의미를 모두 염두에 두어야 한다. 이는 빛을 설명할 때 스펙트럼을 통해 나오는 모든 빛깔을 생각해야 하는 이치와 같다. 우리가 하나님의 인도와 은혜를 이해하고 경험할 수 있는 것은 전적으로 그분의 언약 때문이다.

    하나님은 우리의 목자시고, 우리는 그분의 양이다. 그리스도는 요한

복음 10장에서 스스로를 선한 목자라고 이르셨다. 목자는 양들을 안전하게 보호하고, 건강하게 관리하고, 좋은 꼴을 제공한다. 그 이유는 비단 자신의 생계를 위해서만이 아니라 양들이 어리석고 스스로를 돌볼 능력이 없기 때문이다. 목자는 그런 양들에 대해 각별한 애정과 책임을 느낄 수밖에 없다. 나는 웨일스에서 양을 기르고 있는 친구 덕분에 목자가 양을 돌보는 모습을 오랫동안 관찰할 수 있었다. 목자가 양을 돌보는 데 얼마나 많은 정성을 쏟는지 알고 싶다면, 필립 켈러의 『양과 목자』(생명의말씀사)를 읽어 보기 바란다.[1] 브리티시컬럼비아에서 8년 동안 양 목장을 경영한 바 있는 켈러는 당시의 경험을 토대로 그 책을 집필했다. 목자와 양들 사이에는 각별한 유대관계가 형성된다. 이 점은 오늘날이나 성경시대나 하등 다를 바가 없다. 양을 기르는 기술이나 방법도 과거와 전혀 다르지 않다.

의의 길

켈러가 쓴 책의 원서 제목을 번역하면 "한 목자의 눈에 비친 시편 23편"이다. 우리는 시편 23편을 하나님의 인도에 관한 성경의 가르침으로 받아들여, 이 주제와 관련된 모든 불안감을 떨쳐버림과 동시에 확신과 자신감을 심어 줄 근거로 삼고자 한다. 시편 23편 3절은 "자기 이름을 위하여 의의 길로 인도하시는도다"라고 말씀한다. 우리는 이 말씀의 의미를 깊이 파헤칠 생각이다. 시편 23편은 시가시에 속해 있다. 시편은 하나님의 영감을 받아 히브리어로 기록된 찬송시에 해당한다. 이

점에서 시편 23편은 하나의 이미지에서 순간적으로 다른 이미지로 전환하는 수법을 사용한다. 우리는 여기에 주의를 기울여야 한다. 아울러, 시편 23편의 시어를 좀 더 깊고 생생하게 파헤치기 위해 이른바 "2차 이미지"(새로운 이미지를 도입하여 본문의 이미지를 더욱 발전시키는 방법)를 활용할 생각이다. 각 구절의 논리를 정확히 추적함과 동시에 비유적인 표현을 구별하여 그 묘미를 깊이 음미할 수 있어야만 훌륭한 성경 해석이 이루어질 수 있다. 성경의 전달 방식은 우리의 논리와 상상력을 자극한다.

시편 23편의 처음 네 구절은 시편 저자(다윗)를 양으로, 하나님을 목자로 묘사한다. 하나님은 고대사회의 목자들처럼 양떼를 인도하고 보호하신다.

"여호와는 나의 목자시니 내가 부족함이 없으리로다 그가 나를 푸른 초장에 누이시며 쉴 만한 물가로 인도하시는도다 내 영혼을 소생시키시고 자기 이름을 위하여 의의 길로 인도하시는도다 내가 사망의 음침한 골짜기로 다닐지라도 해를 두려워하지 않을 것은 주께서 나와 함께하심이라 주의 지팡이와 막대기가 나를 안위하시나이다" 1-4절.

목자는 양들을 안전하고 조용한 장소로 인도하여 그곳에서 먹고, 마시고, 편히 쉬게 함으로써 새로운 만족과 힘을 불어넣어 준다. 또한 목자는 양들이 다니는 길이 아무리 험난해도 해를 당하지 않도록 보호한다. 연회석상에서 대우받는 귀빈의 모습을 상상해 보면 음식과 물을 배불리 먹고 안전하게 거하는 양떼의 모습을 좀 더 생생하게 이해할 수 있을 것이다.

"주께서 내 원수의 목전에서 내게 상을 베푸시고 기름으로 내 머리에 바르셨으니 내 잔이 넘치나이다"_5절.

성경시대에는 친밀한 교제를 나누며 편안하고 즐거운 시간을 보내기 위해 연회가 열렸다. 다윗은 하나님을 신실한 목자이자 정성을 다해 손님을 맞이하는 너그러운 주인으로 묘사한다. 머리에 바르는 기름은 올리브유를 섞어 만든 향유를 가리킨다. 마음씨 좋은 주인은 손님이 도착할 때마다 그들의 이마에 향유를 찍어 발라 한편으로는 몸 냄새를 제거하고(오늘로 말하면, 샤워 대용이었다), 다른 한편으로는 얼굴에 빛이 감돌게 했다. 하지만 켈러의 이야기에 비추어 보면[2] 다른 해석이 가능하다. 팔레스타인의 목자는 여름철에 양들의 이마에 올리브유, 유황, 향신료를 섞어 만든 전통적인 오일을 발라 주었다고 한다. 그 이유는 콧잔등에 달라붙은 파리나 해충 때문에 생긴 가려움증을 완화시켜 주기 위해서였다. 오일을 발라 주지 않으면 양들이 얼굴을 마구 비벼 상처가 생길 가능성이 많았다. 아마도 다윗은 그런 상황을 염두에 두었을지 모른다. 아울러, 다윗은 "원수의 목전"이라는 표현을 사용할 때 맹수들(사자, 곰, 늑대)이 산과 들을 지나는 자신과 양떼를 해치려고 기회를 엿보곤 했던 옛 기억을 떠올렸을 수도 있다. 아무튼, 원수들이 기회를 엿볼 뿐 선뜻 뛰어들 수 없는 상황에서 연회를 즐긴다는 것은 완전한 보호와 평화를 암시한다. 이것이 다윗이 표현하고자 했던 생각이다.

"과부 사정은 과부가 안다."는 속담이 있듯이, 켈리도 양을 길러 보았기 때문에 목동의 신분으로 아버지 이새를 섬겼던 다윗을 누구보다 잘 이해한다. 그는 다윗이 양을 기르면서 얻은 경험을 토대로 목자이신 하나님을 묘사하고 있다고 말했다. 다윗은 봄이 되면 우리에 갇혀 있던 양떼를 이끌고 유대의 산악지역을 돌아다니며 생활하다가 가을이 되면 다시 집으로 돌아오곤 했을 것이다. 우리는 비록 목자는 아니지만, 다윗의 말을 통해 하나님이 우리를 돌보시는 방법을 좀 더 깊고 정확하게 이해할 수 있다. 예를 들어, 양들은 두렵거나 배가 고프거나 갈증을 느낄 때 절대로 눕지 않는다(2절 참조). 무리 중에 소란을 일으키는 동료가 있거나 파리나 기생충이 몸을 귀찮게 할 때도 마찬가지다. 따라서 목자는 양들을 유해한 요인으로부터 보호하기 위해 최선을 다하고 나서야 비로소 일손을 내려놓고 휴식을 취할 수 있다.[3] 목자가 양들을 푸른 풀밭과 잔잔한 물가에 데려가서 잘 먹이고, 마시게 하려면 사전 계획과 준비가 잘 되어 있어야 한다.[4] 켈러는 팔레스타인의 기후와 지형 및 양을 기르는 전통에 대한 지식을 바탕으로, 다윗이 봄에 산지에 있는 풀밭으로 양들을 이끌고 나갔다가 겨울이 다가오면 맹수들이 어슬렁거리는 어두운 계곡을 지나 산 아래로 내려와서는 다시 양들을 우리에 가두어 넣는 모습을 생생히 묘사했다(4절 참조).[5] 또한, 그는 목자의 막대기(곤봉)와 지팡이(끝이 고리처럼 굽어 있는 막대기)의 생김새가 어떠한지, 목자가 그것들로 양떼를 어떻게 보호하고 인도하는지 그 방법을 자세히 설명했다.[6] 켈러의 책을 다 읽고 나면 양을 기르는 방법은 물론, 수고와 인내를 아끼지 않으시는 하나님의 사랑을 좀 더 깊이 깨닫게 된다.

다윗은 "내 잔이 넘치나이다"(5절)라고 말했다. 이는 풍요로움을 나타낸다. 포도주가 너무 많아 손님들이 들고 있는 술잔에 흘러넘칠 때까지 가득 부어 넣고도 남을 정도다. 하나님의 은혜는 마치 샘물처럼 연회에 참석한 모든 사람들과 그 가족들과 자녀들과 양떼에게까지 흘러넘친다. 하나님의 인자하심은 그만큼 놀랍다(구약성경에서 "인자하심"은 "관대함, 너그러움"을 의미한다).

"나의 평생에 선하심과 인자하심이 정녕 나를 따르리니 내가 여호와의 집에 영원히 거하리로다"_6절.

연회에 참석한 손님들, 즉 양처럼 어리석은 사람들이 집(즉, 목자이자 집주인이 살고 있는 거처요 연회가 베풀어진 장소)에 영원히 거한다. 하나님이 계시는 곳으로 나아오는 사람들에게 주어지는 그분의 은혜는 결코 다함이 없다.

이보다 더 큰 만족과 확신을 가져다주는 말씀이 또 어디 있겠는가? 기독교인들은 늘 시편 23편을 애용해 왔다. 시편 23편은 신자들의 병문안, 임종, 장례식 등에 널리 활용되었을 뿐 아니라 찬송가에도 여러 형태로 적용되었다. 아마도 시편 23편을 주제로 한 찬송가 가운데 가장 훌륭한 찬송은 아이작 와츠의 곡이 아닐까 한다.

"나의 목자가 나를 먹이시리. 그분의 이름은 여호와.
시냇물이 흐르는 푸른 풀밭에서 나를 먹이시네.
내가 그분의 길에서 벗어나 방황할 때 다시 나를 데려오시고,
큰 자비를 베푸시어 진리와 은혜의 길로 인도하시네.

내가 사망의 그늘을 지날 때 나와 함께하시며,

격려의 말씀으로 모든 두려움을 내쫓아 주시네.

나의 원수들 앞에서 그 손을 드시어 내게 상을 차려 주시고,

나의 잔에 축복을 넘치도록 부어 주시며, 내 머리에 기름을 바르시네.

나의 하나님이 평생 동안 나의 모든 것을 채워 주시네.

하나님의 집이 나의 처소가 되게 하시고,

나의 모든 수고가 칭찬을 받게 하소서.

다른 이들이 오고 가는 동안 나는 그곳에서 편안한 안식을 누리리.

더 이상 낯선 이나 손님이 아니라 집에 있는 어린아이와 같으리."

신구약성경은 하나다. 모두 하나님의 영감으로 기록된 정경이다. 구약성경은 이후에 나타날 모든 계시의 기초가 되는 개념을 설정한다. 따라서 구약성경은 신약성경에 비추어 해석되어야 한다. 필립 켈러와 아이작 와츠를 비롯해 많은 사람들이 이미 시편 23편을 그런 식으로 해석했다. 우리도 시편 23편을 기독교적인 관점에서 이해해야 한다. 그러면, 시편 23편을 해석하는 데 필요한 규칙은 무엇일까?

시편 23편의 신학적인 구조

첫째, 시편 23편은 삼위일체 교리에 근거해 해석해야 한다. 시편 23편이 노래하는 하나님의 사역은 가족을 돌보시는 성부, 선한 목자이신

성자("선한"을 뜻하는 헬라어 "칼로스"는 뛰어난 아름다움과 동시에 탁월한 사역을 의미한다), 신자들의 마음에 믿음, 평화, 기쁨, 찬양을 불러일으키시는 성령, 세 분의 합동사역에 해당한다.

둘째, 언약의 관점에서 해석해야 한다. 즉, 시편 23편은 삼위일체 하나님이 지금부터 영원토록 우리 하나님이 되시고, 또 나의 하나님이 되신다는 사실, 즉 다른 신자들의 무리에 속해 있는 나도 영원히 그분의 것이라는 진리를 깨우쳐 준다.

셋째, 구원론적인 관점에서 해석해야 한다. 시편 23편은 하나님의 구원사역을 증언한다. 하나님은 우리를 죄책과 죄의 속박에서 구원하시어 하늘나라로 인도하신다. 하늘나라에는 이루지 못한 꿈이나 거룩하지 않은 욕망이나 사랑이 없는 냉랭한 마음이 더 이상 존재하지 않는다. 우리는 하늘나라의 집에서 주님과 함께 기쁨을 누리며 영원히 살게 될 것이다. 시편 23편에는 이 같은 의미가 담겨 있다.

넷째, 양을 기르는 목자의 관점에서 이해해야 한다. 다윗은 어렸을 때 양들을 돌보던 숙련된 목자였다. 따라서 목자의 지식과 기술을 잘 이해해야만 그의 시어에 담긴 의미를 정확히 파악할 수 있다.

이제 이와 같은 규칙들을 염두에 두고 시편 23편을 좀 더 자세히 살펴보기로 하자. 먼저, 목자와 양의 관계에서부터 시작하자. 시편 저자는 1절에서 자신을 양으로 묘사한다. 양은 어리석고 연약하여 스스로를 돌볼 수 없을 뿐 아니라 고집이 센 동물이다. 1절은 두 문장이 하나로 결합된 복문 형태를 띤다. 첫 번째 문장에서는 창조주요 주권자로서 만사를 섭리하시며 은혜를 베푸시는 하나님이 목자가 되시어 자신을 돌보아 주시는 것을 기쁘게 생각하는 시편 저자의 마음이 고스란히 묻어난다. 이미 살펴본 대로, 목자의 임무는 양을 돌보는 것이다. 양들은 해충에 감염되거나 다칠 위험이 많고, 또 외부로부터 공격당해도 스스로를 보호할 수 없다. 따라서, 울타리가 없는 곳에서 양들을 돌봐야 했던 팔레스타인 목자들의 생활은 결코 만만치 않았을 것이다. 목자는 잠시도 양떼의 곁을 떠날 수 없었다. 그는 매일 양들의 건강상태를 점검해야 했고 맹수의 공격에 대비해야 했다. 또한, 목자는 양들을 먹일 장소에 독초가 있는지 잘 살펴야 했고, 해충으로 생긴 가려움증이나 통증을 완화시키고, 피부 발진이나 속병으로 고통당하는 양들을 치료해야 했으며, 양들이 풀과 물을 충분히 섭취했는지를 점검해야 했다. 더욱이, 양들이 한곳에서 풀을 너무 많이 뜯어 먹을 경우 목초지가 황폐해질 가능성이 있었기 때문에 그는 늘 양떼를 몰고 이곳저곳으로 이동해야 했다. "여호와는 나의 목자시니"라는 다윗의 말에는 이 모든 내용이 함축되어 있다. 우리는 성부 하나님의 자녀로서 성자이신 그리스도의 은혜를 받아 누리며, 내주하시는 성령을 통해 하나님 중심의 삶을 살아간다. 삼위일체 하나님은 목자가 양을 돌보듯이 우리에게 용서와 보호, 두려움으로부터의 자유, 내적인 건강과 힘, 삶의 기쁨 등 모든 것을 제공하신다.

　두 번째 문장은 하나님의 돌보심이 영원히 지속되리라는 행복한 사실을 묘사한다. "내가 부족함이 없으리로다." 현재뿐 아니라 영원히 부족함이 없을 것이다. 다윗은 우리의 모든 것을 돌봐 주시는 하나님의 은혜가 중단되지 않을 것이라고 말한다. 기독교인의 희망은 우리의 삶에서 하나님의 보호와 인도가 절대로 사라지지 않을 것이라는 확신에 놓여 있다. 하나님은 그러한 은혜를 우리에게 베푸신다.

2절에서 4절로 이어지는 내용은 언약에 근거한 하나님의 축복을 상기시켜 준다. 푸른 초장(충만하고 만족스런 배려가 이루어지는 장소)은 물론, "누이시며"라는 말씀이 암시하는 대로 모든 안전이 보장된다. 이미 켈러의 말을 통해 살펴보았듯이, 양들은 아무런 방해도 없이 주위가 고요하고 평화로워야만 몸을 바닥에 누인다. 그런 환경이 조성되지 않으면 양들은 불안해하며 이리저리 계속 몸을 움직인다. 잠을 잘 안 자고, 늘 초조해하며, 체중이 줄어들어 잘 자라지 않는다. 켈러에 의하면, 그럴 때 목자가 곁에서 잘 달래 주며 긴장을 풀어 주어야만 양들은 비로소 바닥에 누워 잠을 잔다고 한다.[7] 선한 목자는 마치 어머니와 같은 역할을 한다. 이런 내용은 "내가 평안히 눕고 자기도 하리니 나를 안전히 거하게 하시는 이는 오직 여호와시니이다"(시 4:8)라는 말씀을 생각나게 한다.

다윗은 3절에서 자신의 영혼을 직접 언급함으로써 목자와 양의 관계를 한층 더 생생하게 묘사한다. "내 영혼을 소생시키시고"라는 말씀에 사용된 동사는 목자가 잘못해서 바닥에 넘어져 일어나지 못하고 버둥거리는 양을 일으켜 세워 주는 모습을 연상시킨다. 이 말씀은 절망 속에서 새로운 희망을 찾는 것, 끔찍한 일에 충격을 받아 심신이 마비된 듯한 상황에서 하나님의 선하심과 약속을 확신하는 것, 잘못된 습관을 되풀이하는 상태에서 다시금 자제력을 회복하는 것과 같은 경험을 가리킨다. 한편, "쉴 만한 물가"는 갈증을 없애 줌으로써 마음에 기쁨을 주고 생기가 넘치게 하는 장소를 가리킨다. 그런 곳으로 양들을 인도한다는 것은 신자를 의(즉, 정의와 공평, 정직과 명예, 성실과 충실)의 길로 인도하시는 하나님의 사역을 암시한다. 또한, 하나님은 영광을 받으시기 원하시며, 영광을 받으시기에 합당한 존재이시다. "자기 이름을 위하여"

라는 말씀에는 그와 같은 의미가 담겨 있다.

다윗은 4절에서 목자와 양의 개념을 더욱 발전시킨다. 목자의 인도를 따라 우리로 되돌아가는 동안, 양들은 때로 죽음의 위협이 감도는 음침한 골짜기를 통과한다. 이 말씀에서 우리의 삶에 적용할 수 있는 요점 두 가지를 간추리면 다음과 같다. 첫째, 기독교인들은 살아가는 동안 여러 가지 어려움을 당한다. 즉, 때로 평화로운 삶이나 안정된 삶을 잃기도 하고, 경제적인 손실을 당하기도 하며 심지어는 목숨을 잃기도 한다. 기독교인이 그리스도를 충실히 따르려면 여러 가지 측면에서 시류를 거스를 수밖에 없다. 우리는 기독교인이 아니라면 절대로 당하지 않을 시련 때문에 종종 행복한 삶을 위협받는다. 예를 들어, 공포에 사로잡힌 제자들은 배가 침몰할까 두려워하며 "선생님이여 우리의 죽게 된 것을 돌아보지 아니하시나이까"라고 부르짖었다. 당시 제자들은 "우리가 저편으로 건너가자"는 예수님의 말씀을 듣고 광풍이 이는 호수로 배를 타고 나아갔다(막 4:38, 35). 그들이 예수님을 따르지 않았더라면, 그와 같은 위기에 직면하지 않았을 것이다. 제자직은 종종 많은 희생을 요구한다.

둘째, 그리스도를 따르는 자들에게는 "악으로부터의 보호"가 보장된다. 양들은 목자의 막대기와 지팡이 덕분에 위로(확신, 고요함, 활력)를 받는다. 다윗은 막대기를 휘둘러 사자와 곰을 비롯해 양들을 해치려는 짐승들을 물리쳤다(삼상 17:34-37 참조). 켈러에 의하면, 목자는 인간의 냄새가 배지 않게 하려고 끝이 구부러진 지팡이로 갓 태어난 어린 양을 들어 올려 어미의 품에 안겨 주기도 하고, 가시덤불에 얽혀 있는 양을 구해 내기도 하며, 주의 깊게 살펴볼 필요가 있을 때나 친밀감을 표시하고 싶을 때 양을 가까이 끌어당기기도 한다.[8] 분명 다윗도 지팡이를 이와 비슷한 용도로 사용함으로써 양들에게 안전함과 신뢰감과 즐거움을 안겨 주었을 것이다. 선한 목자이신 예수님도 성부와 성령과 더불어 그런 식으로 우리를 돌봐 주신다(요 10:14, 15 참조).

5절은 우리의 마음과 생각 속에 "측량할 수 없는 그리스도의 풍성"(엡 3:8)을 받아들일 때 느끼게 되는 기쁨을 표현한다. 이 말씀은 먹을 것과 마실 것이 풍성하고, 관대한 접대가 이루어지는 연회를 상기시킨다. 바꾸어 말해, 죄 사함과 구원을 받고 거듭난 후 하나님의 가족이 되어 그분과 친밀한 교제를 나누는 풍요로운 경험을 묘사한다. 이러한 경험에는 하나님께 사랑받고 구원받고 새롭게 되었다는 지식, 하나님의 은혜를 만끽할 때 느낄 수 있는 만족, 지금으로서는 도저히 상상할 수 없는 하나님과의 행복한 삶에 대한 확실한 소망, 시련과 난관에 부딪쳤을 때 그리스도와 성령을 통해 주어지는 능력과 승리가 모두 포함된다. 이 밖에도 "많이, 훨씬 더 많이"라는 광고 문구처럼 신자에게 주어지는 풍성한 은혜는 한도 끝도 없다. 원수들이 보는 앞에서 연회를 즐긴다는 것은 세상과 육신과 마귀를 상대로 한 영적 싸움을 의미한다. 하지만 우리는 이미 승리자의 편에 속해 있기 때문에 어떤 어려움에 부딪치더라도 평온한 마음으로 용기 있게 그리스도와 함께 전진할 수 있다. 선한 목자이신 그리스도가 인도하시는 양떼에 속해 한 방향을 향해 걸어가고 있다는 사실 역시 그리스도 안에서 우리가 누릴 수 있는 풍성함 가운데 하나다. 그러한 경험은 하나님의 양떼 안에서 서로 기쁨을 나누면 그 기쁨이 배가된다는 사실을 일깨워 준다.

6절은 하나님의 선하심과 자비하심이 영원히 우리의 것이라는 사실을 상기시켜 줌으로써 시편을 마무리 짓는다. 우리는 인생을 살아가면서 하나님의 친절하심, 너그러우심, 돌보심, 오래 참으심, 도우심을 경험할 수 있다. 다시 말해, 성부, 성자, 성령과 함께 거함으로써 온갖 축복을 영원히 받아 누릴 수 있다. 이것이 하나님을 목자로 받아들인 사람들이 누리는 특권이자 즐거움이다.

목자이신 하나님

지금까지 논의한 내용은 하나님의 인도라는 주제와 어떤 관련이 있을까? 이 질문에 대한 답변은 세 가지 측면을 지닌다. 첫째, 인도의 신학적 측면이다. 아이작 와츠는 "하나님의 보호하시는 은혜"라는 표현을 사용했다. 우리는 이를 언약에 근거한 돌봄으로 명명했다. "인도하다"라는 동사에는 하나님이 삶의 방향을 선택하고 결단할 수 있는 분별력을 허락하셔서 생명의 길을 걷게 하신다는 의미가 담겨 있다. 우리는 하나님의 인도를 구하고 찾을 때마다 그분의 보호하시는 은혜와 언약에 근거한 돌봄을 확신해야 한다. 인도의 교리는 바로 이와 같은 신학적 원리에 근거한다.

둘째, 인도의 윤리적 측면이다. 이는 약속의 한계를 규정짓는다. 하나님은 오직 "의의 길"로 인도하신다. 하나님의 인도는 올바름과 순전함의 원리를 훼손하거나 무책임한 결정과 행동을 부추기지 않는다. 하나님은 말씀에 복종하게 하시고, 성경이 가르치는 대로 하나님을 기쁘시게 하는 것을 목표로 하는 지혜(즉, 그리스도를 본받으며 하나님을 영화롭게 할 뿐 아니라 깊이 있는 통찰력을 겸비한 지혜)로 올바른 길을 선택하도록 도와주신다.

셋째, 인도의 영성적 측면이다. 이는 선택 가능한 여러 대안 가운데 하나를 결정해야 할 때만 잠시 목자이신 주님의 뜻을 구하는 것이 아니라, 늘 일관된 목적의식을 갖고 주님과 친밀한 관계를 맺으려고 노력하는 태도를 의미한다. 우리를 "자기 이름을 위하여 의의 길로 인도하시는" 하나님은 늘 신실하시며, 우리가 감사와 찬양을 드릴 때 영광을 받으신다. 하나님의 약속을 믿고 미리 감사와 찬양을 드리면, 결정과 선택의 문제에 직면했을 때 우리를 인도하시는 하나님의 뜻을 분별할 수 있는 안목이 열린다.

앞으로 이 세 가지 측면을 중심으로 하나님의 인도라는 주제를 다루어 나갈 생각이다. 앞서 말한 대로, 우리의 목적은 시편 23편에 나타나는 "하나님의 인도하시는 은혜"와 "언약적 돌봄"이라는 원리에 근거해 인도의 본래 의미를 회복하는 데 있다. 바꾸어 말해, 하나님의 인도를 "점술행위"로 간주하는 태도(즉, 인위적인 징조나 표적을 제멋대로 해석하는 행위)와 감정적인 충동을 하나님의 뜻으로 이해하려는 노력(갑작스럽거나 지속적인 감정을 하나님의 계시로 믿는 생각)을 배격하겠다는 뜻이다. 아울러, 하나님의 인도를 올바로 이해함으로써, 잘못된 결정을 내려 하나님의 계획과 무관한 길을 선택할지도 모른다는 두려움을 극복하도록 돕고자 한다. 양이 길을 잃으면, 목자가 다시 찾아온다. 하나님도 그와 같은 방법으로 우리를 보호하고 인도하신다. 시편 23편이 증언하는 대로, 하나님의 인도는 참으로 놀라운 복음이 아닐 수 없다. 기뻐하며 나아가자.

토·론·과·성·찰·을·위·한·문·제

1. 머리글의 제목은 "두려워하는 신자들"이다. 하나님의 인도를 구할 때, 두려움의 맛을 느껴 본 적이 있는가?

2. 어떤 신자들은 하나님의 인도를 지형과 도로가 일부만 표시되어 있는 지도와 같이 생각한다. 잘못된 길에 접어든 순간, 우리의 삶은 한 치 앞도 내다볼 수 없는 상황으로 돌변한다. 하나님의 성품 가운데 그러한 두려움을 달래 줄 수 있는 성품을 꼽는다면 무엇일까?

3. 바울에게 아가보가 전한 경고의 메시지를 읽어 보라(행 21:10, 11 참조). 바울은 아가보가 성령의 말씀이라며 전해 준 말을 따르지 않기로 결심했다. 이 상황에서 바울에게 조언을 한다면, 어떤 조언을 할 수 있겠는가?

4. "하나님의 언약적 돌봄" 항목을 다시 읽어 보라. 하나님의 인도가 언약의 일부라면, 어떤 내용이 하나님의 인도에 포함되기를 기대하는가? 생각나는 대로 모두 열거해 보라.

5. 시편 23편을 천천히 소리 내어 읽으면서 각 구절이 묘사하는 광경을 음미하라. 하나님과 자신에 대해 깨닫는 바가 있다면, 조용히 감사의 기도를 드리라.

6. 저자는 "시편 23편의 신학적인 구조" 항목 아래 시편 23편에 드러나 있는 네 가지 신학적 원리(삼위일체 교리, 언약의 관점, 구원론적인 관점, 목자의 관점)를 제시했다. 시편 23편을 다시 읽으면서 각각의 원리에 해당하는 내용을 찾아내라. 그중에서 자신의 삶에 가장 크게 관련되는 원리는 무엇인가? 또, 그 이유는 무엇인가?

7. 필립 켈러는 양 한 마리가 뒤로 벌러덩 넘어진 채 목자가 와서 똑바로 일으켜 세워 줄 때까지 무기력하게 허공을 향해 발을 휘젓고 있는 모습을 묘사했다. 켈러는 그러한 상황을 우리의 "영혼을 소생시키시는" 하나님의 사역을 묘사하는 데 적용했다. 그와 비슷한 경험을 해본 적이 있는가?

8. 시편 23편은 "자기 이름을 위하여 의의 길로 인도하시는도다"라고 말씀한다. 이 말씀은 하나님이 우리를 인도하시는 방법과 이유를 어떻게 설명하고 있는가? 하나님의 인도에 해당하는 것과 해당하지 않는 것을 예로 들어 보라.

9. 1장의 마지막 단락을 다시 읽어 보라. 글을 읽고 걱정이 앞서는가, 아니면 용기를 얻었는가? 혹은 둘 다인가? 그 이유는 무엇인가?

10. 목자가 양떼를 인도하듯 우리를 인도하시는 하나님께 어떻게 반응할 것인가? 기도로 자신의 마음을 표현해 보라.

예수 그리스도의 사역을 통해 늘 하나님을 영화롭게 하는 삶을 살아야 한다. 하나님은 우리가 그렇게 살기를 원하신다. 하나님의 영광, 이것이 그분이 우리를 인도하시는 목적이다.

의의 길

"자비로운 빛이시여, 암흑 속에서 저를 인도하소서. 밤은 깊고, 집에서 멀리 있사오니 저를 인도하소서. 저의 발걸음을 인도하소서. 먼 곳까지 밝혀 주시기를 바라지 않사옵니다. 한 번에 한 걸음으로 충분하옵니다."
— 존 헨리 뉴먼(1801-1890)

"자기 이름을 위하여 의의 길로 인도하시는도다"(시 23:3).
— 다윗

앞의 찬송가 작가 두 사람은 시대적으로 거의 3천 년이나 떨어져 있는데도 둘 다 하나님의 인도에 관해 뛰어난 통찰력을 제공한다. 뉴먼은 혼란스럽고 어두운 상황에 처하면 누구라도 하나님만이 주실 수 있는 "자비로운 빛"을 구할 수밖에 없다는 점을 보여 준다. 또한, "자기 이름을 위하여"라는 표현에서 알 수 있듯이, 시인이자 목자이자 왕이었던 다윗 역시 자비로운 빛으로 우리를 의의 길로 인도하시는 것이 하나님의 목적이라는 점을 일깨워 준다. 하나님의 백성의 정체성을 결정짓는 것은 바로 그분의 이름이다(계 7:3, 14:1, 22:4 참조). 하나님의 이름을 기호로 삼고, 어디를 가든지 그분의 이름을 영화롭게 하는 것이 곧 하나님의 뜻이다. 우리는 예수 그리스도의 사역을 통해 늘 하나님을 영화롭게 하는 삶을 살아야 한다. 하나님은 우리가 그렇게 살기를 원하신다. 하나님의 영광, 이것이 그분이 우리를 인도하시는 목적이다.

하나님의 인도는 그분의 언약에 근거한다. 오늘날에는, 언약의 중재자이신 주 예수 그리스도를 통해 신실한 목양 사역이 이루어진다. 스스로를 선한 목자로 일컬으신 예수님은 신자를 의의 길로 인도하신다. 우리가 길을 잃으면, 예수님은 우리를 구하셔서 회복시키신다. 회복의 과정에는 충격과 슬픔이 뒤따를 수도 있다. 얼마나 강퍅한 태도로 분별없는 행동과 불순종을 일삼았는지, 또 얼마나 어리석고 몰염치하게 행동했는지에 따라 그 정도는 달라진다. 하지만 주님은 항상 우리를 올바로 회복시키신다. 과거의 잘못으로 오랫동안 불행을 안고 살아가고 있다 해도, 우리의 목자이신 주님의 공로 덕분에 회개와 용서의 과정을 거쳐 다시 올바른 길을 걸어갈 수 있다. 목자이신 주님은 우리의 영혼을 배불리 먹이시고, 영적 원수들이 우리를 에워싼 상황에서 우리를 보호하시기 때문에 그 누구도 그분의 손에서 우리를 빼앗을 수 없다(요 10:27-30 참조). 따라서 우리는 안전하게 집으로 돌아갈 것이다. 여기서 집이란 상상할 수 없는 지복(至福)의 상태, 즉 주 예수님을 비롯해 성부와 성령과 더불어 영원히 친밀한 교제를 나누며 살아가는 상태를 의미한다. 우리는 하나님의 보호에 대한 이와 같은 확신을 논의의 출발점으로 삼아 "하나님의 인도"라는 주제를 본격적으로 파헤쳐 볼 생각이다.

의의 본질

선한 목자이신 주님은 우리를 의의 길로 인도하신다. 우리의 첫 번째 임무는 의의 본질을 규명하는 데 있다. 성경에서 의는 칭찬받을 만한 도덕적인 행동을 가리킨다. 하나님의 경우나 인간의 경우나 의는 올바른 일을 행하는 것을 뜻한다. 올바른 일이란 합법적인 의무를 이행하고, 선한 의도와 적극적인 태도로 미덕을 실천하는 것을 말한다. 이처럼, 의는 선한 사람의 선한 성품을 드러내며, 천사들이든 사람들이든 보는 이들로부터 칭찬을 이끌어 낸다. 우리는 그런 칭찬을 들을 때 더욱 용기백배하여 의의 길을 걸어갈 수 있다. 물론, 그 모든 영광은 그리스도께 돌려야 한다. 그 이유는 우리가 그분의 이름을 따라 "그리스도인"으로 불리기 때문이다.

하나님의 의는 말씀을 반드시 지키시는 그분의 신실하심에 근거한다. 하나님을 신뢰하고 복종하는 자들에게는 축복이, 그분을 무시하고 거역하는 자들에게는 저주가 약속되었다. 하나님은 약속을 반드시 지키신다(이것이 성경이 하나님의 의를 구원과 심판으로 나타내는 이유다). 하나님의 거룩하심은 그분이 의로운 의도를 가지고 계신다는 뜻이고, 하나님의 의는 그분이 거룩한 행동을 하신다는 의미이다.

인간의 의는 하나님을 영화롭게 하고 기쁘시게 하며, 그분의 뜻에 복종하는 것을 의미한다(이것이 우리가 창조된 목적이다). 아울러, 우리는 사람들(친척, 동업자, 친구, 동료, 교우, 이웃 등)을 선한 의도와 정직하고 공손한 태도로 섬기고 도와야 한다. 우리가 대접받고자 하는 대로 다른 사람을 대접해야 하고, 다른 사람들이 정당한 요구를 해오는 경우에는 기꺼이 응해야 한다. 또, 최선을 다해 그들의 필요를 채워 주어야 한다. 우리는 "나쁘지 않다" 혹은 "비교적 선하다"는 평가를 듣는 것으로 만족해서는 안 된다. 상황이 허락하는 한도에서 최선을 다해야 한다. 이것이 그리스도가 가르치신 이웃 사랑이다. 불교 국가인 타이를 여행하던 한 기독교인이 자기가 타고 있던 관광버스 바로 앞에서 사고가 난 것을 목격했다. 그는 버스 운전사에게 왜 도와주지 않고 그냥 지나치느냐고 물었다. 그러자, 버스 운전사는 불교 신자들은 다른 사람들의 어려움을 거들어야 할 의무를 느끼지 않는다고 설명했다. 그는 어안이 벙벙했다. 하지만 신약성경은 하나님 사랑과 이웃 사랑을 기독교 윤리의 핵심으로 제시한다. 성경은 어려움에 처한 이웃을 적극적으로 도우라고 명령한다. 더욱이, 하나님은 우리의 상황을 섭리하시어 이웃 사랑을 온전히 실천할 수 있는 기회를 제공하신다. 기독교인은 예수님이나 예수님의 비유에 나오는 사마리아인을 본받아야 한다. 예수님은 공생애 기간 동안 곤경에 처한 사람들을 성심껏 도와주셨고, 우리 모두를 구원하시기 위해 성부 하나님의 명령에 따라 목숨을 내어놓기까지 하셨다. 의는 지혜가 담긴 사랑을, 사랑은 선한 의도에서 비롯하는 의를 의미한다.

우리는 종종 하나님의 계획을 구체적으로 알아내어 그 범위 안에서 가능한 결정을 내리는 것이 하나님의 인도라고 이해한다. 하지만 하나님의 인도를 논의할 때는 우리를 의의 길로 인도하시는 것이 그분의 궁극적인 목적이라는 점을 잊어서는 안 된다. 우리가 내리는 결정은 다른 사람들을 최대한 유익하게 하고 하나님을 최대한 기쁘시게 하는, 두 가지 목적에 부합해야 한다. 우리는 바리새인들이 생각하고 가르쳤던 자기 중심의 의가 아닌 하나님과 이웃 중심의 의를 추구해야 한다. 선한 목자이신 주님은 그런 의를 행하도록 우리를 인도하신다. 그러면, 주님은 우리를 어떻게 이끄실까?

다윗은 "그가 나를……의의 길로 인도하시는도다"라고 말했다. "인도하다"는 다양한 형태의 의미를 지닌 용어이다. 사전에 따르면, "손을 붙잡고 이끌다, 길을 가르쳐 주다, (오케스트라나 군대나 팀이나 프로젝트와 관련된 경우에는) 탁월한 기량을 끌어내어 통제하다, 영향력을 행사하다, 부추기다, 유인하다, 설득을 통해 행동을 유도하다"와 같은 의미를 지닌다. 그러면, 우리가 말하는 인도는 과연 어떤 의미일까?

　시편 23편에서 말하는 목자의 인도는 양들을 목자가 원하는 곳으로 이끌어 가는 데 필요한 모든 과정과 절차를 포함한다. 목자는 양떼 앞에서 모범을 보이고, 양들에게 자신을 따라오라고 종용한다. 오늘날에는 목자가 양떼의 뒤에 서고, 훈련받은 개들이 옆을 지키면서 양들이 곁길로 치우치지 않도록 하는 방식을 취한다. 고대사회의 목자는 훈련받은 개를 이용하지 않았다는 점만 다를 뿐, 양떼를 인도한다는 점에서는 아무런 차이가 없다. 그러면, 양떼를 인도하는 것과 기독교의 제자직은 어떤 연관성을 맺고 있을까? 우선, 하나님은 기록된 말씀을 통해 자신의 명령을 전달하신다. 하나님은 십계명과 그에 근거한 다른 도덕법을 통해 해야 할 일과 하지 말아야 할 일을 직접 지시하셨다. 또한, 하나님은 선지자들에게 계시의 말씀을 주셔서 이스라엘 백성에게 올바른 삶을 촉구하게 하셨고, 잠언이나 전도서와 같은 지혜서와 예수님의 가르침과 서신서에 언급된 기독교의 덕성을 통해 자신의 뜻을 행하게 하셨다. 이처럼, 하나님은 말씀대로 살겠다는 헌신의 마음을 갖게 하시고, 삶을 변화시키는 말씀의 능력을 겸손히 받아들이게 하심으로써, 모든 상황에서 주의 깊은 사고를 통해 그분의 뜻을 분별할 수 있는 지혜를 허락하신다.

　엘리자베스 엘리엇의 경우를 예로 들 수 있다. 그녀는 자신이 하나님의 인도를 구했던 방법을 자세히 설명한다. 그녀는 빌립보서 4장 6절의 필립스 번역본("너희 구할 것을 상세히 하나님께 아뢰라")을 인용한 뒤 이렇게 말했다. "나는 때로 상세한 기도 내용을 잊지 않기 위해 목록을 만들었다. 하나님의 인도를 필요로 하는 것과 관련된 모든 사항을 기억함으로써(즉, 선택할 수 있는 모든 가능성의 여부와 내게 중요하다고 생각되는 상황과 내가 어떤 것을 다른 것보다 더 중요하게 생각하는 이유를 꼼꼼히 생각함으로써) 나는 내가 정확히 무엇을 구하고 있는지를 파악할 수 있었다."[1] 바울도 로마서 12장 1, 2절에서 그와 같은 생각을 피력했다. "그러므로 형제들아 내가 하나님의 모든 자비하심으로 너희를 권하노니(즉, 서신에서 지금까지 설명하고 생각해 온 대로) 너희 몸(즉, 자아 전체)을……거룩한 산 제사로 드리라……너희는 이 세대를 본받지 말고 오직 마음을 새롭게 함으로 변화를 받아 하나님의 선하시고 기뻐하시고 온전하신 뜻이 무엇인지 분별하도록 하라(즉, 여러 상황에 부딪칠 때마다 무엇이 최선의 선택인지 파악하라)." 이는 경건한 이들에게 주어진 하나님의 약속, 즉 "내가 너의 갈 길을 가르쳐 보이고 너를 주목하여 훈계하리로다 너희는 무지한 말이나 노새같이 되지 말지어다"(시 32:8, 9)라는 말씀의 성취다. 이처럼, 우리를 인도하시겠다는 하나님의 약속은 무엇보다도 분별력을 주시겠다는 약속이다.

 때로 하나님은 지도자들을 허락하심으로 자신의 백성을 인도하시고 보호하신다. 시편 저자는 "주의 백성을 무리 양같이 모세와 아론의 손으로 인도하셨나이다"(시 77:20), "또 그 종 다윗을 택하시되 양의 우리에서 취하시며……그 백성인 야곱, 그 기업인 이스라엘을 기르게 하셨더니 이에 저가 그 마음의 성실함으로 기르고 그 손의 공교함으로 지도하였도다"(시 78:70-72)라고 말했다. 하나님은 느헤미야를 보내셔서 이스라엘 백성을 이끌고 예루살렘 성벽을 재건하게 하셨으며(느 2:17-20 참조), 그들이 느헤미야의 지도를 잘 따르는지 감찰하셨다. 아울러, 히브리서 저자는 "너희를 인도하는 자들에게 순종하고 복종하라 저희는 너희 영혼을 위하여 경성하기를 자기가 회계할 자인 것같이 하느니라"(히 13:17)고 말했다. 바울의 경우에는 신자들이 자신을 지도자로 인정하고 복종해 주기를 기대했다. 예를 들어, 그는 "내가 그리스도를 본받는 자 된 것같이 너희는 나를 본받는 자 되라"(고전 11:1, 4:16), "우리와 주를 본받은 자가 되었으니"(살전 1:6), "너희가 나 있을 때뿐 아니라 더욱 지금 나 없을 때에도 항상 복종하여 두렵고 떨림으로 너희 구원을 이루라"(빌 2:12)고 말했다. 이런 경우에는 누가 하나님의 권위를 부여받은 지도자인지 분별하는 것이 중요하다. 한편, 하나님은 자신의 뜻을 알려 줄 지도자가 존재하지 않을 경우 상황을 섭리하심으로써 우리를 올바른 방향으로 인도하시며, 적절한 길을 보여 주신다. 상황을 성경에 비추어 깊이 생각하면 하나님의 뜻을 분별할 수 있는 안목이 열린다.

양들이 목자의 인도를 받아야 하듯이 시편에는 하나님의 인도를 구하는 기도가 종종 나타난다. 몇 가지 예를 들면 다음과 같다. "주의 의로 나를 인도하시고"(5:8), "주의 진리로 나를 지도하시고 교훈하소서"(25:5), "여호와여 주의 길로 나를 가르치시고"(27:11), "주의 빛과 주의 진리를 보내어 나를 인도하사"(43:3), "나보다 높은 바위에 나를 인도하소서"(61:2), "나로 주의 계명의 첩경으로 행케 하소서 내가 이를 즐거워함이니이다"(119:35), "나를 영원한 길로 인도하소서"(139:24), "주의 신이 선하시니 나를 공평한 땅에서 인도하소서"(143:10). 주의 기도에도 같은 단어를 사용하고 있는 기도가 발견된다. 즉, "우리를 시험에 들게 하지 마옵시고"(마 6:13; 눅 11:4)라는 기도다. 이 기도는 하나님을 우리의 목자로, 우리를 그분의 양으로 간주한다. 또한, 바울은 성령으로 "인도함"을 받는다는 표현을 사용했다(롬 8:14; 갈 5:18 참조). 그의 말은 특이한 경험을 가리키지 않는다. 그는 단지 시편의 기도를 삶에 적용해야 한다고 강조했을 따름이다. 즉, 성경의 가르침을 깊이 생각하고, 다른 사람들의 조언을 받아들이며, 믿음에 입각해 상식적인 판단을 내림으로써 시편의 기도를 삶 속에 구현해야 한다는 것이 바울의 지론이다. 그와 같은 삶은 "목자같이 양 무리를 먹이시며 어린 양을 그 팔로 모아 품에 안으시며 젖먹이는 암컷들을 온순히 인도하시리로다"라는 이사야 40장 11절의 비전을 현실화할 뿐 아니라, "내가 소경을 그들의 알지 못하는 길로 이끌며 그들의 알지 못하는 첩경으로 인도하며 흑암으로 그 앞에 광명이 되게 하며 굽은 데를 곧게 할 것이라 내가 이 일을 행하여 그들을 버리지 아니하리니"라는 이사야 42장 16절 말씀의 의미를 깨닫게 하며, "내가 그 길을 보았은즉 그를 고쳐 줄 것이라 그를 인도하며 위로를 다시 얻게 하리라"는 이사야 57장 18절의 약속을 체험할 수 있게 해준다. 우리를 대하시는 하나님의 선하심은 상상을 초월한다.

인도의 범위와 형태, 세부내용

인도의 범위 : 하나님의 인도는 우리의 삶 전체에 적용된다. 개인의 삶은 성품, 재능, 관계, 독창성, 목표, 계획, 고민, 시간 사용, 돈, 기회, 주거지 선택, 직장, 장기적인 인생 계획(예를 들어, 어느 친구는 20대에는 학

문에 열중하고, 30대와 40대에는 배운 것을 활용하고, 50대와 60대에는 그동안의 경험을 바탕으로 책을 쓰는 데 시간을 할애하기로 결정했다. 이밖에, 25년의 장기주택자금을 빌리는 계획도 여기에 해당한다), 스포츠 활동, 취미 생활, 일반적인 관심, 자기 자신과 가족들이 당하는 온갖 어려움의 극복 등 다양한 차원으로 이루어져 있다. 성경은 하나님이 복잡한 상황 속에서 신자들을 보호하신다고 말씀한다. 하나님은 삶의 모든 영역에서 우리를 인도하시겠다고 약속하셨다.

인도의 형태 : 하나님의 인도는 다양한 형태로 이루어진다. 하나님의 인도는 그분의 뜻을 분별하여 복종하겠다는 태도를 필요로 한다. 따라서 우리는 하나님의 인도를 기쁜 마음으로 충실히 따르겠다는 태도를 지녀야 한다. 목자가 양들을 원하는 곳으로 이끌듯, 하나님도 우리를 가까이 부르시고 함께 동행하신다. 하나님의 뜻을 분별하려면 성경말씀에 귀를 기울이고, 설교, 가르침, 찬송가, 책, 신앙적인 대화 같은 은혜의 수단을 적극적으로 활용해야 한다. 여러 가지 대안을 견주어 보며 각각의 결과를 미리 예측하고, 무엇이 최선의 길인지를 판단해야 한다 (마땅히 선택할 만한 대안이 없는 경우, 악을 최소화하고 선을 최대화할 수 있는 차선책을 찾아야 한다).

복잡한 상황 속에서 올바른 길을 분별할 수 있게 해주시기를 기도할 때는 자신이 처한 당혹스런 상황을 자세히 아뢰고 응답을 기다려야 한다. 하나님이 분별력을 허락하시면 검증되지 않은 전제는 물론, 고집스럽고 불합리한 욕망에서 비롯한 편견과 그릇된 인식에서 해방되어 올바른 판단을 내릴 수 있다. 인간은 타락한 본성 때문에 영적인 것들을 올바로 분별하지 못하고 혼란과 편견과 그릇된 인식에 사로잡힐 수밖에 없다. 이러한 잘못에서 자유로울 수 있는 사람은 아무도 없다.

엘리자베스 엘리엇은 이러한 혼돈을 보여 주는 구체적인 사례를 소개한 바 있다. "대학에 다닐 때 한 친구는 모든 상황에 마귀의 함정이 도사리고 있다고 믿었다. 그녀는 침대를 정리하거나 룸메이트를 도와 방을 청소하는 일도 일일이 하나님께 여쭈어 결정했다. 한번은 샴푸를 사기 위해 마을에 내려갔는데, 도중에 다시 돌아와서는 다른 학생에게 샴푸를 빌려 달라고 했다. 길을 가는 도중에 되돌아가라는 하나님의 지시를 받았기 때문이라고 했다. 이런 신앙을 가지고 있는 사람과는 함께 살기가 매우 어렵다."[2] 신학적인 편견이나 오류, 불합리하고 강박적인 충동 따위에 사로잡혀 있는 경우에는 이보다 훨씬 더 심각하고 기괴한 태도나 행동을 일삼기 쉽다. 하지만 여기서 그런 끔찍한 사례를 굳이 언급하고 싶지는 않다.

하나님은 때로 선지자들에게 기이한 행동을 요구하셨다. 그 이유는 이스라엘 백성에게 메시지를 전달하시기 위해서였다(사 20:1-3; 렘 13:1-7; 겔 4:1-5:4 참조). 하나님이 그런 행동을 다시 요구하지 않으실 거라고 말한다면, 자칫 성경을 무시하는 잘못을 저지를 수도 있다. 물론, 규칙과 예외는 마땅히 구별되어야 한다. 하지만 신약성경을 믿는 기독교인들은 하나님의 뜻에 어긋나지 않는 특별한 행동이 있을 수 있다는 점을 인정해야 한다. 하나님의 인도는 대개 계시된 행동 원리(명령과 금령)를 삶에 적용하고, 성경이 허락하는 한도에서 행동의 범위를 생각하고, 성령의 인도를 따라 목자이신 주님과 동행하며 충실한 복종과 참 지혜의 길을 추구하는 것을 의미한다.

인도의 세부내용 : 인생에서 가장 중요한 순간이 있다면, 결단과 헌신의

순간일 것이다. 여러 가능성 가운데 하나를 결정하여 행동에 옮기는 순간은 참으로 중요하다. 우리는 그 순간을 "마음을 결정하는" 다짐의 순간으로 일컫는다.

하나님의 인도를 받는 사람의 경우에도 마찬가지다. 우리는 결정에 영향을 미치는 모든 요소들을 심사숙고하고, 성경에서 적절한 원리와 행동과 결정의 한계를 찾아내고, 동료 신자들에게 지혜로운 조언을 구하고, 절대로 양보해서는 안 될 문제를 구별하고, 여러 대안의 결과들을 깊이 헤아릴 때마다, "저의 생각을 판단하셔서 잘못된 것을 바로잡아 주시고, 저의 생각을 인도하셔서 그릇된 결정을 내리지 않게 도와주소서. 또한, 제가 성령이 원하시는 지혜의 길로 나아가고 있다면 마음의 평화를 허락하소서."라고 기도해야 한다. 그래야만 주어진 상황 속에서 최선이 아닌 차선을 선택하는 잘못을 피할 수 있다. 우리도 하나님의 뜻을 옳게 분별할 수 있을 때까지 시편 저자처럼 그분의 응답을 기다려야 한다.

바울은 성부와 성자의 계시를 받아 서신서를 기록했으며, 늘 성령의 능력으로 행했다. 그런 그가 빌립보 신자들에게 이렇게 약속했다. "아무것도 염려하지 말고 오직 모든 일에 기도와 간구로 너희 구할 것을 감사함으로 하나님께 아뢰라 그리하면 모든 지각에 뛰어난 하나님의 평강이 그리스도 예수 안에서 너희 마음과 생각을 지키시리라"(빌 4:6, 7). 이 약속은 우리 모두를 위한 것이다. 비기독교인들은 바울이 말한 "하나님의 평강"을 이해할 수 없다. 하나님의 평강은 "평화"를 뜻하는 히브리어 "샬롬"과 일맥상통한다. "샬롬"은 마음과 육체의 완전한 평화를 의미한다. 즉, 하나님의 평강은 성령의 조명을 통해 하나님이 우리를 모든 위험과 악으로부터 보호하시고 안전하게 지켜 주시며, 목자가 어린 양을 품에 안듯이 우리를 어여삐 여기신다는 사실을 깨닫는 것을 의미한다. "지키시리라"를 뜻하는 헬라어에는 다음과 같은 의미가 담겨 있다. "기독교인의 마음은 마치 사방으로 포위된 성과 같다. ……하지만 그 성의 수비는 철벽과도 같다. 성벽에는 끊임없이 순찰이 이어지고, 보초들은 각자의 위치에서 졸지 않고 맡은 바 임무를 수행한다. 성의 군대는 왕 중 왕이신 주님의 호위대다. 그들은 하나님의 평강이라는 깃발을 앞세우고 행진한다."[3] 지금까지 언급한 인도의 규칙을 염두에 두고 매사에 하나님을 의지하며 그분의 뜻을 물어 행동한다면, 그분의 평화가 늘 우리의 마음에 넘치고, 올바른 길로 나아갈 수 있을 것이다.

표적과 확신

"그러면, 표적은 어떤가요? 인도의 세부내용에 포함시켜야 하지 않나요? 성경에 보면, 하나님이 표적을 통해 그 뜻을 알리시는 경우가 많지 않나요?"라고 묻는 사람이 있을지도 모른다. 물론, 그렇다. 하나님은 우림과 둠밈(우림과 둠밈이 무엇인지는 정확히 알 수 없다. 학자들의 생각도 모두 추측에 불과하다), 꿈과 환상, 제비뽑기와 같은 수단을 통해 자신의 뜻을 전달하셨다. 표적에 의해 하나님의 인도가 이루어진 대표적인 사례는 낮에는 구름기둥으로, 밤에는 불기둥으로 이스라엘 백성을 약속의 땅으로 인도하신 경우다(출 13:17, 18, 21, 22, 40:36-38; 민 14:14; 신 1:33 참조). 하지만 성경은 신자가 개인적인 결정을 내릴 때 인도의 표적을 구하거나 기대할 수 있다고 말씀하지 않는다. 물론, 하나님은 이따금 특별한 사건이나 상황을 인도의 표적으로 여길 수 있도록 마음에 감동을 주기도 하신다. 하나님은 과거에 사용하셨던 방법을 지금도 사용하실 수 있다. 하나님의 놀라운 기적을 경험했다며 그러한 표적의 실재를 증언하는 신자들이 적지 않다. 하지만 그렇다고 해서 표적을 구하는 일을 인도의 규칙으로 삼기는 어렵다.

"그러면 기드온의 경우는 어떤가요? 히브리서 11장 32-34절에 보면, '믿음으로 나라들을 이기기도 하며 의를 행하기도 하며 약속을 받기도 하며……연약한 가운데서 강하게 되기도 하며 전쟁에 용맹되어 이방 사람들의 진을 물리치기도' 한 신앙의 영웅들 가운데 기드온이 첫 번째로 언급되고 있습니다. 이는 기드온이 우리의 본보기로서 칭송을 받을 자격이 충분하다는 것을 보여 주지요. 기드온은 하나님의 뜻을 알기 위해 표적을 구했고, 하나님은 그의 요구에 응하셨습니다. 한번은 그가 펼쳐 놓은 양털에만 이슬이 내렸고, 다음에는 그의 양털만 제외하고 모든 곳에 이슬이 내렸습니다. 하나님은 그의 요구를 두 번이나 들어주심으로써 그에게 확신을 심어 주셨습니다. 이것은 바로 우리를 위한 본보기가 아닐까요? 성경에 이런 이야기가 기록되었다면, 우리도 그 전례를 따라야 하지 않겠습니까?"라는 의문을 제기할지도 모른다.

글쎄, 과연 그럴까? 첫째, 기드온이 살던 당시에는 아직 성경이 완성되지 않았다. 물론, 당시 모세오경과 여호수아서가 존재했을 수도 있다. 하지만 시골 농부 요아스의 집에 두루마리로 된 모세오경이 있어서 그의 막내아들 기드온이 꾸준히 그것을 읽었다고 생각할 수 있는 근거는 매우 희박하다(기드온도 농사꾼이었다). 오늘날에도 부족사회의 경우,

기독교로 개종했더라도 미처 성경을 소유하지 못한 상황이 발생할 수 있다. 비단 부족사회가 아니더라도 얼마든지 가능하다. 하나님은 그런 상황에서 정하신 규칙의 한계를 뛰어넘어 특별 사역을 행하실 수 있다. 기드온을 대하실 때 그런 비상섭리가 필요했던 것으로 추정된다.

필립 젠슨과 토니 페인의 말은 이 문제를 좀 더 확실히 해준다. 그들은 "하나님이 우리를 인도하시는 방법(또는, 하나님이 지금까지 사람들을 인도해 오신 방법)을 알고 있다고 해서 하나님이 꼭 그런 방법으로 우리의 현재와 미래를 인도하실 것이라고 확신할 수는 없다. ……물론, 하나님은 어떤 방법이든 사용하실 수 있다. 하지만 우리의 삶을 어떤 식으로 인도하실지는 예측하기 어렵다."[4]고 말했다.

둘째, 하나님은 이미 기드온에게 자신을 나타내셨다(구약성경에 등장하는 "여호와의 사자"는 인간의 형상으로 나타나신 하나님을 가리킨다). 하나님은 기드온에게 농장에서 이루어지고 있는 바알 숭배를 척결하고 참 하나님을 믿는 믿음을 회복하게 하라고 명령하셨다. 기드온은 겁에 질린 상태에서도 하나님의 명령을 성실히 수행했다. 그 후에 하나님은 다시 미디안 족속을 물리치라는 또 다른 명령을 하달하셨다. 기드온은 그 명령에도 기꺼이 복종했다. 하지만 한 민족의 운명을 결정짓는 문제는 개인의 문제를 결정짓는 것과 차원이 달랐다. 기드온은 이스라엘 민족을 이민족의 압제에서 구원하기 위해 전쟁을 치러야 할 상황에 직면했다. 생전 처음 지휘관의 역할을 감당해야 할 기드온으로서는 걱정이 앞서기 시작했다. 이것이 그가 양털의 표적을 구해 자기 손으로 이스라엘을 구원하는 것이 하나님의 진정한 뜻인지를 확인하고자 했던 이유다. 당시 기드온과 이스라엘 군대는 어느 모로 보나 적군을 물리칠 만한 능력이 없었다. 따라서, 전쟁의 승리에 대한 확신을 얻기 위해 양털의 표적이 필요했던 것이다(삿 6:36-40 참조). 브루스 월키는 "'양털'이라는 초자연적인 표적을 결정을 위한 일반 규칙으로 삼고 싶어하는 사람들이 많다. 어떤 기독교인들은 자동차를 살 때나 새로운 제품을 구입할 때, 또는 학교를 선택할 때 '양털을 펼쳐 놓고' 표적을 구해야 한다고 말한다. 그런 결정들은 신자 개인에게는 분명히 중요한 문제일 테지만, 하나님이 온 인류를 축복하기 위해 선택하신 민족의 운명을 결정짓는 문제와 동등하게 취급될 수는 없다."[5]고 말했다. 한마디로, 기드온의 상황과 우리의 상황은 차원이 달라도 한참 다르다.

셋째, 월키가 지적한 대로, 개인적인 결정을 내릴 때 "양털의 표적"을 구하는 것은 우리가 생각해 낸 방법을 하나님께 강요하여 그분을 시험하려는 행위에 불과하다. 그런 태도는 하나님이 우리의 장단에 맞춰 춤추시기를 기대하는 것으로, 예수님을 상대로 한 마귀의 두 번째 유혹과 일맥상통한다. 예수님은 "기록되었으되 주 너의 하나님을 시험치 말라 하였느니라"(마 4:7; 신 6:16)는 말씀으로 마귀의 유혹을 물리치셨다. 더욱이, 기드온은 두 번째 표적을 구하면서 "주여 내게 진노하지 마옵소서"(삿 6:39)라고 말을 꺼냈다. 이는 그가 자신이 주제넘은 행위를 하고 있다는 점을 의식했다는 것을 암시한다. 하지만 경험이나 연륜이 부족했던 기드온은 자신과 군대의 사기를 돋우기 위해 하나님의 분명한 뜻을 알고 싶었다. 따라서 우리는 하나님의 약속(삿 6:16 참조)과 반석에서 나온 불의 표적(삿 6:21 참조)만으로 충분했다며 그를 비난할 수 없다. 기드온의 요구에는 "주님, 믿습니다. 믿음 없는 저를 도와주소서."라는 의미가 담겨 있었다. 마음을 감찰하시는 하나님은 그의 심중을 꿰뚫고 계셨다. 하나님은 두려워하는 기드온의 요구를 들어주심으로써 이스라엘의 지휘관으로서 용기 있게 나가게 하셨다. 하나님은 막중한 사명을 눈앞에 둔 상황에서 자신의 연약함을 고백하며 용기를 구했던 기드온을 목자와 같은 은혜와 사랑으로 대해 주셨다. 따라서 재차 확신을 구했던 기드온의 행동을 주제넘다고 질책하는 것은 옳지 않다. 하지만 자동차를 구입하거나 학교를 선택하는 문제를 놓고 "양털의 표적"을 구하는 태도는 결코 온당치 못하다. 기드온의 상황은 매우 특별했다.

넷째, 구약성경의 인물이나 그들의 경험과 행동을 본보기로 삼고자 할 때는 예수님이 오시고 계시가 종결된 이후, 즉 정경이 완성된 이후에 달라진 여러 가지 변화를 고려해야 한다. 또한, 지금은 오순절 성령강림이 이루어진 시대다. 이 점을 고려하지 않고 섣불리 구약의 상황을 적용한다면 실수를 저지를 수밖에 없다. 하나님을 아는 지식이나 그분의 뜻을 분별할 확실한 근거가 부족했던 과거에는 하나님의 임재와 목적과 약속을 보여 주는 기적이나 표적이 오늘날에 비해 훨씬 더 많이 필요했다. 우리 시대의 기독교인들은 하나님을 알고 그분의 뜻을 분별하는 데 필요한 자료를 더 많이 가지고 있다. 따라서 자연히 외적인 표적이 줄어들 수밖에 없고, 또 방법도 과거와 똑같을 이유가 없다. 사도들은 신자들에게 하나님의 뜻을 알기 위해 표적을 구하라고 명령하지 않았다. 만일 그랬다면, 그것은 복음과 복음을 근거로 한 윤리적인 추론만으로는 하나님의 뜻을 알 수 없다고 시인하는 셈이 된다. 바리새인들은 예수님의 말씀을 인정하지 않고 표적을 구하는 무책임한 태도를 취했다. 예수님은 그런 그들을 엄중히 꾸짖으셨다. 바리새인들은 예수님이 떡 일곱 덩이와 생선 두어 마리를 가지고 4천 명을 먹이신 후에 예수님을 찾아왔다. "바리새인들이 나와서 예수께 힐난하며 그를 시험하여 하늘로서 오는 표적을 구하거늘 예수께서 마음속에 깊이 탄식하시며 가라사대 어찌하여 이 세대가 표적을 구하느냐 내가 진실로 너희에게 이르노니 이 세대에게 표적을 주시지 아니하리라 하시고 저희를 떠나 다시 배에 올라 건너편으로 가시니라"(막 8:11-13). 예수님의 경고는 우리에게도 똑같이 적용된다. 구약성경에 기록된 표적과 기사를 갈망하는 사람들은 달라스 윌라드의 말에 귀를 기울일 필요가 있다.

"어떤 형태든 극적인 일을 구하고 갈망하는 것은 신앙생활이 성숙하지 못했다는 증거다. 물론, 그런 일을 바라지 않는다고 해서 영적으로 성숙한 상태에 있다고 단정할 수는 없다. 그런 일이 없다는 것은 어떤 면에서 신앙이 죽은 상태에 있다는 뜻일 수도 있기 때문이다.

……아무튼, 극적인 일을 구하는 이유는 인격이 성숙하지 않았기 때문이다. 어린아이들은 극적인 일을 좋아한다. 그들은 극적인 일을 구하고 무분별하게 추구함으로써 스스로 어린아이라는 사실을 드러낸다. 물론, 하나님은 필요하다고 생각하시는 경우, 즉 마음이 강퍅한 경우나 신앙이 죽어 있는 경우에 기이한 역사를 통해 경각심을 갖게 하신다. 하지만 그런 일을 영적 성장이나 신앙심의 깊이를 측정하는 잣대로 삼아서는 곤란하다. 성숙한 태도로 그리스도의 길을 걸어가는 사람들은 설혹 기적을 체험했더라도 그것을 적극적으로 구하지 않고, 또 자신들이 옳거나 특별하다는 증거로 내세우지 않는다."[6]

기드온은 영적으로 미성숙했을까? 그랬다. 하지만 하나님은 그의 미성숙한 신앙에 구애받지 않으시고 그를 지도자로 세워 이스라엘을 축복하셨다. 하지만 우리는 굳이 그의 미성숙한 신앙을 모방할 필요가 없다.

다섯째, 미성숙한 신앙을 목회적 차원에서 생각해 보면 "양털의 표적"을 구하는 문제를 조금 다른 각도에서 살펴볼 수 있다. 브루스 월키는 이렇게 말했다. "내가 보기에, '양털의 표적'은 게으른 사람이 하나님의 뜻을 분별하는 방식에 속한다. 그런 사람은 노력이나 훈련, 또는 인격의 성장을 추구하지 않는다. 하나님의 인도는 그런 태도와는 무관하다."[7] 서구의 기독교인들은 하나님의 뜻을 알 수 있는 많은 기회와 축복을 부여받았다. 무엇보다도, 하나님은 성경을 주셨다. 성경은 하나님의 성품과 그분의 가장 중요한 뜻과 각종 신앙의 원리를 상세히 기록한다. 하나님은 성경을 토대로 한 결정과 선택을 기대하신다. 더욱이, 하나님은 무려 2천 년에 걸쳐 훌륭한 학자들을 통해 성경을 해석하는 방법에 관하여 많은 지식을 허락하셨고, 경건한 신자들을 통해 하나님의 인도를 받는 삶을 구체적으로 보여 주셨다. 물론, 하나님은 그런 지식이 없는 미성숙한 신자들을 위해 단순한 방법을 사용하실 수도 있다. 하지만 많은 지식을 알고 있으면서도 표적이라는 손쉬운 방법을 선택한다면 스스로의 게으름을 입증할 뿐이다.

여섯째, 바울은 데살로니가 신자들에게 적그리스도의 징조에 대해 "악한 자의 임함은 사단의 역사를 따라 모든 능력과 표적과 거짓 기적과 불의의 모든 속임으로 멸망하는 자들에게 임하리니"(살후 2:9, 10)라고 설명했다. 예수님도 마귀의 속임수를 염두에 두시고 "거짓 그리스도들과 거짓 선지자들이 일어나서 이적과 기사를 행하여 할 수만 있으면 택하신 백성을 미혹케 하려 하리라"(막 13:22)고 말씀하셨다. 이처럼, 인도의 표적을 구하는 것은 영적 성장을 가로막는 방해요소일 뿐 아니라 자칫 마귀의 속임수에 넘어가는 계기가 될 수 있다. 거짓과 속임수에 능한 마귀는 거짓 표적으로 상황을 오판하게 만듦으로써 우리를 곤경으로 몰아넣는다. 비록 그런 최악의 결과가 발생하지는 않더라도, 표적 없이는 움직이지 않겠다는 사고방식은 우리를 도덕적으로 마비시키고 올바른 헌신을 방해함으로써 하나님이 우리 안에서, 또 우리를 통해 이루시려는 일을 가로막는다.

어떤 관점에서 생각하든지, 표적으로 하나님의 인도를 구하겠다는 생각은 온당치 않다. 하나님이 표적을 허락하신다면(때로 그런 일이 있을 수 있다) 특별한 은혜와 격려의 차원으로 받아들여야 한다. 우리는 표적이 아니라 앞서 말한 성경적인 방법을 통해 하나님의 인도를 구해야 한다.

하나님의 인도와 인내

하나님의 인도를 따르면 만사가 형통하여 비기독교인들과 달리 시련이나 고난을 당하지 않는다는 생각은 터무니없는 공상이자 근거 없는 속설에 불과하다. 하나님의 인도를 받으면 모든 문제에서 해방될 수 있다는 생각은 전적으로 잘못이다. 이런 생각이 만연한 현실은 앞서 인용한 달라스 윌라드의 말대로 많은 사람들이 인격이 성숙하지 못한 상태에서 미신적인 관점으로 삶을 바라보고 있다는 증거다. 윌라드에 따르면, 극적인 일을 구하는 이유는 신앙인격이 성숙하지 못했기 때문이다. "하나님의 인도를 받는 사람은 고난과 역경을 당하지 않는다."는 주장은 성경은 물론, 일상의 경험에 비추어 볼 때도 전혀 허무맹랑하다.

이런 말에 이의를 제기할 사람은 아무도 없을 것이다. 우리가 섬기는 주님도 온갖 고난과 역경을 경험하셨고, 하나님도 우리의 신앙인격을 훈련하고 진리를 가르치실 목적으로 이따금 혹독한 시련을 허락하신다. 시편 저자는 "여호와여 주의 말씀대로 주의 종을 선대하셨나이다……고난당하기 전에는 내가 그릇 행하였더니 이제는 주의 말씀을 지키나이다……고난당한 것이 내게 유익이라 이로 인하여 내가 주의 율례를 배우게 되었나이다"(시 119:65, 67, 71)라고 고백했다. 참 신앙의 소유자라면 누구나 시편 저자와 같은 태도를 취하지 않을 수 없다. 신자는 믿음의 시련을 통해 단련된다. 히브리서 저자는 "너희가 참음은 징계를 받기 위함이라 하나님이 아들과 같이 너희를 대우하시나니 어찌 아비가 징계하지 않는 아들이 있으리요……하나님은 우리의 유익을 위하여 그의 거룩하심에 참예케 하시느니라"(히 12:7, 10)고 말했다. 그리스도를 따르는 사람은 누구나 신앙의 훈련을 받아야 한다. 모세오경에 보면, 이스라엘 백성이 구름기둥과 불기둥의 인도를 받으며 살아가는 동안 온갖 어려움(음식과 물의 부족, 간간이 일어났던 갈등 등)을 겪었던 과정이 자세히 기록되어 있다. 제자들은 호수를 건너 벳새다로 가라는 예수님의 명령에 복종했다가 도중에 광풍을 만나는 위기를 당했고, 그것이 계기가 되어 물 위를 걸어오시는 예수님의 기적을 목격했다(마 14:22; 막 6:45 참조, 마가복음 4장 35-41절에도 그와 비슷한 상황이 기록되어 있다).

미가야와 예레미야는 하나님의 말씀을 전했다는 이유로 고난을 당해야 했다. 그들의 말은 듣는 이들의 분노를 자극했다. 사악한 아합왕은 선지자 미가야를 불러 백성을 이끌고 아람군대와 맞서는 것이 하나님의 뜻인지를 묻게 했다. 당시 상황은 이미 4백 명의 선지자가 아합에게 나가 싸우라고 조언한 뒤였다. 선지자 시드기야는 철로 만든 뿔을 가지고 춤을 추면서 "여호와의 말씀이 왕이 이것들로 아람 사람을 찔러 진멸하리라 하셨다"(왕상 22:11)고 예언했다. 하지만 미가야는 "내가 보니 온 이스라엘이 목자 없는 양같이 산에 흩어졌는데……"(17절)라고 말했다. 결코 환영받지 못할 진실이었다. 시드기야는 미가야의 뺨을 후려쳤고, 아합왕은 "이놈을 옥에 가두고 내가 평안히 돌아올 때까지 고생의 떡과 고생의 물로 먹이라"(27절)고 말했다. 하지만 아합왕은 다시 돌아오지 못했다. 미가야의 예언대로 그는 전쟁터에서 목숨을 잃고 말았다.

선지자 예레미야의 경우도 마찬가지였다. 그는 예루살렘을 향해 하나님의 말씀을 전했다. "만군의 여호와 이스라엘의 하나님이 말씀하시되 보라 내가 이 성에 대하여 선언한 모든 재앙을 이 성과 그 모든 촌락에 내리리니"(렘 19:15). 하지만 제사장 바스훌은 예레미야의 말을 하나님의 말씀으로 받아들이지 않았다. 그는 예레미야를 때린 뒤에 하루 종일 차꼬에 채워 두었다가 풀어 주었다. 예레미야는 풀려나자마자 다시 말씀을 전했다. 이번에는 바스훌을 향한 예언이었다. "여호와께서 이같이 말씀하시되 보라 내가 너로 너와 네 모든 친구에게 두려움이 되게 하리니……내가 온 유다를 바벨론 왕의 손에 붙이리니 그가 그들을 사로잡아 바벨론으로 옮겨 칼에 죽이리라 내가 또 이 성의 모든 부와……유다 왕들의 모든 보물을 그 원수의 손에 붙이리니……바스훌아 너와 네 집에 거하는 모든 자가 포로 되어 옮기우리니 네가 바벨론에 이르러 거기서 죽어 거기 묻힐 것이라 너와 네가 거짓 예언을 하여 들린 네 모든 친구도 일반이라 하셨느니라"(렘 20:4-6).

인간적으로 생각하면 하나님의 심판을 받게 될 사악한 경쟁상대의 비참한 운명에 박수를 치며 기뻐했을 법도 하지만, 예레미야는 도리어 예루살렘의 멸망을 슬퍼하며 탄식의 기도를 토해 냈다. "여호와여 주께서 나를 권유하시므로 내가 그 권유를 받았사오며 주께서 나보다 강하사 이기셨으므로……여호와의 말씀으로 하여 내가 종일토록 치욕과 모욕거리가 됨이니이다……나의 아비에게 소식을 전하여 이르기를 네가 생남하였다 하여 아비를 즐겁게 하던 자가 저주를 받았더면……어찌하여 내가 태에서 나와서 고생과 슬픔을 보며 나의 날을 수욕으로 보내는고"(렘 20:7, 8, 15, 18). 예레미야는 매번 충실하게 하나님의 인도를 따랐지만, 그때마다 더욱더 큰 절망을 경험해야 했다. 심지어 시드기야왕은 예레미야를 악한 선지자들에게 넘겨주었고, 그들은 그를 진흙 구덩이에 던져 넣었다. 예레미야는 그곳에서 굶주려 죽을 위기에 직면했다. 하나님의 인도에 복종하는 사람들은 누구나 그런 고난을 당할 수 있다. 고난은 그들을 더욱 순결하고, 강인하고, 정의로운 사람으로 성숙시킨다. 하나님은 시련을 통해 우리의 믿음과 인격을 단련하셔서 그리스도를 닮게 하신다.

이제 현대의 인물 가운데 세 사람을 선정하여 이 점을 좀 더 구체적으로 살펴보기로 하자. 세 사람이란 바로 나와 나의 두 친구(데니스와 엘리자베스)다. 우리는 모두 연배가 비슷하다. 우리는 우리 자신을 본보기로 내세우거나 특별한 사람으로 치부할 생각은 없다. 사실, 처음에는 우리의 인생 경험을 소개하기가 조금 망설여졌다. 우리는 우리의 경험만이 하나님의 인도를 따르는 삶을 보여 줄 수 있다고 생각하지 않는다. 우리의 경험을 소개하는 목적은 사람들의 관심을 끌기 위해서가 아니라 우리의 삶 속에 나타난 하나님의 역사를 전하기 위해서다. 독자들은 이런 우리의 의도를 올바로 이해해 주기 바란다. 여기에 소개된 내용은 우리 세 사람의 사생활을 침해하지 않는다. 데니스는 하늘나라로 떠났고, 엘리자베스는 자신의 이야기를 이미 글로 출판했다.[8] 그리고, 이 글을 쓰는 나도 이미 1996년까지 살아온 인생을 세상 사람들 앞에 밝힌 바 있다.[9]

데니스의 이야기는 하나님의 인도를 구하는 문제가 얼마나 곤혹스러운 것인지를 여실히 보여 준다. 데니스와 나는 25년 동안 그리스도 안에서 친구로 지내 왔다. 내가 그를 마지막으로 보았을 때 우리의 나이는 둘 다 40대 중반이었다. 내가 다리의 종양 때문에 몸져누워 있을 때 데니스가 우리 집에 찾아왔다. 우리는 침실에서 대화를 나누었다. 데니스는 옥스퍼드 대학 시절, 내가 회심한 지 1년 뒤에 그리스도를 영접했다. 그가 신앙을 가진 후 처음 몇 달 동안, 우리는 서로 우정을 나누었다. 그는 의료 선교사가 되는 것을 하나님의 뜻으로 믿고, 전공을 화학에서 의학으로 바꾼 뒤 구체적인 계획을 세우기 시작했다. 그러던 중, 윌프레드 티드마시라는 형제단 소속 에콰도르 선교사가 갑자기 선교지를 떠나야 할 사정이 생겨 자신을 대신할 사람을 찾고 있었다. 그 소식을 들은 데니스는 남아메리카에서 단독으로 선교지를 개척하겠다는 비전을 갖게 되었다.[10] 하지만 건강이 좋지 못한 탓에 그는 아프리카의 한 병원에서 마취의사로 일하는 길을 선택해야 했다. 그는 만성적인 홍채염을 앓았다. 그는 어려서 학교에 다닐 때 늘 대장노릇을 했고 수영실력도 매우 뛰어났다. 어느 날, 그는 자기보다 어린 한 소년의 안경을 건져 주려고 더러운 물속으로 뛰어들었다가 그만 병을 얻고 말았다.

그 후로 그는 늘 짙은 색깔의 안경을 쓰고 정기적으로 치료를 받아야 했으며, 정상적인 직업 활동을 하기 위해 약물의 양을 꾸준히 늘려 가야 했다. 다시 영국에 돌아온 그는 어두운 안경 뒤에 가려진 무표정한 얼굴로 자신의 심정을 토로했다. 그는 오랫동안 우울증을 앓고 있는 탓에 가정에서나 직장에서 마치 좀비와 같은 삶을 살아갈 수밖에 없었다고 말했다. 그는 자신의 문제를 잘 알고 있었지만 해결책을 찾기가 어려웠다. 그가 나를 찾아온 이유는 질병을 어떻게 처리해야 할지를 의논하기 위해서였다. 심장의 부담이 커져 생명이 단축되더라도 약물의 양을 더 늘려 우울증을 억제하고 병원 일을 계속해야 할지, 아니면 우울증이 심해지고 시력이 계속 떨어질지라도 약물 복용을 중단해야 할지를 알고 싶었던 것이다. 우리는 두 가지 대안의 장단점을 비교해 보았다. 그는 대화를 마치고 돌아갔다. 그가 다른 사람에게 또 다른 조언을 구했는지, 가족들에게 어떤 결심을 내비쳤는지, 또 마지막으로 어떤 결정을 내렸는지는 전혀 알 길이 없다. 다만 몇 달 뒤에 그의 사망 소식을 전해 들은 것이 전부였다. 하지만 그로부터 몇 년 뒤, 그의 아내는 "그가 세상을 떠나기 전 몇 달 동안 저는 남편을 되찾은 듯한 느낌이 들었어요."라고 말했다. 나는 그가 올바른 결정을 내렸다고 믿는다.

오늘날, 하나님의 인도를 받으면 괴로운 결정을 내려야 할 상황을 모면할 수 있다는 생각이 만연하다. 하지만 그렇지 않다. 달라스 윌라드는 설득력 있는 어조로 이렇게 말했다.

"최근에 하나님의 말씀을 전하는 사람들 가운데 하나님과 성경을 잘만 이용하면 건강과 성공과 부를 보장받을 수 있다며 여러 가지 방법을 제시하는 이들이 많다. 많은 사람이 성경을 방법론을 다루는 책, 즉 서구사회에서 성공적인 인생을 살아갈 수 있는 방법을 소개하는 안내서로 간주한다. 사람들은 성경의 방법을 따르면 경제적으로 성공하고, 암은커녕 감기조차 안 걸리며, 교회가 분열되지도 않고, 목회사역에 성공을 거둘 수 있다고 믿는다. ……하나님의 말씀은 고난이 없는 삶을 약속하지 않는다. 물론, 때로 그런 경우도 없지 않지만, 그렇다고 우리가 원하는 대로 모든 것이 이루어지고, 늘 편안하고 쉽게 살아갈 수 있는 것은 결코 아니다. ……우리는 헛된 소망을 품어서는 안 된다. 우리도 다른 사람들처럼 인생의 고난을 겪기 마련이다. 제자인 우리가 남들과 다른 이유는 역경과 시련을 면제받았기 때문이 아니라 지극히 고귀한 생명(질적으로 다른 영적인 생명과 영생)을 부여받았기 때문이다."[11]

옳은 말이다. 엘리자베스의 이야기는 자비로우신 하나님이 겸손을 가르치시기 위해 우리의 불완전하고, 어리석고, 편견에 가득 찬 인간성을 가혹하게 훈련하신다는 점을 보여 준다. 고난은 하나님의 위대하심 앞에서 우리의 무가치함을 깨닫게 하고(마음의 겸손), 하나님의 뜻을 모르는 채 안일하게 살아가는 우리에게 그분의 지혜를 알게 하며(생각의 겸손), 이웃을 사랑하지 못하는 우리에게 십자가의 고난을 달게 받으신 그리스도의 희생적인 사랑을 가르치고(영혼의 겸손), 어떤 대가가 따르더라도 하나님 말씀에 기꺼이 복종할 수 있는 강인함을 심어 준다(참된 능력의 겸손). 엘리자베스는 매혹적이고 탁월한 저술가다. 존 번연과 루이스에 버금가는 재능을 소유한 그녀는 자신의 이야기를 마치 제3자의 이야기처럼 객관화시켜 말하는 능력이 매우 뛰어나다. 나는 그녀의 글을 즐겨 읽는 독자 가운데 하나다. 나는 그녀와 오랫동안 우정을 나눠왔지만 글로 발표한 이야기 외에 다른 이야기는 듣지 못했다. 하지만 그녀의 글은 시간이 지날수록 더욱 귀하고 의미 있게 내 마음에 와 닿는다. 이미 그녀의 책을 통해 모든 내용이 널리 알려졌기 때문에 여기에서는 간단한 소개에 그치고자 한다.

엘리자베스는 선교사의 삶을 이상적으로 생각하던 경건한 신자들 틈에서 성장했다. 그런 이유로 그녀는 일찍부터 선교사역을 자신의 소명으로 받아들였다. 언어에 재능이 뛰어났던 그녀는 위클리프 S.I.L.(하계언어학교)에서 성경번역 훈련을 받고, 에콰도르의 콜로라도 부족이 살고 있는 지역으로 건너갔다. 물론, 그녀의 목적은 현지어로 성경을 번역하는 것이었다. 하지만 어느 날 소요가 일어나서 스페인어와 콜로라도어에 능통한 그녀의 안내자가 살해당하고 가방을 도둑맞는 사건이 발생했다. 그 가방 안에는 9개월 동안 쉬지 않고 번역작업에 몰두하여 얻어 낸 결실이 담겨 있었다.

엘리자베스가 잃은 것은 그것만이 아니었다. 혼기가 찬 그녀는 짐 엘리엇이라는 동료 선교사와 결혼을 했다. 1956년, 그녀의 남편은 와오라니[12] 부족에게 복음을 전하러 갔다가 동료 선교사 네 사람과 함께 원주민들에게 살해되고 말았다. 그런데도 그녀는 여전히 그 지역에 머물면서 키추아 족의 언어로 성경을 번역했다. 그로부터 2년 뒤, 엘리자베스 엘리엇과 레이첼 세인트(학살 사건이 일어난 당시에 숨진 네이트 세인트의 누이)는 와오라니 부족으로부터 초청을 받았다. 엘리자베스와 그녀의 어린 딸은 그것을 기도 응답으로 받아들여 남편과 아버지인 짐을 주인 살인자들과 2년 동안 함께 살다가 상황이 여의치 않자 다시 미국으로 돌아왔다. 미국에 돌아온 그녀는 자신이 자라 온 신앙공동체에 더 이상 적응하기 어려웠다. 사람들은 그녀에게 냉담했고, 때로는 몰인정하게 굴었다. 그러는 동안, 엘리자베스는 재혼을 하게 되었다. 하지만 그녀의 새 남편도 곧 암으로 죽고 말았다. 그로부터 몇 년 뒤, 그녀는 다시 세 번째 결혼식을 올렸다.

엘리자베스는 온갖 인생의 시련을 경험하면서도 자신의 소명에 충실하려고 노력했다. 그녀의 인생은 결코 순탄하지 않았다. 하지만 그녀는 처음부터 끝까지 하나님의 인도를 구하고, 따르고자 노력했다. 아래에 인용한 그녀의 말은 하나님의 인도를 따르다가 당혹스럽고 고통스런 상황에 직면했을 때 어떤 태도를 취해야 할지를 잘 보여 준다.

"내가 에콰도르의 밀림에 살 때……항상 내 곁에는 길을 알고 있는 안내자가 있었다. ……종종 시내와 강을 건너 길을 가야 했지만 때로는 우리가 건너야 할 강물 위에 높이 놓여 있는 통나무를 지나가야 했다. 나는 그 통나무를 건너는 것이 무서웠다. ……하지만 원주민들은 "아가씨, 그냥 건너가세요."라고 말하고 아무렇지도 않게 그곳을 지나가곤 했다. ……나도 그들처럼 맨발이었다. 하지만 그것으로는 부족했다. 나는 통나무 위에서 아래로 흐르는 강물을 도무지 바라볼 수가 없었다. 그랬다가는 미끄러져 떨어질 것만 같았기 때문이다. 나는 담벼락이나 물건 위에 올라서서 몸의 균형을 유지하는 일에 능숙하지 못했다. 그런 내가 통나무를 건너는 것은 거의 불가능해 보였다. 나의 안내자는 그런 나에게 손을 내밀곤 했다. 내게 필요한 것은 그의 손끝을 가볍게 잡는 것뿐이었다. 나는 미끄러질지도 모른다는 두려움을 버리고, 강물을 내려다보거나 통나무를 보지 않고, 오로지 안내자만 바라보며 내 손에 와 닿는 손끝의 감촉을 느끼려고 노력했다. ……그가 그곳에 있다는 사실과 그의 손끝에서 느껴지는 감촉이 내게 필요한 전부였다.

……인디언들이 가르쳐 준 교훈은 바로 신뢰였다."[13]

체스터턴은 하나님이 우리를 어디로 인도하시는지 알 수 없을 때(그런 경우는 많다)도 모든 것을 맡기고 "어둠 속을 즐겁게 걸어가라."고 충고한다. 어떻게 그럴 수 있을까? 그 이유는 엘리자베스가 통나무를 건너면서 인디언들을 통해 신뢰의 교훈을 배웠듯이, 우리도 우리를 인도하시는 하나님을 신뢰할 수 있기 때문이다. 엘리자베스의 이야기와 이 책이 제기하는 가장 중요한 문제는 "우리를 인도하고 보호하시는 성부와 성자와 성령, 삼위일체 하나님을 진정으로 신뢰할 수 있느냐?" 하는 것이다.

이제 나에 관한 이야기를 소개하겠다. 그리 특별한 경험은 아니지만 나름대로 하나님의 인도와 관련해 중요한 의미가 있다고 생각해 간단히 언급하고자 한다.

하나님이 나의 인생을 인도하신 일을 가만히 생각해 보면, 중요한 순간마다 갑작스레 상황이 변했던 일이 특별히 머릿속에 떠오른다. 뭔가 다른 일을 생각하고 있는데 느닷없이 예기치 않았던 일이 종종 발생하곤 했다. 1944년에 그리스도를 영접했을 때도 그랬다. 그전에 제법 오랫동안 기독교를 믿어 오면서 신앙의 본질을 잘 알고 있다고 생각했는데 느닷없이 회심을 경험하게 되었다. 또, 학교 교장으로 일생을 마치리라고 기대했지만 하나님은 내가 목회사역에 뛰어들기를 원하셨다.

전혀 예상치 못한 일이었다. 또, 어느 날인가는 나의 재능만 믿고 내 생각과 마음이 끌리는 대로 신자들을 가르쳐 왔다는 사실이 불현듯 뇌리를 스치고 지나갔다. 하나님의 섭리에 의해 1년 동안 신학교에서 가르치면서 깨달은 잘못이었다. 당시 나는 목회사역을 진지하게 고려하고 있었지만 아직 본격적인 신학수업을 시작한 상태는 아니었다. 그밖에, 팜플렛을 써 달라는 요청을 받고 글을 쓰면서, 내가 책을 쓸 수 있다는 사실을 발견하기도 했다. 아내를 만난 것도 마찬가지였다. 우리는 전혀 예상하지 않았던 수련회를 통해 처음 인사를 나누었다. (그녀가 하나님이 준비하신 나의 반려자라는 사실을 알기까지는 48시간의 시간과 뜬눈으로 지새운 하룻밤이 필요했다. 그녀는 내가 상상했던 아내의 모습과 조금도 닮지 않았었다.) 50대에 접어들어서는 한 가지 복잡한 상황이 계기가 되어 캐나다로 거주지를 옮겨야 했다. 당시 나는 영국에서 일생을 마치려 했으나, 1979년 이후 밴쿠버 리젠트 대학에서 교편을 잡게 되어 오늘에 이르렀다. 이렇듯, 하나님은 나의 인생에 여러 가지 깜짝 선물을 준비하셨고, 내가 기대했던 것보다 더 많은 축복을 누리게 하셨다.

　제법 멋진 인생을 살아온 것처럼 들릴지 모르겠다. 하지만 그렇지 못했던 이면이 더 많다. 은사와 기회는 사용하라고 주어진 것이다. 더 많이 받은 사람은 질적으로나 양적으로 더 많은 것을 요구받는다. 나는 거의 60년간 하나님의 인도를 받으며 살아오는 동안 내가 할 수 있었고, 또 했어야 할 일(즉, 하나님의 자녀가 된 것을 감사하며 그분을 기쁘시게 하고 형제와 자매를 섬겨야 했던 일, 공적인 일을 수행하면서 하나님이 주신 잠재력을 충분히 발휘하여 그분을 영화롭게 하고 다른 사람들을 도와야 했던 일)을 완벽하게 수행하지 못했다. 다른 동료 신자들처럼 나도 많은 실패를 경험했다. 그리스도와 그분의 나라를 위해 스스로를 훈련하고 좀 더 경각심을 가지고 열심히 일해야 했지만 그렇지 못한 적이 많았다. 지금까지 살아온 데는 늘 하나님의 용서가 필요했다.

하나님의 인도는 그분의 보호와 마찬가지로 보편적으로 적용되는 원리다. 하지만 신자들 개개인이 모두 다르듯이 각자에게 주어지는 하나님의 인도도 제각기 다르다. 또한, 하나님의 인도와 보호는 그 자체로 참으로 영광스럽지만, 타락한 세상에서 인간이 겪어야 할 온갖 고통과 문제에서 우리를 자유롭게 해주지는 못한다. 와오라니 학살 현장을 취재하여 『라이프』지에 게재한 바 있는 사진작가 코넬 캐퍼의 말로 2장을 마무리하고자 한다. 그는 약 50년 전에 이렇게 썼다.

> "베티(엘리자베스)는 아우카 족의 손에 남편 짐을 잃었다. 하나님은 짐을 그들로부터 보호하시지 못했다. 나는 그녀가 그런 아픔을 어떻게 극복할 수 있었는지 궁금했다. 그녀는 나의 질문에 조금도 망설이지 않고 '나는 짐의 목숨을 지켜 달라고 기도했어요. 하지만 주님은 내가 바라던 것 이상의 응답을 주셨어요. 주님은 짐을 불순종으로부터 보호하셨을 뿐 아니라 그의 죽음을 통해 장차 영원한 세상에서만 알 수 있는 놀라운 역사를 이루셨답니다.' 라고 대답했다."[14]

오늘날 와오라니 부족 가운데는 기독교를 믿는 이들이 많다. 엘리자베스의 이야기는 수많은 사람들에게 많은 영감을 불어넣었다. 하나님이 그 마음을 인도하고 보호하시는 사람의 삶은 누구도 상상할 수 없는 놀라운 역사를 일으킨다.

토·론·과·성·찰·을·위·한·문·제

1. 서두에 인용한 존 헨리 뉴먼의 말과 시편 23편 말씀을 깊이 묵상하며 읽어 보라. 하나님의 인도를 구하고 싶은 마음이 드는가? 그렇다면 그 이유를 설명해 보라.

2. "하나님의 거룩하심은 그분이 의로운 의도를 가지고 계신다는 뜻이고, 하나님의 의는 그분이 거룩한 행동을 하신다는 의미이다." "의의 본질" 항목의 처음 두 단락을 다시 읽고, 이 문장의 의미를 되새겨 보라. 그 다음, "하나님은 의로우시기 때문에 ＿＿하시다."라는 문장을 여러 개 완성해 보라.

3. "의는 지혜가 담긴 사랑을, 사랑은 선한 의도에서 비롯하는 의를 의미한다." "우리가 내리는 결정은 다른 사람들을 최대한 유익하게 하고 하나님을 최대한 기쁘시게 하는, 두 가지 목적에 부합해야 한다." 큰 문제도 좋고 작은 문제도 좋다. 앞으로 결정해야 할 문제 가운데 하나를 선택한 뒤, 이 같은 원리가 결정에 어떤 영향을 미칠지 생각해 보라.

4. "의의 본질" 항목에 인용된 성경구절들을 모두 찾아보고, 특별한 도전이나 용기를 주는 말씀을 하나 선택하라. 그 말씀이 마음에 와 닿는 이유는 무엇인가? (영적, 감정적, 실천적 차원 모두에서 생각해 보라.)

5. "인도의 범위와 형태, 세부내용" 항목을 다시 읽어 보라. 하나님의 인도라고 확신하는 문제를 어떤 식으로 검증할 수 있을지 생각해 보라.

6. 저자는 "표적과 확신"이라는 항목 아래, 그 항목의 마지막 문단을 강조할 목적으로 여섯 가지 이유를 제시했다. 저자의 주장에 동의하는가, 동의하지 않는가? 또 그 이유를 각각 밝혀라.

7. "하나님의 인도와 인내" 항목을 보면, 하나님의 인도를 받는 신자들도 종종 고난을 받을 수 있다고 한다. 그들의 삶이 반드시 평탄한 것은 아니다. 역경이 뒤따른다고 해서 그릇된 길을 가고 있다고 섣불리 속단할 수 없다. 하나님의 인도를 받는 삶을 살면서도 심한 고난과 고통을 당하는 사람을 알고 있거나, 책에서 읽은 적이 있는가?

8. 열왕기상 22장 1-28절과 예레미야 19장 15절부터 20장 8절까지 읽어 보라. 미가야와 예레미야에 관한 성경의 기록을 통해 용기를 얻는가, 아니면 두려움을 느끼는가? 또, 그 이유는 무엇인가?

9. 저자는 인생을 살면서 여러 가지 전기를 맞이했다. 마찬가지로, 자신의 삶에 중요한 변화를 가져왔던 사건들을 생각해 보라. 그리고 그중에서 하나님의 섭리의 손길이 있었다고 생각하는 사건을 하나 끄집어내 보라. 그 사건이 일어난 뒤에 삶이 더 평탄해졌는가, 아니면 더 어려워졌는가? 또는 둘 다인가? 그리고 신앙생활에 장기적으로 어떤 결과를 가져왔는가?

10. 주변에 하나님의 인도를 따르느라 어려움을 겪는 사람이 있다면, 그를 위해 기도하라.

우리는 성경에 비추어 삶의 문제를 결정해야 한다.
하나님의 말씀에 깊이 잠기면 지혜가 생겨난다.
우리의 결정은 그러한 지혜를 바탕으로 이루어져야 한다.

영적으로 건강한 삶

"그러므로 형제들아 내가 하나님의 모든 자비하심으로 너희를 권하노니 너희 몸을 하나님이 기뻐하시는 거룩한 산 제사로 드리라 이는 너희의 드릴 영적 예배니라 너희는 이 세대를 본받지 말고 오직 마음을 새롭게 함으로 변화를 받아 하나님의 선하시고 기뻐하시고 온전하신 뜻이 무엇이지 분별하도록 하라"(롬 12:1, 2).

사람들은 흔히 건배를 할 때 "건강한 삶을 위하여!"라고 외친다. 이 말은 지금부터 말하고자 하는 내용을 한마디로 요약해 준다. 이 책을 읽는 독자들이 모두 영적으로 건강한 삶을 살기 원하고, 또 이 책이 하나님의 도구가 되어 많은 사람의 영적 건강에 기여하기를 바란다. 영적으로 건강하지 못한 경우에는 장, 단기적 결정을 내려야 할 상황에서 하나님의 뜻을 분별할 수 있는 능력이 크게 저하된다. 경험을 통해 알 수 있듯이, 몸이 건강하고 쾌적해야만 정신도 기능을 잘 발휘할 수 있다. 몸이 건강하지 못하면 정신적인 능력이나 균형감각도 함께 퇴화한다. 사업가들이 규칙적인 운동을 통해 건강을 보살피며 늘 최적의 상태를 유지하듯이, 기독교인들도 영적 건강을 잘 보살펴야만 하나님이 어떤 형태로든 그 뜻을 보여 주실 때 즉시 알아차릴 수 있다. 3장의 목적은 영적 건강을 위협하는 유해요소를 가려냄으로써 영적 건강을 유지하는 방법을 살펴보는 데 있다.

일단, 우리의 현재 상태를 정확히 진단하는 데서부터 출발해야 한다. 운동선수들은 늘 정기적으로 "체력 측정"을 받는다. 체력 측정이란 운동선수의 몸이 앞으로 있을 엄격한 훈련에 적합한지를 점검하는 과정으로, 운동선수 자신과 팀의 역량을 해칠 수 있는 약점을 미리 찾아내어 처리하는 데 초점을 맞춘다. 즉, 체력 측정의 목적은 사전에 약점을 찾아내어 부족한 부분을 강화함으로써 피해를 예방하는 데 있다. 영적 상태를 점검하는 것도 이와 비슷하다. 영적 상태의 점검은 하나님과 동행하는 삶을 살기 위한 훈련의 일부다. 신약성경은 신앙생활을 경주에 비유함으로써(고전 9:24; 갈 5:7; 빌 3:13, 14; 히 12:1 참조) 영적 상태의 점검이 신앙훈련의 일부라는 사실을 분명히 한다. 바울은 "너희가 믿음에 있는가 너희 자신을 시험하고 너희 자신을 확증하라"(고후 13:5)고 말했다.

점검이 필요한 이유

영적 건강을 정기적으로 점검해야 할 이유는 무엇일까? 운동선수들은 경기가 없는 동안 자칫 컨디션이 나빠지기 쉽다. 방심했다가는 금방 체중이 불거나 엉덩이에 군살이 붙기도 하고, 전력질주를 했을 때 호흡이 가빠질 수 있다. 이런 현상은 대개 의식하지 못하는 사이에 일어난다. 겉으로는 괜찮아 보여도 속으로는 이미 문제가 생긴 상태일 수 있다. 마찬가지로, 보통 사람들의 경우 독감이나 질병으로 몸이 허약해 있는 상태인데도 아무 문제가 없다고 착각할 수 있다. 사람들은 "전에도 침실에 가는 도중에 잠시 의자에 등을 기대고 앉아 쉬었어야 했나? 부엌으로 걸어갈 때마다 늘 숨이 찼었나? 아마, 그랬을 거야. 지난주에도 밝은 얼굴로 뛰어나와 아이들과 함께 마룻바닥을 뒹굴며 놀 정도로 건강이 좋진 않았잖아?"라는 식으로 생각한다. 단지 컨디션이 좀 안 좋은 것이 아니라 몸에 병이 든 상태인데도 정상으로 알고 지낼 때가 많다. 영적 건강과 관련해서도 똑같은 상황이 펼쳐진다. 몸이 조금씩 약해지기 시작하는데도 의식하지 못하듯이, 영적 감각(즉, 기쁨, 자신감, 평화, 사랑, 창조력을 자극하는 감각)이 서서히 사라지기 시작하는데도 전혀, 아무것도 느끼지 못할 수 있다. 그러다 보면, 오히려 그 상태를 정상으로 생각하는 착각에 빠진다. 그런 잘못을 방지하기 위해 점검이 필요한 것이다.

영적 침체를 유발하는 요인은 많다. 그런 상태에서는 하나님과 그분의 영광을 구하려는 의욕이 크게 저하된다. 영적 침체에 빠지면, 마음의 평화, 선한 의지, 삶의 기쁨 등이 자취를 감추기 시작한다. 인생의 대부분을 심한 우울증에 시달리며 살았던 윌리엄 쿠퍼는 "처음 주님을 알았을 때 누렸던 축복이 다 어디로 사라졌는가?"라고 한탄했다. 영적 침체에 빠진 사람들은 종종 그런 의문을 품는다. 그들은 육체적, 정신적 피로를 느낄 수도 있고, 이웃과 교인들과 배우자와 자녀들과 고용인들에게 짜증스런 태도를 보일 수 있다. 물론, 때로는 만성피로에 시달리거나 질병에 걸릴 수도 있다. 그런 일들이 발생하는 근본적인 원인은 영적으로 건강하지 못한 데 있다. 그들에게는 다른 무엇보다도 영적 건강을 되찾는 것이 필요하다.

하나님과 올바른 관계를 맺고, 오직 그분의 영광을 구하고자 하는 사람만이 그분의 인도를 신뢰할 수 있다. 이는 영적 건강상태가 양호하다는 증거다. 영적 건강상태가 좋지 못한 사람이 하나님의 인도를 구하는 경우에는 좌절과 미혹과 실망과 고뇌만 커질 가능성이 높다. 왜냐하면 일이나 상황이 올바로 개선되지 않을 것이 분명하기 때문이다. 요즘 하나님의 인도를 주제로 다루는 책들이 많다. 그 가운데 더러는 통찰력이 매우 뛰어나다. 하지만 영적 건강을 인도의 전제조건으로 다루고 있는 책, 즉 영적 건강상태가 좋아야만 하나님의 인도를 기대할 수 있다고 강조하는 책은 찾아보기 힘들다. 우리는 영적 건강상태와 하나님의 인도가 불가분의 관계를 맺고 있다고 믿는다. 이 점에서 우리는 영적 건강을 강조하고 싶다.

영적 건강상태가 악화되었을 때 나타나는 첫 번째 증상 가운데 하나는 교만한 마음이다. 교만은 원죄에서 비롯하는 근본적인 악덕 가운데 하나다. 영적 건강상태가 좋지 않을 때는 교만이 그 틈을 비집고 들어온다. 교만한 사람은 '내가 최고야. 어떤 일을 하든지 나를 높일 수 있는 일을 선택할 거야.' 라고 생각한다. 교만한 마음을 품게 되면 모든 태도와 행동에서 다른 사람들을 무시하고 스스로를 높이려는 의도가 역력히 드러난다. 교만한 기독교인은 자신의 영적 건강상태를 올바로 이해하지 못한다. 문제는 영적 감각이 둔화되는 데서부터 시작한다. 자신이 교만에 사로잡혀 있고, 또 교만 때문에 삶이 망가지고 있다는 점을 깨닫지 못하는 한 문제는 해결되지 않는다.

우리는 성경 인물을 통해 교만에 대한 여러 가지 교훈을 배울 수 있다. 특히, 시편 23편을 쓴 다윗을 통해 가장 중요하고 분명한 두 가지 교훈이 드러난다. 다윗은 왕이 되기 전에 경건한 목동이었다. 선지자 사무엘은 처음부터 다윗이 하나님의 마음에 합한 사람이라고 칭찬했다. 사도 바울도 하나님이 다윗을 그렇게 평가하셨다고 언급했다(삼상 13:14; 행 13:22 참조). 다윗은 매력적인 지도자, 능력 있는 실천가, 재능 있는 음악가, 경건한 시인, 다정다감한 친구였다. 더욱이, 그는 오직 하나님의 영광을 구하며 그분의 백성을 섬겼던 하나님의 충실한 종이었으며, 심지어는 원수에게까지 관대한 처분을 내렸던 사람이다. 이 점에서 다윗은 "믿음으로 나라들을 이기기도 하며 의를 행하기도 하며 약속을 받기도 하며……전쟁에 용맹되어 이방 사람들의 진을 물리치기도"(히 11:32-34) 했던 신앙위인들 가운데 당당히 이름을 올려놓고도 남을 만했다. 더욱이, 다윗은 시편 23편에서 자신을 하나님의 인도를 따라 "의의 길"을 걸어가는 양으로 묘사했다. 앞서 살펴본 대로, 의의 길은 거룩하고, 온전하고, 지혜롭고, 덕스러운 길이다(3절 참조). 하지만 다윗은 하나님을 섬기며 사는 동안 두 가지 큰 범죄를 저질렀다. 그것은 건강한 몸을 단번에 쓰러뜨릴 치명적인 질병과도 같은 범죄였다. 다윗이 자신의 삶을 파멸로 몰아넣는 어리석은 범죄를 저지른 이유는 바로 교만 때문이었다. 그의 첫 번째 범죄는 밧세바와 우리아의 관계에서 발생한 간음과 살인이었고, 두 번째는 인구조사였다.

다윗과 밧세바에 얽힌 이야기를 이해하려면, 먼저 당시 사회가 왕의 일부다처 관습을 합법으로 인정했다는 점을 기억해야 한다. 당시 왕들은 처와 첩을 여럿 둘 수 있었다. 하나님은 다윗이나 솔로몬을 상대로 일부다처의 문제를 추궁하지 않으셨다. 하지만 다윗은 욕정을 품은 것만으로도 심각한 죄인데, 밧세바가 다른 남자의 아내라는 사실을 뻔히 알면서도 그녀와 통간함으로써 십계명의 일곱 번째 계명과 열 번째 계명을 어겼다. 그 후, 다윗은 밧세바가 임신한 아이를 그녀의 남편 우리아의 아이로 위장하기 위해 계책을 꾸몄다. 하지만 계획이 실패로 돌아가자, 그는 우리아를 전쟁터에 내보내 죽게 한 뒤에 그녀를 자신의 아내로 맞아들였다. 이로써 다윗은 십계명의 여섯 번째, 여덟 번째, 아홉 번째 계명을 어겼다. 도대체 다윗의 마음속에서 어떤 일이 일어났던 것일까? 문제는 그가 게으름을 피운 것에서부터 시작되었다. 그는 부하들과 함께 전쟁터에 나가지 않고, 혼자 왕궁에서 편히 쉬었다. 그것이 그의 영적 무관심과 공허감을 부추겼다. 그는 하나님을 위해 자신이 해야 할 일이나 할 수 있는 일을 생각하지 않고, 다른 왕들처럼 자신을 즐겁게 할 일을 찾았다. 결국, 이기적인 교만이 그 틈을 비집고 들어와 그의 양심을 마비시켰다. 그로 인해 하나님은 다윗을 징계하셨다. 밧세바가 낳은 아이가 죽었고, 다윗은 압살롬의 반역으로 인해 왕으로서나 가장으로서 혹독한 시련을 겪어야 했다(삼하 11, 12장, 16:20-22 참조). 다윗은 나중에 자신의 죄를 뉘우쳤다(시 51편 참조).

이번에는 인구조사의 문제를 생각해 보자. 요압은 다윗의 인구조사를 만류했다. 하지만 다윗은 그의 말을 무시했다. 교만으로 인해 양심이 마비된 탓이었다. 다윗의 인구조사는 자신이 얼마나 많은 백성을 다스리고 있고, 또 얼마나 많은 군대를 거느리고 있는지를 온 세상에 알리고 싶어하는 군주의 교만에서 비롯했다. 다윗이 그런 행동을 하게 된 배경에는 마귀의 충동도 있었고(대상 21:1-8 참조), 이스라엘의 죄를 징계하시기 위한 하나님의 의도도 있었다(삼하 24:1 참조). 하나님은 인구조사를 실시한 다윗의 죄를 징계하시기 위해 세 가지 징벌 가운데 하나를 선택하게 하셨다. 다윗은 그 가운데 온역의 징벌을 선택했고, 그로 인해 그와 온 백성이 고통을 당해야 했다(삼하 24장; 대상 28장 참조).

두 경우 모두, 하나님은 다윗에게 구원의 은혜를 베푸셨다. 선지자의 질책으로 자신의 죄를 깨달은 다윗은 스스로 뉘우치며 모든 죄를 고백하고 겸손히 하나님의 자비와 용서를 구함으로써 영적 건강을 되찾았다. 하나님의 종이 죄를 지었을 때, 스스로가 어떤 죄를 저지르고 있는지 알고 있는 경우든, 다윗처럼 징벌을 받고 나서야 비로소 죄를 깨닫는 경우든 영적 건강을 회복할 수 있는 길은 회개밖에 없다. 우리는 이러한 교훈을 배울 필요가 있다. 우리도 언제든지 죄를 지을 수 있기 때문이다. 우리도 때로 다윗처럼 죄를 짓는다. 그럴 때는 다윗처럼 회개해야 한다. 죄가 클수록 더욱 철저한 회개가 필요하다. 물론, 가장 지혜로운 길은 우리의 연약함을 늘 기억하고 처음부터 죄를 짓지 않는 것이다. 그러기 위해서는 앞서 말한 대로, 신실한 친구들의 조언을 귀담아 듣고, 정기적으로 우리의 영적 건강상태를 점검해야 한다.

건강한 삶을 위한 기본원리

우리의 논의는 시편 23편에서 출발했다. 우리는 목자이신 하나님이 인도하시고 보호하시는 양이다. 하나님의 인도와 보호는 우리의 삶 전체를 아우른다. 하나님의 보호와 인도는 그분이 "자기 이름을 위하여" 우리를 의의 길로 인도하시고, 영적으로 건강한 삶을 살게 하시려는 목적을 지닌다. 하나님의 양떼는 놀라운 축복을 받는다. 시편 저자는 "주께서 내 원수의 목전에서 내게 상을 베푸시고 기름으로 내 머리에 바르셨으니 내 잔이 넘치나이다"라는 표현으로 그러한 축복을 묘사했다. 이 말씀은 지극히 선한 것들, 즉 목자이신 하나님이 주시는 온갖 은혜와 선물이 넘쳐흐르는 광경을 연상시킨다. 시편 23편은 "나의 평생에 선하심과 인자하심이 정녕 나를 따르리니 내가 여호와의 집에 영원히 거하리로다"라고 노래한다. 이 모든 표현은 영적으로 건강한 상태를 묘사한다. 하나님의 양으로서 겸손히 제 위치를 지키면 그 모든 축복을 누릴 수 있다.

  삶을 이끄는 원동력은 결단과 선택이다. 우리는 주 예수 그리스도의 양이라는 신분으로 삶의 문제를 결정해야 한다. 우리는 선한 목자이신 주님의 인도를 받는다. 잘못된 결정을 내렸음에도 마치 그것이 하나님의 뜻인 줄 착각하는 일이 얼마든지 있을 수 있다. 마음의 느낌을 하나님의 뜻으로 속단하지 않도록 주의해야 한다. 느낌이나 생각을 하나님의 뜻으로 착각하는 것은 매우 위험하다. 물론, 하나님은 때로 마음의 감동을 통해 그분의 뜻을 행하게 하신다. 특히 하나님을 잘 알고, 또 마음에서 들려오는 그분의 음성을 식별하는 능력이 뛰어난 사람들의 경우에는 얼마든지 그런 일이 가능하다. 하지만 우리는 그것을 공식화해서는 안 된다. 마음의 느낌이나 생각, 감정 등을 근거로 하나님의 인도를 구하는 것은 바람직하지 않다. 지혜로운 신자는 하나님의 말씀에서부터 시작한다. 말씀에 그 근거를 둔다. 성경은 우리의 안내서다. 성경은 우리를 인도하시는 예수님의 손길과 다름없다. 우리는 성경에 비추어 삶의 문제를 결정해야 한다. 하나님의 말씀에 깊이 잠기면 지혜가 생겨난다. 우리의 결정은 그러한 지혜를 바탕으로 이루어져야 한다. 말씀과 지혜, 이 두 가지는 올바른 결정을 내리고 영적으로 건강한 삶을 살아가는 데 가장 필요한 기본원리다.

우리는 성경을 통해 한계를 깨닫는다. 즉, 성경은 우리가 가지 말아야 할 길과 벗어나서는 안 될 길을 알려 준다. 성경의 원리를 따른다는 것은 곧 우리의 삶을 통해 영광을 받고자 하시는 하나님의 뜻에 복종하는 것을 의미한다. 물론, 성경의 원리를 깨닫는 일은 말처럼 쉽지 않다. 성경의 문맥으로부터 원리를 찾아내어 삶에 적용하려면 많은 노력과 기술이 필요하다. 이러한 기술을 뜻하는 고전적인 기독교 용어는 "윤리적 추론"이다. 이는 성경을 통해 도덕적인 문제를 결정짓는다는 뜻이다. 기독교인은 "윤리적 추론"에 필요한 기본기술을 갖추어야 한다.

건강한 지혜

먼저, 성경을 깊이 묵상함으로써 얻을 수 있는 지혜를 간단히 정리해 보자. 성경의 지혜를 얻으면 선한 삶을 살 수 있고, 책임 있는 관계를 맺을 수 있을 뿐 아니라 하나님이 주시는 기쁨과 평화를 누릴 수 있다. 다시 말해, 우리의 삶에 기쁨과 평화가 찾아오고, 하나님과의 관계가 친밀해진다. '주님이 이 길을 걷게 하셨어. 나는 주님의 지혜로 판단하고, 결정하고, 나아가고, 행동할 거야. 그러면 주님이 나와 함께하시고, 내가 하는 모든 일을 축복하실 거야.' 라고 생각하는 한, 기쁨과 평화는 절대로 사라지지 않는다. 이것이 영적으로 건강한 기독교인이 살아가는 방법이다. 지혜로운 삶을 살기 위해서는 하나님의 관점으로 사람들과 상황을 이해하는 법을 배워야 하고, 또 각각의 행동이 가져올 결과를 미리 예측해 보는 신중한 태도가 필요하다. 또한, 우리와 우리에게 의존하고 있는 사람들(즉, 함께 살고 있거나 우리의 양육과 조언을 필요로 하는 사람들)을 유익하게 해줄 여러 방법들을 생각해 내는 안목을 길러야 한다. 이렇듯, 성경의 지혜는 하나님께 충실하고, 다른 사람들을 존중하고, 어려운 상황에서 신중하게 행동하는 법을 알려 준다. 지혜를 통해 누릴 수 있는 축복은 이보다 훨씬 더 많다.

영적으로 건강한 삶을 살기 위해서는 성경말씀, 즉 성경에 기록된 하나님의 지혜에 비추어 삶의 문제를 결정하는 법을 배워야 한다. 성경의 장르 가운데 "지혜문학"이 있다. 지혜문학은 매우 귀한 지혜의 보고인데도 사람들은 크게 관심을 기울이지 않는다. 구약성경의 지혜문학에는 솔로몬과 여러 저자들이 쓴 잠언(삶에 관한 지혜를 모아 놓은 글로서 히브리 할머니들이 대대로 손주들에게 전해 준 유익한 교훈을 연상시킨다. 하지만 글의 형태는 아버지가 아들을 훈계하는 방식으로 되어 있다), 욥기(의로운 자의 고난을 다룬다), 전도서(저자는 솔로몬이며, 타락한 세상에서 축복된 삶을 사는 법을 다룬다), 시편(찬양과 기도이다), 아가서(충만한 사랑을 노래한다)가 포함된다. 신약성경에는 야고보서가 해당된다.

솔로몬의 아가서를 지혜문학에 포함시킨 것을 못마땅하게 생각하는 사람들이 있을지 모르겠다. 하지만 성경은 남녀의 사랑이 인간의 삶에 큰 비중을 차지한다는 점을 도외시하지 않는다. 남녀의 사랑은 하나님이 정하신 원리다. 이 점은 지금도 마찬가지다. 사랑을 가장 잘 표현하는 방법을 아는 것도 지혜의 일부다. 더욱이, 아가서는 하나님과 그분의 백성이 나누는 사랑을 비유한다. 하나님은 선택하신 백성에게 사랑을 베푸신다. 하나님의 백성도 그분께 사랑을 드려야 한다. 물론, 아가서는 남녀의 격정적인 사랑을 노골적으로 묘사한다. 하지만 하나님과 그분의 백성 사이에 오가는 사랑, 즉 서로가 자기 자신을 온전히 내어주는 사랑의 관계를 생생하게 묘사하는 데는 그런 표현이 가장 적합했을 것이다.

기독교인들은 종종 성경의 지혜문학을 무시한다. 하지만 지혜문학은 하나님의 인도와 관련해 중요한 위치를 차지한다. 우리는 지혜문학을 통해 어리석은 일을 피하는 법을 배운다. 특히, 잠언은 우둔한 삶과 지혜로운 삶을 극명하게 대조한다. 우리들 가운데는 늘 어리석은 삶만을 추구하는 무지몽매한 이들이 많다. 잠언의 서문에 해당하는 1-9장은 어리석음을 버리고 지혜를 선택하라는 내용으로 이루어져 있다. 잠언은 처음부터 끝까지 "지혜자"(솔로몬)가 자신의 아들을 훈계하는 방식으로 서술되어 있다. 지혜자는 1장에서 재미 삼아 폭력을 행사하는 우둔함을 좇지 말라고 권고한다.

> "내 아들아 악한 자가 너를 꾈지라도 좇지 말라 그들이 네게 말하기를 우리와 함께 가자 우리가 가만히 엎드렸다가 사람의 피를 흘리자……내 아들아 그들과 함께 길에 다니지 말라"_잠 1:10, 11, 15.

5장에서는 결혼하지 않은 상태에서 일시적인 쾌락을 맛보기 위해 성관계를 맺는 일을 피하라고 권고한다. 하지만 결혼한 부부의 경우에는 얼마든지 육체적인 쾌락을 추구할 수 있다.

> "내 아들아 내 지혜에 주의하며 내 명철에 네 귀를 기울여서 근신을 지키며……대저 음녀의 입술은 꿀을 떨어뜨리며 그 입은 기름보다 미끄러우

나 나중은 쑥같이 쓰고 두 날 가진 칼같이 날카로우며……그는 사랑스러운 암사슴 같고 아름다운 암노루 같으니 너는 그 품을 항상 족하게 여기며 그 사랑을 항상 연모하라……대저 사람의 길은 여호와의 눈 앞에 있나니 그가 그 모든 길을 평탄케 하시느니라"_잠 5:1-4, 19, 21.

잠언 7장에서 지혜자는 적절한 성관계와 부적절한 성관계에 대해 거듭 경고한다. 그는 아들에게 창녀의 유혹에 넘어가지 말라고 당부한다. 그의 설명에 따르면, 그것은 욕정의 노예가 되어 "소가 푸주로 가는 것"(22절) 같은 어리석은 행위이다.

그러면, 이러한 행위들을 삼가야 할 이유는 무엇일까? 왜 약한 자에게 폭력을 휘두르는 즐거움이나 원하는 상대와 성관계를 맺는 즐거움을 절제해야 하는 것일까? 그것은 하나님이 기쁨이 없는 불행한 삶을 조장하시기 때문이 아니라 금지된 일들을 행할 경우 여러 가지 화를 자초할 수 있기 때문이다. 하나님은 변덕스럽지 않으시고 무분별하게 심판을 일삼는 분도 아니시다. 오히려 하나님은 "모든 길을 평탄케"(잠 5:21) 하시며, 각 사람이 행한 대로 대가를 치르게 하신다.

폭력과 난잡한 성관계는 특히 현대 사회에 만연한 현상이다. 하나님은 그것들을 삶을 파괴하는 어리석은 행위로 규정하신다. 그런 행위들은, 다른 사람들에게 미치는 영향은 둘째 치고, 당사자의 인격과 영혼에 치명적인 해악을 끼친다. 영적 건강이 나빠져 사망에 이르게 한다. 잠언의 지혜는 "사망에 이르는 길을 가지 말라"고 권고한다. 하지만 안타깝게도 과거나 지금이나 사람들은 사망의 길을 걷기를 좋아한다. 이처럼, 잠언의 처음 내용 가운데는 오늘날의 시대에 적용할 교훈이 많다. 우리는 잠언을 통해 하나님의 뜻을 분별할 수 있다.

지금까지 말한 내용은 지혜문학을 통해 하나님의 뜻을 분별할 수 있는 몇 가지 사례에 불과하다. 우리는 지혜문학의 교훈을 계속해서 살펴볼 생각이다. 하나님의 길에서 벗어나는 것은 치명적인 질병에 걸리는 것과 같다. 그럴 경우에는 곧 이상 징후가 나타나고, 영혼이 올바른 기능을 하지 못한다. 영적 건강을 유지하고, 유해요소로부터 영혼을 보호하기 위해서는 정기적인 점검이 필요하다.

영적 건강을 점검하는 과정은 하나님의 도우심을 구하며 자신을 깊이 성찰함으로써 시작된다. 하지만 어떤 신자들은 다른 사람의 도움을 빌려 이른바 "영적 지도"라는 과정을 밟기도 한다. 가톨릭의 경우에는 영적 지도의 과정을 오래전부터 적용해 왔고, 개신교의 경우 최근에야 비로소 관심을 기울이기 시작했다. 영적 지도자는 조언을 구하는 사람의 삶 속에서 이루어지고 있는 성령의 사역을 분별하여 유익한 도움을 제공하는 임무를 수행한다. 또한, 영적 지도자는 조언을 구하는 사람의 삶에서 잘못된 것이나 부족한 부분을 찾아내어 시정하고 교정하는 역할을 담당한다. 그런 점에서 영적 지도자는 마치 산파와 같은 역할을 한다. 산파는 산모가 아이를 낳을 때 모든 상황이 제대로 되어 가고 있는지를 유심히 살피며, 분만 과정에서 문제가 생기면 즉시 위험을 알려 응급조치를 취하게 한다. 영적 지도자를 필요로 한다는 것은 곧 자신이 지은 죄를 다른 사람에게 고백해야 한다는 것을 의미한다. 누구에게나 영적 조언을 구할 수 있지만, 그렇다고 아무나 함부로 선택할 수는 없다. 또한, 지은 죄를 다 고백할 수도 있지만, 경우에 따라서는 모두 감추거나 일부만 이야기할 수도 있다.

영적 건강을 위한 "4H"

영적 건강을 유지하기 위해서는 네 가지 원리를 알아야 한다. 이들 원리는 서로 밀접한 연관성을 맺고 있다. 네 가지 원리란 건강, 습관, 마음, 성결이다(영어로 하면, "Health", "Habit", "Heart", "Holiness"로서, 쉽게 기억할 수 있도록 모두 'H'로 시작하는 단어를 사용했다).

원리 1 : "Health" – 영혼의 건강은 성결한 마음에서 비롯한다. "여호와여 주의 도로 내게 가르치소서 내가 주의 진리에 행하오리니 일심으로 주의 이름을 경외하게 하소서"(시 86:11). 이 말씀은 하나님의 인도를 구하는 목적을 드러낸다. 우리가 하나님의 뜻을 알고자 하는 목적은 그분의 진리 안에서 행하기 위해서다. 하나님은 항상 동기를 가장 중요하게 생각하신다. 따라서 계시된 하나님의 뜻을 따를 것인가, 따르지 않을 것인가의 문제는 생각하지 않고 무조건 그분의 뜻을 알고자 나서는 것은 온당치 못하다. 우리가 하나님의 길을 알고자 하는 이유는 그 안에서 행하기 위해서다. 처음에 생각했던 길과 다르더라도 그것이 하나님의 길이면 기꺼이 복종해야 한다.

우리는 "일심으로 주의 이름을 경외하게 하소서"라는 말에 주의를 집중할 필요가 있다. 이는 참으로 많은 점을 깨우쳐 주는 기도가 아닐 수 없다. 마음은 인격의 중심이자 활력의 근원이다. 성경에 따르면, 욕망, 의지, 계획, 태도는 모두 마음에서 비롯한다. 예수님은 바리새인들에게 그 점을 분명히 주지시키셨다. 그들은 "성결한 삶을 살려면 음식을 먹기 전에 손을 씻어야 한다."고 말했다. 하지만 예수님의 생각은 달랐다. 제자들이 비유의 의미를 묻자, 예수님은 육체는 도덕적인 깨끗함과 아무 상관이 없다고 말씀하셨다. 또한, 마음에서 나오는 것이 사람을 더럽힌다고 강조하셨다(막 7:1-13 참조). 그밖에도 예수님은 바리새인들의 은밀한 탐욕, 자기 만족, 위선, 불법, 불의 등을 엄히 질책하셨다(마 23:23-28 참조). 인간을 구성하는 모든 요소(즉, 생명, 활력, 태도)는 마음에서 비롯한다. 마음은 마치 인격과 성품을 제조하는 공장과도 같다. 그러면, "일심으로"는 무슨 의미일까? 시편 저자가 이 말을 한 이유는 타락한 인간의 마음이 온전히 회복되어야 한다는 점을 상기시켜 주기 위해서다. 거듭나지 않은 자연인의 상태에서는 온전한 마음을 소유할 수 없다. 심지어 시편 저자와 같이 거듭남을 통해 새 마음을 얻은 사람조차도 온전한 마음을 회복하기까지는 오랜 시간이 걸린다. 그러면, 우리는 이 말을 어떻게 이해해야 할까?

예수님을 구주로 영접하여 기독교인이 된 사람은 성령의 사역을 통해 새로운 피조물로 재창조된다. 즉, 신자는 새 마음을 갖는다. 인격의 중심, 다시 말해 인격과 성품을 만들어 내는 마음이 새로워진다. 성령은 우리의 회복된 마음에 거하셔서 새로운 삶을 살도록 도우신다. 거듭남을 통해 새로워진 마음은 무엇보다도 예수님 닮기를 갈망하며, 하나님을 사랑하고, 공경하고, 기쁘시게 하려는 소원은 물론, 그분의 사랑을 다른 사람들에게 전함으로써 구세주를 영화롭게 하려는 강렬한 충동을 느낀다. 새로워진 마음이 태도와 목적과 욕구와 의지를 주관하고 다스리는 것이다. 성결한 마음은 곧 거룩한 욕망을 느끼는 마음을 의미한다. 하지만 선한 욕망은 기독교인이 되기 전에 우리를 지배했던 욕망, 즉 우리 자신을 섬기고자 하는 이기적인 욕망의 저항에 부딪친다.

옛 자아는 비록 우리의 삶을 지배하지는 못하지만, 여전히 우리 내면에 살아 있다. 한마디로, "주도권은 빼앗겼지만 아직 완전히 궤멸되지 않은" 상태다. 이런 이유로 우리는 두 가지 욕망 사이에서 고뇌와 갈등을 겪는다. 기독교인으로서 우리의 마음이 진정으로 원하는 것을 추구하며 하나님의 뜻이라고 확신하는 일을 행하기 위해서는 단호한 결심과 위로부터의 도우심이 필요하다.

그러면, 이러한 갈등을 해결할 수 있는 치유책은 무엇일까? 시편 86편 11절은 "일심으로 주의 이름을 경외하는 것"을 대답으로 제시한다. 시편 저자는 마음을 하나로 통일함으로써 모든 힘을 결집시켜 하나님을 경외하게 해주시기를 기도했다. 하나님을 경외하는 것은 두려움이나 공포를 느끼는 것과 전혀 다르다. 경외는 하나님을 공경하고, 그분이 계시하신 뜻에 복종하는 것을 의미한다. 하나님이 우리의 마음을 하나로 통일시켜 경외하는 마음을 갖게 하시면, 우리는 겸손하고 정직한 태도로 그분을 사랑할 수 있다. 하나님의 사랑을 가늠할 수 있는 잣대는 우리의 경우에는 그리스도의 십자가이고, 시편 저자의 경우에는 출애굽 사건이었다. 하나님의 사랑을 깊이 깨달아 우리 안에 역사하는 죄의 충동을 억제하는 것이야말로 영적 건강을 유지하고 증대시켜 나갈 수 있는 지름길이다.

갈라디아서에 기록된 바울의 권고도 같은 맥락에서 이해할 수 있다. "너희는 성령을 좇아 행하라 그리하면 육체의 욕심을 이루지 아니하리라"(갈 5:16). 이 말씀은 진리다. 하지만 실천하기가 쉽지 않다. 바울은 바로 다음 구절에서 싸움과 갈등이 있을 것을 경고했다. "육체의 소욕은 성령을 거스르고 성령의 소욕은 육체를 거스르나니 이 둘이 서로 대적함으로 너희의 원하는 것을 하지 못하게 하려 함이니라"(갈 5:17).

이 세상에 거하는 한 하나님의 뜻에 온전히 복종할 수 없는 이유가 바로 여기에 있다. 겉으로는 완벽해 보일지라도 마음의 동기, 상태, 욕망까지 온전할 수는 없다. 하나님이 우리 안에서 이루고 계시는 은혜의 사역은 장차 하늘나라에 가서야 비로소 완성된다. 따라서 이 세상에서는 하나님을 영화롭게 하고 오직 그분만을 위해 살겠다고 아무리 노력하고 다짐해도 결단코 완전할 수 없다. 우리는 늘 게으름과 부주의를 극복하기 위해 안간힘을 써야 한다. 하나님을 위해 최선을 다하지 못했다는 자책감이 들 때도 많다. 사실, 그런 책임감을 느껴야 마땅하다. 왜냐하면 우리 가운데 그 누구도 하나님을 위해 최선을 다했다고 자부할 수 없기 때문이다. 따라서 우리는 "마음을 하나로 통일시켜 주님의 이름을 온전히 경외하게 하소서."라는 기도를 늘 쉬지 말아야 한다. 그래야만 매일 조금씩 더 거룩해질 수 있다.

바울은 갈라디아서 5장 19-25절에서 영적 건강을 점검하는 방법을 제시한다. 이는 마치 자가 진단을 위한 점검표와 흡사하다. 먼저, 바울은 19-21절에서 육체의 욕망을 자세히 열거한다. 음행, 더러운 것, 호색, 우상 숭배, 술수, 원수를 맺는 것, 분쟁, 시기, 분 냄, 당 짓는 것, 분리함, 이단, 투기, 술 취함, 방탕함 등이다. "음행"에서부터 마지막 "방탕함"까지 재빨리 훑어본 다음, 자신은 "육체의 일"에 치우친 적이 없다고 단정 짓는 사람이 많다. 하지만 바울이 말하는 죄 가운데 특별히 마음과 생각에서 비롯하는 죄들이 있다. 예를 들면, 분쟁, 시기, 분 냄, 당 짓는 것, 분리함, 투기 등이다. 이러한 죄에서 온전히 자유로운 사람은 아무도 없다. 이러한 죄들은 마음의 상태를 드러낸다. 지혜로운 기독교인은 정직한 눈으로 자신의 마음을 유심히 살펴 이러한 죄를 찾아낼 것이 틀림없다.

하지만 참 신자의 마음에는 성령의 열매가 아울러 존재한다. 성령은 우리 안에서 은혜의 사역을 행하신다. 우리는 성령의 능력으로 날마다 하나님 앞에서 행한다. 바울은 아홉 가지 성령의 열매를 나열함으로써 영적 건강을 점검할 수 있게 했다. 성령의 열매는 양으로 측정할 수 없는 마음의 상태를 나타낸다. 성령의 열매는 영혼의 건강을 나타내는 지표다. 지혜로운 기독교인은 성령의 열매 맺기를 간절히 소원하면서 자신을 향해 "나의 마음과 삶 속에 사랑, 희락, 화평, 오래 참음, 자비, 양선, 충성, 온유, 절제의 열매가 있는가? 나를 가장 잘 알고 있는 사람들은 이런 나의 질문에 어떻게 대답할까?"라고 묻는다.

나도 영적 건강을 늘 점검해야 한다고 배웠다. 영적 상태는 매일 점검하는 것이 가장 좋다. "성령 안에서 행하라"는 바울의 권고는 영적 건강에 늘 관심을 기울이라는 의미로 해석될 수 있다. "행한다"(걷는다)는 표현은 많은 의미를 함축한다. 이것은 의도적이고 규칙적인 활동을 뜻한다. 끊임없이 발걸음을 옮겨야만 앞을 향해 나아갈 수 있다. 비록 빠르게 움직이는 느낌이 들지 않더라도 계속해서 걸어가면 결국 원하는 목적지에 도달할 수 있다. 찰스 웨슬리는 "하늘나라까지 주님과 가까이 동행하고" 싶은 마음을 담아 찬송가를 작곡했다. 하나님은 모든 신자가 그러한 삶을 살기 원하신다. 다시 말해, 기독교인은 성령 안에서, 성령을 통해, 선하신 주님과 손을 맞잡고 영원한 본향을 향해 걸어가야 한다.

마음의 습관

원리 2 : "Habits" – 성결한 삶은 마음의 습관에서 비롯한다.

> "행동을 바꾸면 습관이 바뀌고, 습관이 바뀌면 성품이 바뀌고, 성품이 바뀌면 운명이 바뀐다."

위의 격언에는 많은 지혜가 담겨 있다. 사람의 성품은 습관에 의해 결정된다. 앞서 살펴본 대로, 거듭난 신자의 마음에는 새로운 습관이 자리 잡는다. 기독교인은 하나님을 기쁘시게 하고, 영화롭게 하며, 그분의 사랑에 감사하고, 그분의 위대하심을 높이고 싶어한다. 또한, 기독교인은 하나님께 복종하고, 그분께 찬양과 기도를 드리고 싶어한다. 그 이유는 거듭남을 통해 새로운 본성을 갖게 되었기 때문이다. 우리가 본능적으로 그러한 소원을 갖게 되는 이유는 내주하시는 성령이 우리의 마음을 움직이시기 때문이다.

바울은 갈라디아서에서 "때가 차매 하나님이 그 아들을 보내사 여자에게서 나게 하시고 율법 아래 나게 하신 것은……우리로 아들의 명분을 얻게 하려 하심이라……그러므로 네가 이후로는 종이 아니요 아들이니 아들이면 하나님으로 말미암아 유업을 이을 자니라"(갈 4:4-7)고 말했다. 바울은 "너희는 아들이다."라고 말했다. 예수님을 영접하면 하나님의 자녀가 된다. 죄를 용서받고 의롭다 함을 받으면 하나님의 자녀이자 후사가 된다. 하나님은 성령을 우리에게 보내셔서 "아바"라고 부르게 하셨다. "아바"는 아버지를 친밀하게 부르는 말이다. 어린아이는 아빠와 엄마가 어디에 있다고 가르쳐 주지 않아도 스스럼없이 다가가 "아빠", "엄마"라고 부른다. 그것은 세상에서 가장 자연스런 행동이다. 정상적인 가정에서는 자연스레 일어나는 일이다. 신학자들은 하나님께 친밀하게 다가가는 행동을 "자녀의 본능"에 비유한다. 어린아이는 아빠가 자신을 안아 줄 줄 알고 선뜻 두 팔을 쳐들고 다가간다. 어린아이는 아빠가 사랑으로 자기를 돌봐 주며 필요한 것을 주리라는 것을 본능적으로 알고 있다. 기독교인은 하나님을 경외하고 공경함과 동시에, 어린아이가 자신 있게 아빠에게 달려가는 것처럼 그분 앞에 나아간다. 이는 기독교의 역설 가운데 하나다. 거룩한 삶은 자녀의 본능에서 비롯한다. 거듭난 신자는 하나님을 기쁘시게 하고픈 충동을 느끼며, 거룩한 삶을 통해 하나님의 맏아들이자 구원자이신 주 예수 그리스도의 도덕적인 성품을 본받으려고 노력한다.

바울이 "성령의 열매"(여기서 "열매"는 복수가 아닌 단수로 쓰였다)로 일컫은 아홉 가지 습관은 사랑, 희락, 화평, 오래 참음, 자비, 양선, 충성, 온유, 절제다. 이처럼, 우리가 본받아야 할 그리스도의 성품은 모두 아홉 가지 측면을 지닌다. 성령의 열매는 영적 건강에 매우 중요한 비중을 차지하기 때문에 그 특성을 잠시 살펴보고 지나가는 것이 좋을 듯하다.

먼저, 성령의 열매는 일시적인 기분이나 감정적 충동이 아닌 습관화된 태도라는 점을 기억해야 한다. 성령의 열매는 인격을 구성하는 요소로서 그릇된 행동을 부추기는 외부적인 자극, 즉 유혹에 굴하지 않는 지속적인 삶의 습관을 의미한다. 다시 말해, 적대감을 느낄지라도 사랑을 선택하고, 슬픔 속에서도 기쁨을 잃지 않고, 혹독한 시련 속에서도 평화를 유지하고, 도저히 참기 어려운 상황에서도 인내하는 것을 뜻한다. 이런 행동습관은 예수님이 우리에 대해 하셨던 것처럼, 온갖 충동을 억누르고 거룩한 품성을 발전시키는 데 도움이 된다.

아울러, 성령의 열매는 하나님이 우리를 사랑으로 인도하신다는 확신의 표현이다. 성령의 열매는 자연적인 덕성이 아닐뿐더러 초자연적으로 우리의 마음에 주입되는 미덕도 아니다. 하나님의 사랑과 인도를 확신하지 않는 경우에는 성령의 열매를 맺을 수 없다. 복음의 진리를 배우고 복종하며, 그리스도를 구주로 신뢰하고, 죄를 지었을 때 기꺼이 뉘우치려는 의지가 있어야만 성령의 열매를 맺을 수 있다. 이제 성령의 아홉 가지 열매를 하나씩 살펴보기로 하자.

사랑 : 사랑(아가페)은 다른 사람의 유익을 구하는 태도를 뜻한다. 사랑은 상대방을 진정으로 이롭게 하는 일을 추구한다. 사랑하는 사람을 위해 최선을 다하는 것이 곧 사랑의 길이다. 하나님을 사랑한다는 것은 그분의 위대하심을 인정하고 그 사실을 다른 사람들에게 알리는 것을 의미하며, 이웃을 사랑한다는 것은 이웃의 사정을 헤아려 그 필요를 채워 주는 것을 뜻한다. 거듭난 신자는 사랑을 베풀고 싶은 충동을 느낀다. 이처럼, 진정한 사랑은 보상받거나 인정받기를 원하지 않고, 이웃이나 사랑하는 사람의 유익을 위해 최선을 다한다. 바울은 고린도전서 13장에서 이웃 사랑의 근본원리를 자세히 설명했다.

희락 : 희락도 다른 성령의 열매와 마찬가지로 습관이자 태도이다. 하나님이 우리를 위해 이루신 일들, 우리를 향한 하나님의 극진한 사랑, 하나님이 우리에게 베푸신 온갖 축복을 가만히 생각하면 마음에서 기쁨이 샘솟는다. 하나님의 자비를 생각하면 기쁨을 느낄 수 있다. 물

론, 그런 기쁨을 느끼려면 기쁜 감정이 솟아날 때까지 그분의 자비를 생각하는 묵상의 훈련이 필요하다. 마음에 기쁨이 솟아나기 시작하면 자연스레 표정이 밝아지고, 찬양이 저절로 나오고, 기쁨을 나누고 싶은 욕구를 느끼게 된다. 기쁨은 잼과 같다. 잼을 넓게, 듬뿍 바를수록 맛이 더욱 진해지듯이, 기쁨도 나누면 나눌수록 더욱 커진다. 기독교인은 불행한 일을 당해 슬퍼하는 가운데서도 주님 안에서 기뻐할 수 있다. "근심하는 자 같으나 항상 기뻐하고"(고후 6:10)라는 말씀은 성령의 지배를 받는 사람의 마음 상태를 묘사한다. 이와 같은 기쁨은 세상은 알 수 없고, 오직 하나님의 성도만이 알 수 있다.

화평 : 우리는 그리스도의 십자가를 통해 하나님과 화목하게 되었다. 이는 하나님이 주신 가장 큰 축복 가운데 하나다. 그리스도의 십자가, 즉 그분의 고난과 죽으심을 통해 죄 사함을 받고 믿음으로 의롭다 함을 얻게 되었다는 사실을 기억해야만 마음의 평화를 누릴 수 있다. 마음으로 그리스도의 십자가를 묵상하면(경건한 신자들은 늘 주님의 공로를 기억할 뿐 아니라 성만찬에 정기적으로 참여함으로써 그분의 은혜를 되새긴다) 평화가 찾아온다. 그리스도의 고난과 죽으심을 묵상하는 이유는 고행을 위해서가 아니라 마음의 평화를 찾기 위해서다. 하나님과 화목하게 된 사실을 알고 그분의 평화를 누리면, 화평케 하는 자가 되어 분쟁으로 얼룩진 곳에 평화를 전할 수 있다. 예수님은 "화평케 하는 자는 복이 있나니 저희가 하나님의 아들이라 일컬음을 받을 것임이요"(마 5:9)라고 말씀하셨다. 하나님의 평화는 기쁨, 찬양, 섭리에 복종하는 인내심을 갖게 해준다. 하나님의 평화를 알고 그것을 누릴 수 있는 특권을 지닌 사람들은 자신이 속한 공동체 안에서 중요한 역할을 수행한다.

인내 : 인내는 평화로운 마음에서 비롯하는 습관이다. 인내는 실망스런 상황 속에서도 하나님을 굳게 신뢰하는 태도를 뜻한다. 인내의 열매를 맺는 사람은 길이 꽉 막혀 힘이 들거나 아이가 시끄럽게 울어 대도 짜증 내지 않으며, 재난과 불행이 끝없이 몰려오는 상황이나 도저히 해결될 것 같지 않은 불화와 갈등 속에서도 꿋꿋하게 견뎌 나간다. 인내는 말하기 전에 생각하고, 상대방을 격앙시키지 않으며, 늘 다른 사람의 관점에서 세상을 바라보고, 그들의 입장을 배려하려고 노력한다. "만일 우리가 보지 못하는 것을 바라면 참음으로 기다릴지니라"(롬 8:25)는 말씀대로 인내는 소망에 근거를 둔다. 인내는 항상 멀리 내다보며, 일시적인 어려움에 흔들리지 않는다. 인내는 절망 속에서도 침착함을 유지하며 하나님의 때를 기다리며, 다른 사람들을 대할 때 우리를 향해 오래 참으시는 하나님을 기억한다. 성경은 "주께는 하루가 천 년 같고 천 년이 하루 같은 이 한 가지를 잊지 말라 주의 약속은……오직 너희를 대하여 오래 참으사 아무도 멸망치 않고 다 회개하기에 이르기를 원하시느니라"(벧후 3:8, 9)고 말씀한다. 인내는 영원의 관점에서 오늘을 바라본다. 그러기에 기꺼이 웃을 수 있다.

자비 : 자비는 분위기를 부드럽게 만드는 마음의 습관이다. 자비는 본능적으로 이웃 사랑을 실천한다. 심지어는 자비를 베푸는 당사자조차도 자신의 행위를 의식하지 못할 때가 많다. 자비는 마치 유익한 바이러스처럼 모든 사람의 마음을 흐뭇하게 만들어 행복한 분위기를 조성한다. 자비를 베푸는 자의 일거수일투족은 모두에게 기쁨을 전한다. 마태복음 25장 31-40절에 나오는 "양들"은 자기들이 언제 감옥에 찾아가 보았고, 주린 자를 먹였고, 나그네를 대접했는지 기억하지 못했

다. 또, 주님이 그런 행위를 그분 자신을 위해 행한 일로 받아들이실 만큼 귀하게 여기신다는 사실조차 알지 못했다. 이는 그들이 어려움에 처한 사람을 보자마자 사심 없이, 보상을 기대하지 않고 선뜻 도움을 베풀었음을 의미한다. 다른 성령의 열매와 마찬가지로 자비도 하나님의 자비를 받아들이고 본받음으로써 이루어진다. 사도 바울은 에베소 신자들에게 "서로 인자하게 하며 불쌍히 여기며 서로 용서하기를 하나님이 그리스도 안에서 너희를 용서하심과 같이 하라"(엡 4:32)고 말했다.

양선 : 양선과 자비는 공통점이 많아 종종 혼동되곤 한다. 하지만 양선은 자비와 달리 도덕적인 분별력을 그 특징으로 한다. 양선은 현재만을 고려하지 않고, 장기적으로 무엇이 최선일지를 생각한다. 자비는 굶주린 자에게 즉시 먹을 생선을 주는 것으로 끝나지만, 양선은 주린 자를 먹이는 것은 물론, 고기 잡는 법까지 가르쳐 준다. 양선은 선한 것과 선을 가장한 악을 분별한다. 한마디로, 양선은 자비에 지혜를 더한 것이라고 할 수 있다. 다른 성령의 열매처럼 양선도 하나님의 성품을 본받음으로써 형성되는 습관, 또는 성향을 의미한다. 모세가 "주의 영광을 내게 보이소서"라고 요구하자, 하나님은 "내가 나의 모든 선한 형상을 네 앞으로 지나게" 하겠다고 말씀하셨다(출 33:18, 19). 다윗은 시편 23편에서 목자의 보호와 인도를 받는 삶을 묘사하며, "나의 평생에 선하심과 인자하심이 정녕 나를 따르리니"(6절)라고 노래했다. 선한 성품을 지니신 하나님은 늘 우리를 선대하신다. 따라서 하나님을 본받는 신자도 "선한 성품"을 드러내기 마련이다.

충성 : 충성은 끝까지 충실한 태도를 유지하는 것을 의미한다. 호세아는 하나님의 충실하심을 생생한 필치로 묘사한다. 하나님은 호세아

에게 고멜이라는 창녀를 아내로 맞이할 것을 명령하셨다. 그녀는 결혼한 뒤에 호세아가 아닌 다른 남자들의 아이를 여럿 낳았다. 그렇게 몇 년을 살다가 마침내 다른 남자와 정분이 난 고멜은 호세아를 버리고 그 남자에게 가서 노예처럼 살았다. 하나님은 호세아에게 몸값을 지불하고 고멜을 되찾아 다시 아내로 삼으라고 명령하셨다. 그러면서 하나님은 "진실함으로 네게 장가들리니 네가 여호와를 알리라"(호 2:20)고 말씀하셨다. 고멜은 하나님께 불충실했던 이스라엘 민족을, 호세아는 이스라엘 백성에 대해 충실하신 하나님을 각각 상징한다. 어떤 경우에는 호세아가 고멜에게 한 말과 하나님이 이스라엘 백성에게 하신 말씀을 구분하기가 어려울 정도다. 호세아는 보통 사람으로서는 상상조차 할 수 없는 희생을 감당해야 했다. 물론, 하나님은 우리에게 호세아와 같은 희생을 요구하지 않으신다. 하지만 약속을 지키는 일, 요금청구서를 제때 지불하는 일, 결혼서약을 지키는 일 등 무슨 일을 하든지 충실한 태도를 유지하려면 하나님의 신실한 성품을 본받아야 한다.

온유 : 회사의 간부회의실에서는 온유함의 미덕을 찾아보기가 매우 어렵다. 하지만 어린아이, 특히 갓난아이를 보면 우리의 마음은 온유해진다. 이 책의 공동저자인 캐롤린의 책상에는 그녀가 좋아하는 사진 한 장이 놓여 있다. 사진에는 건장한 자동차 수리공이 고개를 숙여 자신의 팔에 안긴 갓난 아들의 천진난만한 눈동자를 지긋이 응시하는 모습이 담겨 있다. 그의 어깨는 아들을 보호하려는 듯 앞으로 약간 수그려 있고, 옹이가 박힌 손은 부드러운 요람을 가만히 붙들고 있는 자세다. 영적으로 건강한 그리스도의 제자는 온유한 성품을 갖는다. 성경은 온유함을 강함의 반대로 생각하지 않는다. 오늘날에는 온유함을 연약함과

동일시하는 경향이 있다. 하지만 성경이 말하는 온유함은 절제된 강함, 즉 사랑과 섬김을 실천하는 데에만 주어진 능력을 사용하는 태도를 의미한다. 즉, 온유함이란 강한 힘을 가지고 있으면서도 온순하고 부드러운 태도를 취하는 것을 가리킨다. 이사야는 메시아의 도래를 예언하면서 "그는 목자같이 양무리를 먹이시며 어린 양을 그 팔로 모아 품에 안으시며 젖 먹이는 암컷들을 온순히 인도하시리로다"(사 40:11)라고 말했다. 이런 목자가 진정으로 강한 목자다. 그는 양들을 먹일 풀밭을 찾기 위해 험한 바위산을 오르고, 고집 센 양들을 인내로 인도한다. 하지만 양들이 도움이나 보호를 필요로 하거나 굶주린 모습을 보면 기꺼이 돌봐 준다. 이것이 영적으로 건강한 기독교인의 모습이다. 강한 힘을 지닌 목자를 따르는 사람들은 늘 온유한 품성을 길러 나간다.

　절제 : 절제가 없는 자아는 매우 위험하다. 그런 자아는 뱀의 유혹에 넘어간 하와처럼 하나님을 거부하거나 무시하고, 그분의 자리를 차지하려고 노력한다. 오늘날 서구사회를 오염시키고 있는 도덕 불감증, 추문과 수치, 우둔함과 타락은 모두 자아를 신격화하고, 우상화하고, 높이려는 태도에서 기인한다. 예수님은 마음과 뜻과 힘을 다해 하나님을 사랑하고, 우리 자신을 사랑하듯 이웃을 사랑하라는 것을 가장 큰 두 가지 계명으로 제시하셨다. 이 두 계명은 자아를 우상화하는 태도를 극복할 수 있는 유일한 방법이다. 우리가 전심으로 하나님을 사랑하고, 우리 자신을 사랑하듯 이웃을 사랑한다면, 자아를 잘 통제할 수 있을 뿐 아니라 절제라는 성령의 열매를 맺을 수 있다. 온유함처럼 절제도 잘 갈무리된 힘을 바탕으로 한다. 그리스도 안에서 열매 맺는 삶을 살기 위해서는 자신의 가치를 인정하고 손숭할 줄 아는 강한 자긍심이 필요하다. 절제는

그런 자긍심을 갖고 있으면서도 자신을 부인하며, 하나님께 기꺼이 복종함으로써 선한 일의 도구가 되는 것을 의미한다. 하나님은 "그러므로 형제들아 내가 하나님의 모든 자비하심으로 너희를 권하노니 너희 몸을 하나님이 기뻐하시는 거룩한 산 제사로 드리라 이는 너희의 드릴 영적 예배니라"(롬 12:1)는 바울의 말을 통해 절제의 미덕을 가르치셨다. 이 말씀에 복종하면 절제의 미덕을 더욱 발전시켜 나갈 수 있다.

성령의 열매는 상황이나 사람에 대한 반응, 즉 마음의 태도를 의미한다. 까다로운 사람들과 어려운 상황 앞에서 너그럽게 처신하는 태도, 하나님의 사랑을 기억하고 그분을 즐거워하는 태도 등이 여기에 속한다. 우리의 태도는 다른 사람들이 우리를 대하는 행동에 의해 결정되지 않는다. 우리를 창조하시고, 사랑하시고, 구원하신 하나님을 아는 지식에 의해 결정된다. 간단히 말하면, 성령의 아홉 가지 열매는 하나님의 사랑에 사랑으로 반응하는 것을 의미한다. 요한은 "우리가 사랑함은 그가 먼저 우리를 사랑하셨음이라"(요일 4:19)고 말한다.

영적으로 건강하려면 거룩한 성품을 지녀야 한다. 거룩한 성품은 아홉 가지 측면을 지닌다. 성령의 아홉 가지 열매는 거룩한 습관을 발전시켜 나가는 데 필요한 점검표이자 요강이며, 일람표이자 청사진이다.

마음의 욕구

원리 3 : "Heart" – 삶의 습관은 마음의 욕구에서 비롯한다. 반복은 습관을 형성한다. 우리는 때로 좋지 않은 습관을 가지고 있는 사람들에 대해 "그것은 그의 버릇이야."라는 식으로 완곡하게 표현한다. 그들 중에는 마약중독자, 도박중독자, 알코올중독자들이 있다. 그들이 그런 습관을 가지게 된 이유는 그 일을 반복적으로 행했기 때문이다. 욕망을 계속 충족시켜 나가다가 결국 욕망의 포로가 되어 버린 셈이다. 그러한 습관은 그들을 자멸의 길로 인도한다. 시간이 지날수록 그 강도와 깊이가 점점 더해져 결국에는 그들의 인격이 갈기갈기 찢겨 나간다. 우리의 인격은 원죄로 인해 많은 상처를 입었다. 잘못된 습관은 그 상처를 치유하는 대신 더욱 심하게 악화시킨다. 그런 습관에 사로잡힌 사람은 점차 믿을 수 없는 사람으로 변하고, 안타깝게도 스스로의 잠재능력을 헛되이 낭비하게 된다. 한마디로, 영적으로 건강하지 못한 삶을 살게 되는 것이다.

잘못된 습관에 빠져 있는 사람들은 욕망을 계속해서 충족시켜 나감으로써 스스로를 욕망의 노예로 전락시킨다. 욕망은 일단 만족시키면 잠시 잦아들지만, 다음에는 더욱 강렬한 형태로 다시 고개를 쳐든다. 술, 담배, 음식, 섹스, 도적질 등에 처음부터 중독되는 것은 아니다. 중독은 처음에는 일시적인 욕망을 달래는 데서부터 시작된다. 대개는 친구들로부터 따돌림을 받지 않기 위해 한두 번 한 것이 나중에는 올무로 변해 인격 전체를 속박하는 경우가 많다. 반복적인 행위는 습관을 만들고, 습관은 다시 욕망을 부추긴다. 그러다 보면, 악순환의 고리를 끊지 못하고 그 안에 매몰되어 버린다.

영적으로 건강한 기독교인은 잘못된 습관을 발전시키는 사람과 사뭇 다른 과정을 거친다. 영적으로 건강한 기독교인은 하나님을 알고, 섬기고, 사랑하고, 기쁘시게 하고, 영화롭게 하고, 찬양하고 싶어하는 욕망을 지닌다. 그들은 그러한 욕망을 표출하고, 더 많은 상상력과 창의력을 동원하여 경건한 욕구를 키워 나간다. 그러다 보면, 욕망이 더욱 강렬해져 마침내 우리의 내면 깊이 뿌리를 내린 삶의 습관으로 발전한다. 하나님은 우리가 그리스도와 성령 안에서 올바른 습관을 발전시켜 나가기를 원하신다. 신약성경은 거룩한 욕망을 통해 올바른 습관을 발전시켜 나가야만 하나님이 원하시는 삶을 살 수 있다고 말한다.

이 점을 이해하기 위해서는 먼저 욕망이 항상 일정한 심리적 형태를 취하지 않는다는 사실을 기억해야 한다. 욕망의 스펙트럼은 그 범위가 매우 넓고 다양하다. 몇 가지 예를 들면, 성적 욕구를 해결하고 싶은 젊은 남자의 욕망, 아이스크림을 먹고 싶은 어린아이의 욕망, 학술적인 문제를 해결하여 그 결과를 세상에 알리고 싶은 학자의 욕망, 방학이 되어 피곤한 심신을 달래고 싶은 교사의 욕망 등이다. 욕망은 격정적일 때도 있고 잔잔할 때도 있다. 또, 물리적인 형태나 지적인 형태를 띠기도 하고, 히스테리나 두려움의 형태로 표출되기도 하며, 아무런 감정 표현이 없을 때도 있다. 이처럼, 욕망은 감정 상태와 큰 관련이 없으며, 그렇다고 도덕적인 특성을 띠지도 않는다. 욕망은 덕스럽고 고귀한 덕성이나 사악하고 부패한 악덕과도 무관하다. 또한, 욕망은 장점이나 약점도 아니다. 단지, 욕망은 우리의 생각 속에 들어와 자신을 만족시킬 계획을 세우도록 강요할 뿐이다. 욕망의 요구를 의지적으로 거부할 수는 있지만 우리의 생각 밖으로 완전히 쫓아내기란 불가능하다. 기독교인이든 비기독교인이든 늘 욕망의 끈질긴 충동에 시달리기는 마찬가지다.

20년 전, 존 파이퍼는 『여호와를 기뻐하라』(생명의말씀사)는 책으로 복음주의 세계를 놀라게 했다.[1] 그는 그 책에서 이른바 "기독교 희락주의"

를 옹호했다. 도덕철학의 관점에서 희락주의는 쾌락을 추구하는 것이 자연스럽고 정당할 뿐 아니라 반드시 필요한 인생의 목적이자 행동의 동기라고 간주하는 세속적인 도덕철학을 의미하며, 반면 신약성경은 자기 부인, 자기 절제, 복종, 십자가를 짊어지는 삶을 강조한다고 알고 있던 사람들에게 파이퍼의 표현은 양립할 수 없는 모순처럼 들렸다. 하지만 파이퍼의 말에는 아무 모순이 없다. 그는 단지 하나님의 이성적인 피조물이 그분을 즐거워할 때 가장 큰 영광을 돌릴 수 있다는 원리를 말하고자 했을 뿐이다. 조나단 에드워즈는 "하나님을 가장 영화롭게 하는 길은 그분의 영광을 보는 것만으로 만족하지 않고 그 안에서 기뻐하는 것이다."[2]라고 말했다. 『웨스트민스터 소요리문답』도 "인간의 주된 목적은 하나님을 영원히 즐거워함으로써 그분을 영화롭게 하는 것이다."라고 말한다. 단지 "그분을 영원히 즐거워하는 것이다."라고 하지 않은 것에 주목하라. 파이퍼가 희락을 기쁨, 즐거움, 행복과 동일하게 취급한 이유는 우리로 하여금 하나님을 사모하는 욕망을 불러일으켜 충만하고, 기쁘고, 만족스러운 마음 상태를 유지하게 하는 한편, 하나님을 영화롭게 하고 기쁘시게 하려는 마음을 독려하기 위해서다. 우리가 하나님을 충분히 사모하고 있지 않다는 파이퍼의 주장은 전적으로 옳다.

하나님을 사모한다는 것은 마음으로 항상 우리의 유익을 위해 은혜와 섭리를 베푸시는 하나님을 묵상하는 것을 의미한다. 우리는 이를 세 가지 측면에서 생각할 수 있다. 첫째, 하나님을 사모한다는 것은 하나님이 "그 얼굴을 우리에게 돌리시기"를 원하는 마음 상태를 뜻한다(이는 하나님과의 관계를 가장 친밀하고 생동감 있게 묘사하는 표현이다). 모세는 아론과 그의 아들들을 위해 축복을 빌었다(오늘날에도 목회자가 예배가 끝날 때 축도를 통해 교인들에게 똑같은 축복을 빌곤 한다).

"여호와는 네게 복을 주시고 너를 지키시기를 원하며 여호와는 그 얼굴로 네게 비취사 은혜 베푸시기를 원하며 여호와는 그 얼굴을 네게로 향하여 드사 평강 주시기를 원하노라"_민 6:24-26.

이 기도는 시편 전체에 걸쳐 축도나 간구의 형태로 반복되어 나타난다(시 4:6, 25:10, 31:16, 86:16, 119:132, 135 참조). 하지만 우리는 이 기도에 표현된 간절한 열망을 얼마나 깊이 의식하고 있는지 궁금하다. 부모가 자신을 품에 안고 입을 맞추며 귀여워하는 순간을 고대하는 어린아이처럼 영적으로 건강한 기독교인은 항상 하나님이 얼굴을 돌려 자신을 바라봐 주시기를(즉, 아주 가깝게 다가와 주시기를) 기대한다.

둘째, 하나님을 사모한다는 것은 하나님과의 우정을 원하는 마음 상태를 의미한다(우정이란 하나님과의 친밀한 교제를 의미한다). 요한은 요한일서에서 하나님과 자신, 그리고 서신의 수신자인 신자들의 관계를 서로 사귐이 있는 관계로 정의했다. 그는 "너희로 우리와 사귐이 있게 하려 함이니 우리의 사귐은 아버지와 그 아들 예수 그리스도와 함께함이라"(요일 1:3)고 말했다. 하나님도 아브라함을 "벗"(친구)이라 칭하셨고(대하 20:7; 사 41:8-10; 약 2:23 참조), 예수님도 제자들을 친구로 여기셨다. 예수님은 "사람이 친구를 위하여 자기 목숨을 버리면 이에서 더 큰 사랑이 없나니 너희가 나의 명하는 대로 행하면 곧 나의 친구라 이제부터는 너희를 종이라 하지 아니하리니 종은 주인의 하는 것을 알지 못함이라 너희를 친구라 하였노니 내가 내 아버지께 들은 것을 다 너희에게 알게 하였음이니라"(요 15:13-15)고 말씀하셨다. 하나님과 친밀한 교제를 나누면 모든 필요가 충족되고 구하는 것을 응답받을 수 있다. 영적으로 건강한 기독교인은 하나님과의 우정을 매우 소중히 생각한다.

셋째, 하나님을 사모하는 것은 하나님이 허락하실 장래의 영광을 바라보며 인생을 헤쳐나가는 마음 상태를 의미한다. 하나님이 늘 은혜를 베푸시는 목적은 우리를 그리스도의 형상을 닮은 영화롭고 존귀한 존재로 만드셔서 더 큰 기쁨을 누리게 하시기 위함이다. 하나님의 목적은 우리의 길을 인도하는 나침반과 같다. 바울은 고린도 신자들에게 "우리가 다 수건을 벗은 얼굴로 거울을 보는 것같이 주의 영광을 보매 저와 같은 형상으로 화하여 영광으로 영광에 이르니"(고후 3:18)라고 말했다.

하나님을 사모한다는 것은 "기뻐하고", "비우고", "부인하고", "죽어가는" 훈련과정이다. 요한의 말은 훈련과정을 거치면서 어떤 기쁨을 느낄 수 있는지를 보여 준다. "보라 아버지께서 어떠한 사랑을 우리에게 주사 하나님의 자녀라 일컬음을 얻게 하셨는고……사랑하는 자들아 우리가 지금은 하나님의 자녀라 장래에 어떻게 될 것은 아직 나타나지 아니하였으나 그가 나타내심이 되면 우리가 그와 같을 줄을 아는 것은 그의 계신 그대로 볼 것을 인함이니"(요일 3:1, 2). 하나님의 본성, 그분의 귀한 축복, 과거에 행하신 일과 현재 하시는 일과 미래에 하실 일(하나님이 우리를 구원하셨고, 지금도 구원하시며, 앞으로도 구원하실 것이라는 사실), 장차 그리스도와 함께 누리게 될 영광 등을 묵상하면 크게 "기뻐"할 수 있다. "비운다"는 것은 한때 우리를 속박했던 자기 중심적인 삶을 버리는 것을 의미하고, "부인한다"는 것은 청교도 리처드 백스터의 말대로 "세속적인 사아"("인격적인 자아"와 다르다)[3]를 부정하고 세상과 타협하지 않으며 전적으로 그리스도를 따르는 삶의 태도를 가리킨다. 우리는 날마다 자아의 이기적인 요구를 거부하며 살아야 한다. 아울러, "죽는다"는 것은 그리스도와 함께 십자가에 못 박혀 이미 장사되었고 장차 부활하여 그리스도와 연합함으로써 새 생명을 얻으리라는 확신을 의미한다(롬 6:3-11; 갈 2:20; 고후 5:14-17; 골 2:11-13, 3:1-3 참조). 우리는 이러한 영적 현실을 가능한 한 또렷하게 의식하며 진리로 확신해야 한다. 이는 날마다 행해야 할 영적 훈련이다. 하나님을 사모하는 사람은 이 네 가지 훈련과정을 열심히 이행해야 한다. 훈련과정에 얼마나 부지런히 임했느냐에 따라 하나님을 사모하는 마음의 강도가 결정된다. 앞서 말한 대로, 삶의 습관은 마음에 존재하는 욕구의 강도를 측정할 수 있는 지표다.

바울은 빌립보 신자들을 위해 "너희 사랑을 지식과 모든 총명으로 점점 더 풍성하게 하사"(빌 1:9)라고 기도했다. 그는 자신을 본보기로 내세우며, "그리스도 예수를 아는 지식이 가장 고상함을 인함이라 내가 그를 위하여 모든 것을 잃어버리고 배설물로 여김은"이라고 말한 뒤에 "내가 그리스도와 그 부활의 권능과 그 고난에 참예함을 알려 하여······ 하나님이 위에서 부르신 부름의 상을 위하여 좇아가노라"(빌 3:8, 10, 14)는 말로 삶의 목적을 밝혔다. 아울러, 그는 골로새 신자들을 위해 "모든 신령한 지혜와 총명에 하나님의 뜻을 아는 것으로 채우게 하시고······ 모든 선한 일에 열매를 맺게 하시며 하나님을 아는 것에 자라게 하시고"(골 1:9, 10)라고 기도했고, "너희가 그리스도 예수를 주로 받았으니 그 안에서 행하되 그 안에 뿌리를 박으며 세움을 입어 교훈을 받은 대로 믿음에 굳게 서서 감사함을 넘치게 하라"(골 2:6, 7)고 권고했다. 여기서 "세움을 입다", "굳게 서다", "넘치게 하다"는 말들은 모두 헬라어 현재

분사를 사용했다. 헬라어 현재분사는 계속해서 진행되는 과정을 의미한다. 바울과 마찬가지로, 베드로 역시 잘못된 교리와 이단사상을 경계하라고 촉구한 뒤에 "오직 우리 주 곧 구주 예수 그리스도의 은혜와 저를 아는 지식에서 자라 가라"(벧후 3:18)는 말로 서신을 마무리했다.

그러면 바울과 베드로가 말하고자 했던 하나님과 그리스도를 아는 지식은 과연 무엇을 의미할까? 세 가지로 생각할 수 있다. 첫째는 지성적이고 인격적인 지식을 뜻한다. 즉, 하나님과 그리스도에 관한 진리를 지성적으로 이해하고, 그분과의 인격적인 교제를 통해 체득하는 지식을 가리킨다. 둘째는 하나님의 뜻을 분별할 수 있는 지식이다. 이러한 지식은 그분에 대한 지성적이고 인격적인 지식에서 비롯한다. 셋째는 계속적으로 성장하게 하는 지식이다. 그러면 어떻게 성장할 수 있을까? 지금까지 논의한 대로, 영적 성장은 하나님을 지성적으로나 인격적으로 더욱 열심히 사모하고, 우리가 갈망하는 것을 얻기 위해 적절한 은혜의 수단(기도, 성경 묵상, 성도의 교제, 성만찬 등)을 활용함으로써 이루어진다. 이 점에서 우리는 성경의 신앙위인들을 본받아야 한다.

"하늘에서는 주 외에 누가 내게 있으리요 땅에서는 주밖에 나의 사모할 자 없나이다……하나님은 내 마음의 반석이시요 영원한 분깃이시라"_시 73:25, 26.

"하나님이여 사슴이 시냇물을 찾기에 갈급함같이 내 영혼이 주를 찾기에 갈급하니이다"_시 42:1.

"하나님이여 주는 나의 하나님이시라 내가 간절히 주를 찾되……주의 인자가 생명보다 나으므로 내 입술이 주를 찬양할 것이라"_시 63:1, 3.

"밤에 내 영혼이 주를 사모하였사온즉 내 중심이 주를 간절히 구하오리니"_사 26:9.

심령이 거듭난 사람은 자연스럽게 하나님을 바라고 구하는 습관을 지니게 된다. 하나님을 사모하는 마음이 있어야만 그분을 아는 지식 안에서 성장할 수 있다. 그리스도를 따르는 이들도 습관을 지닌다. 하지만 그들의 습관은 마약중독자나 알코올중독자의 습관과는 질적으로 구별된다. 그것은 다른 종류의 마음, 즉 하나님에 의해 새로워진 마음에 뿌리를 둔다. 거듭난 마음은 하나님을 사모하는 욕구, 즉 무엇보다 하나님을 사랑하고 즐거워할 뿐 아니라 그분을 더욱 잘 섬기고 공경하기 위해 그분의 길과 사역과 뜻을 더 많이 알고 싶어하는 욕구를 지닌다. 이러한 사실은 영적 건강의 네 번째이자 마지막 요소인 성결한 삶과 밀접한 관계를 갖는다.

성결한 삶

원리 4 : "Holiness" – 성결한 삶은 영적 분별력을 갖게 해준다. 이 장의 서두에 인용했던 로마서 12장 1, 2절은 성결한 삶을 실천할 수 있는 방법을 보여 준다.

바울이 지적하고 있는 대로, 로마의 교회는 유대인 신자들과 이방인 신자들이 서로를 신뢰하지 못하고 갈등과 대립을 일삼는 문제로 몸살을 앓았다. 문제가 불거지게 된 원인은 그들이 복음의 진리를 잘못 이해했기 때문이었다. 따라서 바울은 로마의 교회를 직접 방문하기 전에 먼저 서신을 띄워 복음의 진리를 올바로 설명하고, 그것을 토대로 성도의 교제와 협력의 원리를 제시함으로써 로마의 신자들에게 자신의 입장을 알리는 한편, 혼란과 갈등의 원인을 규명하려 했다. "그러므로……권하노니"(롬 12:1)라는 표현은 주제의 전환을 암시한다. 바울은 로마서 1-11장에서 하나님이 행하셨고, 행하고 계시고, 앞으로 행하실 일들을 설명했고, 12장 이후부터는 기독교인의 실천윤리를 다루었다.

로마서를 주의 깊게 읽어 본 독자라면 11장 끝 절을 읽고 난 후 다음과 같은 생각을 했을지 모르겠다. '참으로 놀라운 진리로구나. 하나님은 내가 생각했던 것보다 훨씬 더 위대하신 분이셔. 그분의 엄격한 심판과 자비, 예수님을 중심으로 한 구원계획은 참으로 놀라워. 전에는 은혜의 원리가 아담과 아브라함에서부터 오늘날에 이르기까지 인류의 역사 속에 면면히 지속되어 왔다는 사실을 미처 생각지 못했어. 기독교인은 그리스도와 함께 죽고 함께 부활한 존재로서 살아야 하고, 내 주하시는 성령의 능력으로 세상 사람들과 구별된 삶을 살아야 한다는 사실을 이제야 비로소 깨달았어. 이방인 신자들이 선택받은 이스라엘 백성에게 접붙임을 받아 영적 축복을 누리게 되었다는 것도 실로 놀라운 사실이야. 기독교 신앙은 내가 생각했던 것보다 인류의 역사와 훨씬 더 깊고, 크고, 포괄적인 관계를 맺고 있어. 예수님은 신앙을 가진 사람들에게는 세상의 중심이자 가치관의 기준이셔. 그분께 필적하거나 견줄 만한 존재는 아무도 없어. 종교적인 진리가 이 정도일 줄은 꿈에도 생각지 못했어. 구원받기 위해 스스로 노력할 필요가 없다는 사실을 깨달았어. 구원은 값없이 주어지는 선물이야. 그러면 이제 내가

할 일을 무엇이지?'

바울은 로마서 12-16장을 통해 질문에 대한 답을 제시한다. 신자들은 예외 없이 교회 안팎에서 이웃을 사랑함으로써 하나님을 섬기며 거룩한 삶을 살아가야 할 사명이 있다. 로마서 12장 1절은 거룩한 삶을 한마디로 요약하고 있다. "그러므로 형제들아 내가 하나님의 모든 자비하심으로……."

"그러므로"는 인과관계 접속사로서 바울이 3장부터 설명해 온 "하나님의 자비"를 그 이유(또는, 원인)로 삼는다. 자비는 반응을 요구한다. 따라서 바울은 "하나님의 자비에 대해 어떻게 반응할 것인가?"라는 문제를 다루고자 한다. 하나님의 자비를 경험한 사람들은 자신에게 주어진 은혜가 얼마나 큰지 깨달았기 때문에 이제는 감사함으로 은혜에 보답하는 삶을 살아야 한다.

"형제들아"라는 말은 남성들만을 가리키지 않는다. 이 말은 형제와 자매 모두를 포함한다. 하나님이 선택하신 자녀들, 즉 믿음으로 의롭다 함을 받은 사람들은 그리스도 안에서 영적으로 형제와 자매가 된다. 그들은 "하나님의 후사요 그리스도와 함께한 후사"(롬 8:17)다. 하나님의 자녀로 입양되는 것은 그분의 가장 큰 은혜 가운데 하나다.

"그러므로 형제들아 내가 하나님의 모든 자비하심으로 너희를 권하노니 너희 몸을……드리라." 여기서 "몸"은 영혼이나 정신, 또는 마음과 반대되는 실체가 아닌 인격 전체를 가리킨다. 성경은 종종 "몸", 또는 "영혼"과 같은 표현으로 인격 전체를 나타낸다. 이와 같은 표현은 로마서 6장 13절을 생각나게 한다. 바울은 그곳에서도 똑같은 동사를 사용하여 우리 자신과 우리의 지체를 하나님께 드리라고 말했다. 그러면, "하나님이 기뻐하시는 거룩한 산 제사"는 무엇일까? 구약성경에 따르면, 희생제사를 드리는 기본적인 목적은 감사의 마음을 표현하기 위해서다 (물론, 속죄를 위해 드리는 희생제사도 있었다. 이 문제는 여기서 다루기는 좀 어렵다). 감사의 제사는 만물을 그 뜻과 계획에 따라 창조하시고, 섭리하시고, 다스리시는 하나님을 경외하며 감사함으로 드리는 제사를 말한다. 레위기를 연구해 보면 그 점을 분명히 알 수 있다. 구약성경에서 "거룩한"(하나님을 위해 구별되었다는 뜻), "하나님이 기뻐하시는" 등과 같은 말은 올바른 방법으로 드려진 희생제사를 뜻하는 표현으로 사용된다.

"이는 너희의 드릴 영적 예배니라." (킹제임스 성경은 "합당한 예배"로 번역했다. 기발한 생각이지만 원문의 의미를 제대로 살렸는지 궁금하다.) 성결한 삶은 하나님을 향한 찬양과 감사와 복종의 헌신에서 비롯한다. "영적"이란 말은 성령을 가리키지 않는다. 이 말은 합리적이고 지성적인 생각 및 올바른 이해와 깨달음을 암시한다.

로마서 12장 2절은 하나님의 뜻을 분별하는 것이 거룩한 삶의 근간이라는 점을 보여 준다. "너희는 이 세대를 본받지 말고." 기독교인은 거듭남이라는 초자연적인 사건을 통해 마음이 새로워졌고, 또 성령의 내주하심 덕분에 세상 사람들과 본질적으로 다른 존재가 되었다. 따라서 기독교인은 삶과 행동을 통해 그 차이점을 분명히 드러내야 한다.

"오직 마음을 새롭게 함으로 변화를 받아." "변화를 받아"로 번역된 헬라어 동사는 "변태"(metamorphosis)를 의미한다. 이는 개인의 성품과 본성이 근본적으로 바뀌는 것을 의미한다. 아울러, 바울은 이 동사를 현재시제로 사용했다. 이는 변태가 점진적으로 계속 진행되어 가는 과징이라는 점을 암시한다. 이미 살펴본 대로, "마음"은 포괄적인 의미를 지닌다. 즉, 사고 과정, 태도, 동기, 목적, 계획 등이 모두 포함된다. 좀 더 구체적으로 말해, 창조적인 상상력(공감, 동정심, 이웃에 대한 관심, 아름답고 유익한 예술을 창조하는 기술, 표현력, 실기 능력, 역할 능력, 위기대처 능력, 인간관계를 맺는 능력 등)은 물론, 모든 형태의 분석 능력(추론, 계산, 성찰, 평가, 사색, 추측 등)을 모두 의미한다. 삶의 문제를 결정하는 것 역시 상상력과 분석 능력의 통합을 바탕으로 이루어지는 정신 활동 가운데 하나다.

"하나님의 선하시고 기뻐하시고 온전하신 뜻이 무엇인지 분별하도록 하라." 바울의 강조점이 여기에 있다. 하나님의 뜻을 분별한다는 것은 곧 그분이 선하고, 온전하고, 기쁘게 생각하는 행동을 취한다는 뜻이다. 어떤 기회가 주어졌을 때나 누군가의 필요를 채워 주어야 할 상황이 왔을 때 우리는 하나님의 뜻대로 해야만 그분을 영화롭게 할 수 있다. 하나님과 그분의 아들 예수 그리스도의 종들은 하나님의 뜻을 분별하여 행동해야 한다. 즉, 가장 성경적이고, 가장 충성되고, 가장 큰 영광을 돌릴 수 있는 행동을 선택해야 한다. 하나님은 분별력을 가지고 올바른 행동을 선택하여 실천에 옮기기를 원하시며, 또 필요한 도움을 제공하신다. 하나님의 뜻을 분별하기 위해서는 가능한 모든 대안을 주의 깊게 견주어 보고, 그중에서 최선의 것을 선택해야 한다. 최선을 선택할 수 있는데 차선을 선택하는 잘못을 저질러서는 안 된다. 그러기 위해서는 깊은 사고와 분석이 필요하다. 우리는 하나님 앞에 머리를 조아리고 그분의 인도와 깨달음을 구하는 한편, 깊은 생각과 사람들의 조언을 통해 여러 현상들을 분석하여 원리를 찾아내야 한다. 그러기 위해서는 많은 시간과 인내가 필요하다. 바울은 하나님이 초자연적인 기적을 베푸셔서 우리의 삶 전체를 단번에 드러내신다고 말하지 않는다. 오히려 하나님은 성경의 가치와 원리를 토대로 주어진 상황 속에서 하나님과 우리와 다른 사람들을 위한 최선을 선택하도록 인도하신다. "온전하신"으로 번역된 헬라어는 결함이 전혀 없다는 뜻이 아니라 하나님이 만족하실 정도로 적절하고 완벽하다는 뜻이다. 하나님의 뜻을 분별할 수 있는 능력, 즉 여러 대안을 견주어 최선을 선택할 수 있는 능력은 상상력과 사고력과 헌신적인 믿음으로 얼마나 하나님을 사랑하며 그분의 뜻에 복종하기를 원하느냐에 의해 좌우된다. 게으르고 나태한 태도를 취한다면, 하나님의 뜻을 분별하기가 어려워질 것이다.

어떤 문제를 놓고 하나님의 인도를 구할 때마다, 우리는 먼저 우리 자신이 그리스도와 동행하는 삶을 살고 있는지, 또 그분과 이웃을 얼마나 진정으로 사랑하고 있는지를 생각해야 한다. 성결한 마음과 삶, 보다 깊이 있고 충만한 신앙생활을 위한 노력, 가능한 대안들의 비교 선택, 하나님의 뜻 분별하기, 이 네 가지 요소들은 서로 밀접한 관련을 맺는다. 이 중에 처음 세 가지를 생략하면 네 번째 요소, 즉 하나님의 뜻 분별하기는 불가능해진다.

완전한 삶이란 지적으로나 영적으로나 도덕적으로 흠이 없는 삶을 사는 것을 의미한다. 하지만 그런 삶은 이 세상에서는 결코 살 수 없다. 우리는 단지 그 삶을 목표로 할 뿐이지 실제로 성취할 수는 없다. 우리의 바람은 현실을 뛰어넘는다. 우리 모두는 늘 속으로 '주님, 완전해지고 싶습니다. 불완전한 저를 도와주소서!'라고 애타게 부르짖는다. 그럼에도 불구하고, 우리는 이 세상에서 얼마든지 영적으로 건강한 삶을 살아갈 수 있다.

토·론·과·성·찰·을·위·한·문·제

1. 무엇으로 자신의 영적 건강상태를 진단할 수 있을까?

2. 정기적으로 영적 상태를 점검하는 것이 중요하다는 데 동의하는가? 그 이유는 무엇인가?

3. "원리 1 : 'Health' – 영혼의 건강은 성결한 마음에서 비롯한다." "일심으로 주의 이름을 경외하게 하소서"(시 86:11)라고 기도할 때, 하나님이 무엇을 해주시기를 바라는가?

4. "원리 2 : 'Habits' – 성결한 삶은 마음의 습관에서 비롯한다." 성령의 아홉 가지 열매에 관한 내용을 다시 읽어 보라. 다른 사람에게서 이들 성령의 열매 가운데 하나를 발견한 적이 있는가? 있다면, 그렇게 말할 수 있는 이유를 설명하라.

5. 자신의 삶 속에서 아홉 가지 성령의 열매 가운데 좀 더 온전해지기를 바라는 열매가 있다면 무엇인가? 그러기 위해서는 어떤 노력이 필요한가?

6. "원리 3 : 'Heart' – 삶의 습관은 마음의 욕구에서 비롯한다." 습관은 마음의 욕구에서부터 시작된다. 자신의 습관 가운데 좋은 습관과 나쁜 습관을 각각 하나씩 골라내어, 어떤 욕구 때문에 그런 습관들이 형성된 것인지 추적해 보라.

7. 어떤 마음의 욕구를 갖고 싶은가? 또, 어떤 노력을 기울여야 그런 욕구를 통해 좋은 습관을 길러 나갈 수 있을까?

8. "원리 4 : 'Holiness' – 성결한 삶은 영적 분별력을 갖게 해준다." 하나님의 뜻을 분별하기 위해서는 1) 성결한 마음과 삶, 2) 보다 깊이 있고 충만한 신앙생활을 위한 노력, 3) 가능한 대안들의 비교 선택이 필요하다. 이들 세 가지 요소가 생략되면 하나님의 뜻을 분별할 수 없다. 이 말에 동의하는가, 동의하지 않는가? 하나님의 뜻을 분별하는 데 이들 요소가 어떤 역할을 한다고 생각하는가?

9. 영적 지도자는 산파와 같은 역할을 한다. 자신이 영적 산파의 역할을 하게 된다면, 어떤 점을 가장 강조하고 싶은가? 또, 그 이유는 무엇인가?

10. 로마서 12장 1, 2절을 소리 내어 읽어 보라. 말씀을 읽고 생각한 바를 글로 써서 하나님께 아뢰라.

은혜로우신 하나님은 실족하여 죄를 지었더라도 회개하면
다시 회복시켜 주신다. 하지만 성경을 통해 실족하지 않는 방법을
배우는 것이 더 현명하다.

말씀을 통한 인도

"주의 말씀은 내 발에 등이요 내 길에 빛이니이다"(시 119:105).

유머는 여러 가지로 참 재미있다. 유머는 경박한 인상을 주지만 부조화와 모순의 미학을 통해 온갖 진지한 의문을 제기한다. 때로는 유머를 통해 논의의 주제가 더욱 강력한 호소력을 지니는 경우도 있다. 예를 들어, 항상 무표정하고 말이 없기로 유명한 미국 대통령이 있었다. 어느 날, 그가 사망했다는 소식이 전해졌다. 그러자 어떤 사람이 "그런데 그가 죽었다는 소식이 어떻게 전해졌죠?"라고 농담을 던졌다. 인정머리 없고 품위 없는 농담처럼 들리지만, 그의 말은 "인간이 살아 있다는 것이 무슨 의미인가?"라는 중대한 질문을 제기한다. 우리는 이 질문으로 4장의 논의를 시작하려고 한다.

어린아이가 자라서 성인이 된다. 성인의 삶은 발견, 방향 설정, 결정이라는 세 가지 요소로 구성된 복합 현실이다. 이들 요소는 제각기 관계 형성, 의사소통, 상상, 희망의 형태로 나타난다. "발견"은 선과 진리와 아름다움을 분별하는 것(거꾸로 말하면, 악과 거짓과 추함을 분별하는 것)을 의미한다. 물론, 다른 사람들과의 관계에서 사랑과 정의(또는, 증오와 불의)를 분별하는 것도 여기에 포함된다. 사람들이나 상황에 대한 우리의 반응(긍정적이거나 부정적인, 또는 창조적이거나 파괴적인 반응)은 선과 진리와 아름다움과 사랑과 정의에 기여할 수도 있고, 해를 끼칠 수도 있다. "방향 설정"은 개인적인 목표를 설정하고, 장래에 유익할 행동을 의도적으로 선택하는 것을 의미하며, "결정"은 크고 작은 일에 삶을 헌신하는 것을 뜻한다. "결정"에는 행동이나 계획, 또는 습관 가운데 일부는 바꾸고 일부는 지속해 나가는 것과 매순간 우리가 마주치는 상황이나 사람에 대한 긍정적인 반응이 포함된다. 지금까지 인간은 도구를 만드는 동물로 정의되었다. 하지만 우리는 인간을 "발견하고 방향을 설정하고 결정을 내리는 하나님의 피조물"로 정의하고자 한다. 우리는 이것이 성경에 근거한 정의라고 생각한다. 우리는 우리 자신과 삶을 이해하기 원한다. 인간의 삶은 관계, 결심, 책임을 그 특징으로 한다. 그런 요소들이 더 나아지느냐, 더 악화되느냐는 주어진 상황에서 어떻게 반응하느냐에 달려 있다. 잘 알다시피, 오늘날의 퇴폐적인 서구사회에서는 삶을 구성하는 이런 요소들이 환원주의를 지향하는 현대철학과 포스트모던주의에 의해 심각한 타격을 입고 있다. 하지만 이 요소들 중 한 가지라도 무시한다면, 우리가 인간의 참된 현실로 믿고 있는 것을 애써 외면하는 것밖에 되지 않는다. 따라서 우리는 부인할 것은 부인하고, 궁금한 것은 거듭 되물으며 삶을 영위해 나가야 한다.

성경의 인간관은 우리가 지금까지 말해 왔고, 지금부터 말할 내용을 당연시한다. 성경과 교회의 역사에 비추어 볼 때, "발견(분별)의 과성"

은 창조주 하나님이 만물 가운데 거하시며, 모든 선한 것이 그분에게서 비롯한다는 사실을 인정하는 데서부터 출발해야 하고, "방향 설정의 과정"은 하나님의 영광을 삶의 우선순위로 삼는 데서부터 출발해야 하며, "결정의 과정"은 모든 선택과 결정이 하나님의 계시된 뜻에 따라 이루어져야 한다는 생각에서부터 출발해야 한다. 그래야만 의로운 삶을 통해 하나님을 기쁘시게 할 수 있으며, 일상생활을 통해 하나님의 형상을 드러냄으로써 각자의 소명을 이룰 수 있다.

하나님의 계시된 뜻으로 인도함을 받는다는 것은 과연 무슨 의미일까? 이 질문에 대답하려면, 아래의 네 가지 요소를 차례로 살펴봐야 한다. 네 가지 요소란 하나님의 명령, 하나님의 책(성경), 하나님의 율법, 하나님의 생각이다.

하나님의 명령

첫 번째 요소 : 우리는 하나님의 명령으로 인도함을 받는다. 기독교 신앙의 근본원리는 하나님의 명령을 현실로 받아들이는 데 있다. 기독교는 언어를 하나님이 인류에게 허락하신 귀한 선물로 생각한다. 우리는 언어를 통해 서로 대화하고, 창조주께 찬양과 기도를 드린다. 또한, 언어는 하나님이 우리와 의사소통하실 때 사용하시는 수단이기도 하다. 하나님의 의사소통은 직설적이며 명령적인 형태를 띤다. 즉, 하나님은 우리가 알아야 할 것과 행해야 할 것을 말씀하신다. 하나님은 이성을 지닌 인간에게 명령을 내리신다. 비기독교 신앙이나 비정통적인

자유주의 신앙은 이 점을 인정하지 않는다. 그들은 하나님이 우리의 기도에 귀 기울이신다고 말하면서도, 하나님이 언어를 이용해 말씀하시고 명령하신다고 생각하지 않는다. 그들은 자신들의 말이 하나님의 뜻을 대변한다고 믿는다. 또한, 하나님을 가까이 해야 한다고 열심히 강조하면서도 정작 하나님이 그분의 뜻을 전달하신다는 사실은 부인한다. 결국, 그들의 주장대로라면 인간을 향한 하나님의 구체적인 뜻을 명확히 파악하기란 불가능하다. 하지만 우리는 하나님이 명령의 형태로 자신의 뜻을 전달하신다고 믿는다. 그 점을 설명하는 것이 이 책의 목적 가운데 하나다. 기독교는 처음부터 하나님이 명하신 도덕률을 가르쳐 왔다. 이제부터 그러한 도덕률의 한 가지 측면을 다루고자 한다.

먼저, 정통주의를 계승한 역사적인 기독교는 창조주 하나님이 약속을 주셨고, 또 그 약속을 보존하시고 실행하신다고 믿는다. 기독교는 나사렛 예수를 메시아(그리스도)이자 다윗의 혈통을 계승한 구세주-왕으로 받아들이며, 그분이 구약성경의 모든 약속(즉, 에덴동산에서부터 구약시대 전반에 걸쳐 이루어진 하나님의 약속)을 성취하셨다고 확신한다. 약속을 하고, 약속을 지키기 위해서는 언어가 필요하다. 군주는 칙령을 반포할 때 반드시 언어를 사용한다. 하나님도 말씀, 즉 언어로 약속과 명령을 주셨다. 이는 양보할 수 없는 진리다. 기독교는 예수님을 구원자이자 주님으로 믿는다. 기독교인은 예수님에 관한 약속과 그분이 직접 말씀하신 약속을 믿는 신앙을 생명의 길로 생각하고, 그것을 바탕으로 개인의 믿음과 삶을 구축한다. 하나님은 그리스도를 믿는 우리를 사랑하시기 때문에 약속에 근거해 우리와 관계를 맺으셨다. 따라서 하나님의 날개 아래 보호받는 사람은 그분의 명령에 복종해야 한다. 우리의 창조주시요 구주이신 하나님은 "자, 이것이 너희가 해야 할 일과 해서는 안 될 일이다."라고 말씀하실 권리가 있다. 우리는 이 점을 인정해야 할 뿐 아니라 하나님의 명령이 그분의 약속과 불가분의 관계를 맺고 있다는 점을 이해해야 한다. 하나님의 명령은 그분의 약속을 믿는 모든 사람을 인도하기 위한 목적을 지닌다. 하나님이 약속을 주시고, 또 약속을 지키신다는 사실을 부인하면 기독교 신앙체계는 일거에 무너지고 만다. 왜냐하면 기독교 신앙을 현실로 만드는 토대가 와해되기 때문이다.

더 나아가, 기독교는 인간의 몸으로 태어나신 나사렛 예수를 삼위일체 하나님 가운데 한 분으로 믿는다. 예수님은 타락한 인류를 구원하시기 위해 오셨다. 그분은 십자가에 죽으셨다가 부활하셨고, 지금은 하늘에 계시며, 장차 다시 오실 것이다. 예수님은 세상에 계실 때 설교자, 교사, 선지자로 활동하시며 계명을 주셨다. 이 모든 일은 언어가 있어야 가능하다. 예수님은 성부 하나님의 이름으로 자신을 따르는 이들에게 약속과 명령을 주셨다. 예수님은 친히 언어를 사용하심으로써 말씀이 하나님의 의사전달 방식이라는 점을 보여 주셨다. 예수님은 자신의 말에 어떻게 반응하느냐에 따라 각 사람의 운명이 결정될 것이라고 강조하셨다. 예수님은 그런 반응과 선택을 반석 위에, 또는 모래 위에 집을 짓는 것에 비유하셨다(마 7:24-27 참조). 심지어 예수님은 "나를 저버리고 내 말을 받지 아니하는 자를 심판할 이가 있으니 곧 나의 한 그 말이 마지막 날에 저를 심판하리라"(요 12:48)는 말씀까지 하셨다. 이렇듯, 기독교는 하나님이 언어를 통해 사실을 진술하시고 의무를 요구하시며, 약속을 주시고 명령을 내리신다고 믿는다. 기독교 신앙에서 하나님의 말씀을 배제하는 것은 곧 그리스도가 하나님이시라는 사실을 거부하는 것이나 같다. 그리스도가 실재한다면 하나님이 말씀하신다는 사실도 기꺼이 인정해야 한다. 이를 부인하는 것은 그리스도를 부인하는 것이다.

다음으로, 기독교는 하나님이 그리스도를 통해 자신을 경배하는 사람들과 언약 관계를 맺으셨다고 믿는다. 이것이 교회가 스스로를 "언약의 백성"으로 일컫는 이유다. 기독교는 교회가 그리스도 안에서 하나님의 기업을 계승할 새 이스라엘이라고 말한다. 교회와 하나님의 관계는 하나님이 과거 시내산에서 모세를 통해 아브라함의 후손과 맺으신 관계보다 훨씬 더 완전하다. 언약은 언어를 매개체로 한다. 하나님은 약속과 명령의 형태로 언약을 주셨고, 인간은 그것을 충실히 받아들이겠다고 말로 서약한다. 하나님이 언어를 사용하지 않으신다면 하나님은 자신의 백성과 언약을 맺으실 수 없고, 결국 역사적 기독교는 성립할 수 없다. 이처럼, 기독교의 핵심은 하나님이 언어를 통해 약속과 명령으로 이루어진 언약을 맺으셨다는 사실에 놓여 있다. 그리스도의 참 제자는 이 점을 반드시 인정해야 한다.

성경에 따르면, 하나님은 명령하시고, 인간은 그 명령에 복종해야 한다. 이러한 관계는 일찍이 에덴동산에서부터 시작되었다. 하나님은 인류의 첫 조상과 언약을 맺으셨다. 하나님이 아담에게 선악을 알게 하는 나무의 실과를 먹지 말라고 "명령하셨다"(창 2:16, 17 참조)는 말씀이 이를 뒷받침한다. 나중에 하나님은 아브라함에게 "나는 전능한 하나님이라 너는 내 앞에서 행하여 완전하라 내가 내 언약을 나와 너 사이에 세워……내가 내 언약을 나와 너와 네 대대 후손의 사이에 세워서……그런즉 너는 내 언약을 지키고"(창 17:1, 2, 7, 9)라고 말씀하셨다. 시내산 언약의 일부인 십계명은 그때나 지금이나 성경적인 신앙의 근간을 이룬다 (출 20:1-17; 신 5, 6장; 막 10:17-19; 롬 13:9 참조). 전도서는 "하나님을 경외하고 그 명령을 지킬지어다 이것이 사람의 본분이니라"(전 12:13)는 말로 끝을 맺는다. 모두 176절로 이루어져 있는 시편 119편은 하나님의 계명을 지키는 사람들이 누리게 될 기쁨과 축복을 묵상하는 내용이 주를 이룬다. 마태복음의 끝 부분에 보면, 부활하신 예수님이 제자들에게 나타나셔서 "하늘과 땅의 모든 권세를 내게 주셨으니 그러므로 너희는 가서 모든 족속으로 제자를 삼아……내가 너희에게 분부한 모든 것을 가르쳐 지키게 하라"(마 28:18-20)고 말씀하셨다. 바울은 "할례받는 것도 아무것도 아니요 할례받지 아니하는 것도 아무것도 아니로되 오직 하나님의 계명을 지킬 따름이니라"(고전 7:19)고 말했다. 우리가 예수 그리스도께 속해 있는지 어떻게 확인할 수 있을까? 요한은 "하나님을 사랑하는 것은 이것이니 우리가 그의 계명들을 지키는 것이라 그의 계명들은 무거운 것이 아니로다"(요일 5:3)라는 말로 그 기준을 제시했다.

오늘날, 기독교 문화를 자칭하는 서구사회는 고사하고 심지어 교회 안에서까지 하나님의 명령과 권위가 무시당하고 있다. 하지만 하나님의 인도를 받는 참 기독교인이 되려면 하나님이 계시하신 명령을 이해하고, 일관성 있는 태도로 충실하게 실천해 나가야 한다. 장차 우리는 하나님의 심판을 받을 것이다. 그때, "그동안 하나님의 모든 명령을 힘써 지키려고 노력했습니다."라고 고백할 수 있어야 한다.

하나님의 책(성경)

두 번째 요소 : 우리는 하나님의 책으로 인도함을 받는다. 하나님의 책이란 다름 아닌 성경이다. 성경은 무엇인가? 성경은 총 66권으로 이루어져 있다. 성경의 5분의 4는 히브리어로, 5분의 1은 헬라어로 기록되었다. 물론, 약간의 아람어가 사용된 곳도 있다. 번역 성경의 분량은 평균적으로 1,200쪽 내지 1,400쪽 정도이며, 구약성경은 모두 39권이고, 신약성경은 모두 27권이다. 이를 정경이라 부른다. (가톨릭교회의 경우, 구약성경에 12권의 외경을 포함시키고, 그리스와 러시아 정교회는 몇 권을 더 추가하여 사용한다.)

구약성경이 완성되기까지는 천 년 이상의 세월이 소요되었고, 신약성경은 대략 5, 60년 사이에 모두 완성되었다. 신구약성경은 창조주 하나님께 초점을 맞춰, 인류를 향한 하나님의 목적 안에서 그분과 사람들의 관계를 다룬다. 아울러, 성경은 창조주 하나님이 구원자 하나님이 되신 경위, 하나님의 아들이 예수라는 이름으로 세상의 구주요 역사의 주님으로 등장하시게 된 과정, 사랑과 찬양의 대상이신 성부와 성령, 새 이스라엘인 교회가 드리는 무궁한 예배에 관한 내용을 담고 있다. 우리는 성경을 통해 하나님이 아담, 노아, 아브라함, 모세, 다윗과 같은 사람들과 어떤 식으로 관계를 맺으셨는지 엿볼 수 있으며, 모든 것의 중심이 예수 그리스도시라는 진리를 깨달을 수 있다. 성경은 선지자의 설교, 사도들의 서신, 시편(모두 150편으로 구성된 기도와 찬양), 지혜문학 등 그 장르가 매우 다양하다. 하지만 여러 개의 갈빗대가 척추에 붙어 있듯이, 이들 성경은 모두 예수 그리스도께 초점을 맞춘다. 이 점에서 성경은 일관성을 지닌다. 하지만 성경은 전체적으로 보면 매우 방대한 책이기 때문에 쉽사리 소화하기가 어렵다.

그리스도와 사도들의 시대 이후 기독교인들은 구약성경과 사도들의 서신을 하나님의 말씀으로 인정했다. 신약성경이 오늘날의 형태를 갖춘 시기는 4세기경이다. 그 후로, 모든 사람이 신구약성경을 하나님의 말씀으로 인정해 왔다. "하나님의 말씀"이라는 말에는 세 가지 의미가 함축되어 있다. 첫째, 성경이 가르치는 것은 모두 하나님의 권위가 부여된 진리의 말씀이다. 둘째, 성경 66권이 완성되기까지 하나님이 모든 과정을 섭리하셨다. 교회와 신자들은 성경을 하나님이 주신 것으로 받아들인다. 성경이 주어진 목적은 하나님의 사역과 뜻과 길을 이해하고, 그 지식을 바탕으로 하나님을 올바로 예배하며 사랑의 교제를 나누게 하기 위함이다. 셋째, 성령이 죄로 어두워진 인간의 마음에 빛을 비추시면, 성경이 신성한 권위를 지니고 있으며 주 예수 그리스도가 하나님이시라는 사실이 자명한 진리로 떠오른다. 성령의 조명을 받은 사람들은 성경의 신성한 권위와 예수 그리스도의 신성을 부인하지 않는다. 어떤 학자들은 그런 기본적인 확신이 없다. 하지만 정통주의 기독교는 성경의 권위와 그리스도의 신성을 굳게 확신한다.[1]

사람들은 종종 성경을 읽거나 성경의 가르침으로 알고 있는 내용을 묵상할 때 마음에서 들려오는 하나님의 음성에 화들짝 놀라며 용기를 얻곤 한다. 심지어는 성경을 하나님의 말씀으로 생각하지 못하는 새 신자들도 가끔 그런 경험을 한다. 사람들은 성경을 읽으면서 자신을 향한 하나님의 말씀을 깨닫곤 한다. 바울의 말대로, 성경은 "교훈과 책망과 바르게 함과 의로 교육하기에 유익"하다(딤후 3:16). 성경을 통해 하나님의 뜻을 깨달으려면 성경을 대할 때마다 마음속으로 "내 눈을 열어서 주의 법의 기이한 것을 보게 하소서"(시 119:18)라고 기도해야 한다. 참 제자가 되기 위해서는 그러한 영적 훈련이 필요하다. 성경을 깊이 이해할수록 인생을 살아가는 데 필요한 지혜를 더 많이 얻게 된다. 물론, 하나님은 항상 선하시고 은혜로우시다. 하나님은 모든 사람을 있는 그대로 받아 주신다. 새 신자의 경우에는 처음에 매일 성경 읽는 습관을 들이는 게 어렵지만 조금씩 노력하다 보면 종종 하나님의 은혜로 소나기와 같은 깨달음을 얻을 수 있다.

한편, 그러한 경험으로 인해 소위 "소르테스 비블리카에"라는 관행이 생겨났다. 이 말은 "우연한 선택"을 뜻하는 라틴어로서, 성경을 펼쳐서 우연히 발견한 구절을 하나님의 뜻으로 받아들이는 태도를 가리킨다. 이 관행은 특히 18, 19세기 경건주의자들 사이에서 유행했다(경건주의자들이란 하나님과의 관계를 삶의 최우선순위로 생각하고, 매순간 하나님과 동행하려고 했던 사람들을 가리킨다). 이들은 어떤 결정을 내려야 할지 확신할 수 없을 때면 가만히 눈을 감고 손에 잡히는 대로 성경을 펼친 다음, 손으로 한 곳을 찍어 손가락 끝에 짚이는 성경구절에서 하나님의 뜻을 발견하려고 노력했다.

하지만 다음의 우스갯소리는 그런 일을 할 때 각별한 주의가 필요하다는 교훈을 준다. 어떤 사람이 처음에는 손가락으로 "유다가 가서 목을 매달았다"는 말씀을, 두 번째는 "너도 가서 그렇게 하라"는 말씀을, 세 번째는 "뭘 하고 있느냐? 어서 서둘러라"는 말씀을 각각 찍었다고 한다. 물론, 그 의도는 순수하다. 하지만 아무리 의도가 좋다고 해도 성경을 그런 식으로 활용하여 하나님의 뜻을 분별하려고 해서는 안 된다. 그것은 점술행위와 다를 바 없는 미신에 불과하다. 하나님은 우리에게 그런 식으로 말씀하지 않으시며, 또 그런 행동을 기대하지도 않으신다. 하나님이 마술적인 방법으로 우리를 인도하신다는 생각은 금물이다. 또, 하나님이 그렇게 해주시기를 바라는 것은 불경죄에 해당한다.

그러면, 우리는 어떻게 성경으로 인도함을 받을 수 있을까? 성경에는 경건한 행동과 경건치 못한 행동을 확실히 규정하고 있는 내용이 있다. 우리의 상황이 그 범주에 해당할 때는 별로 힘들이지 않아도 곧 어떤 행동을 취해야 할지 판단할 수 있다. 하지만 우리가 내려야 할 결정 가운데는 성경을 아무리 읽어도 쉽게 결론지을 수 없는 것들이 적지 않다. 그러면, 그런 문제에 부딪쳤을 때는 어떻게 하나님의 인도를 구할 수 있을까? 우리는 행위 규범을 제시하고 있는 하나님의 명령에서 그 답을 찾을 수 있다. 하나님의 약속이 희망의 방향을 설정하듯이, 하나님의 명령은 삶의 모든 차원에서 이루어지는 행동과 태도의 범위와 한계를 규정한다. 흔히 성경이 다루고 있지 않은 인생의 문제는 없다고들 한다. 성경은 최소한 원리상으로라도 삶의 모든 문제를 하나님과의 관계 안에서 다룬다. 이 말은 다소 무리인 듯 들릴지 몰라도 과장이 아닌 사실이다. 우리는 성경을 신앙과 행위의 유일한 규칙으로 받아들인다. 하나님의 말씀으로 인도함을 받는다는 주장은 포괄적이며 원론적인 성경의 원리를 토대로 한다.

하나님의 율법

세 번째 요소 : 우리는 하나님의 율법으로 인도함을 받는다. 하나님의 율법은 무엇인가? 가장 간단하면서도 포괄적으로 말하면, 하나님의 율법은 성경이 가르치는 기독교의 행위 규범을 가리킨다. 다시 말해, 하나님의 전체적인 계획에 개개인의 삶을 일치시킴으로써 우리가 창조된 목적(즉, 하나님을 영화롭게 하는 삶)을 이루게 하기 위한 규범적 형식이 곧 하나님의 율법이다. 하나님의 율법은 성경을 삶에 적용할 수 있도록 해석한 내용이다. 성경의 율법은 명백한 사실, 유익한 지식과 정보, 실천적인 원리를 제시함으로써 우리의 삶을 인도한다.

율법은 히브리어로 "토라"(*torah*)이다. 토라는 공식적인 법률이 아닌 가정적인 훈계, 즉 충실한 가장이 자녀와 식솔들을 가르친다는 의미를 담고 있다. 이 점에서 토라는 권위적이면서도 애정이 담겨 있는 훈계를 뜻한다. 토라를 헬라어로 번역하면 "노모스"(*nomos*)이다. 노모스는 일반적으로 공식적인 법률을 뜻한다. 하지만 구약성경이 "70인역 성경"으로 번역되면서 그 의미가 보다 확대되었다. 하나님은 시내산에서 이스라엘 백성에게 율법을 주셨다. 율법은 대부분 오늘날의 법률처럼 공동체의 권리와 의무를 규정한다. 하지만 하나님이 율법을 주신 이유는, 모세가 바로에게 말한 대로 이스라엘이 하나님의 아들이자 장자이기 때문이다(출 4:22 참조). 이렇듯, 하나님의 율법 수여는 가정사에 해당한다. 이는 솔로몬이 잠언 1-7장에서 "내 아들"이라고 부르며 교훈을 가르친 것과 같다. 두 경우 모두, 단순히 계명을 하달하는 것과는 다르다. 하나님의 율법은 그분이 이스라엘이라는 국가 전체는 물론, 그 안에 속한 개개인을 돌보고 인도하신다는 보증과 약속과 확신을 토대로 한다. 따라서 지혜문학이 가르치는 지혜로운 삶과 더불어 시편이 가르치는 충실하고, 경건하고, 희망적인 삶도 율법에 해당한다. 이처럼, 하나님의 율법은 그분의 백성에게 주어진 포괄적인 삶의 철학이다. 율법은 하나님께 소망을 둔 신자가 세상에서 살아가는 방법을 비롯해, 한 소망과 믿음을 가지고 있는 동료 신자들과 교제를 나누는 방법을 가르친다. 물론, 사도 바울은 율법을 좁은 의미로 복음의 약속과 대조했다. 하지만 그것은 율법을 행위 규범으로만 생각하는 사람들의 이단적인 주장을 논박하기 위해서였다. 구약성경은 약속을 율법에 포함시킨다. 율법을 준수하는 자는 하나님께 복종하는 신자를 의미한다.

토라의 근본은 십계명이다. 하나님은 언약을 맺는 의미로 친히 이스라엘 백성을 위해 십계명을 석판에 기록하셨다(출 20:1-17, 31:18, 32:15, 16, 19, 34:1, 27-29 참조). 영적이며 도덕적인 본질을 지니고 있는 십계명은 일상생활 속에서 하나님께 철저히 충성하고, 그분 안에서 한 가족이 된 동료 신자들과 이웃들의 권리를 존중하라고 명령한다.

> "나는 너의 하나님 여호와로라……
> 나 외에는 다른 신들을 네게 있게 말지니라……
> 너를 위하여 새긴 우상을 만들지 말고……그것들에게 절하지 말라……
> 너의 하나님 여호와의 이름을 망령되이 일컫지 말라……
> 안식일을 기억하여 거룩히 지키라
> 네 부모를 공경하라……
> 살인하지 말지니라

간음하지 말지니라

도적질하지 말지니라

네 이웃에 대하여 거짓 증거하지 말지니라

네 이웃의 집을 탐내지 말지니라"_출 20:2-17 참조.

우리는 십계명을 기독교적인 관점에서 다음과 같이 긍정적인 어조로 고쳐 말할 수 있다. "오직 하나님만을 전심으로 예배하고, 항상 그분을 공경하며, 규칙적으로 시간을 정해 놓고 하나님의 이름을 찬양하며, 그분 안에서 안식하고, 너를 길러 준 사람들을 존중하며, 가족 간의 화합을 위해 노력하고, 너와 마주치는 모든 사람의 생명과 성적 순결과 재산과 명예와 행복을 보호하기 위해 최선을 다하며, 하나님이 늘 너를 지켜보고 계신다는 것을 알고, 네가 가지고 있는 것에 만족하라." 예수님은 가장 큰 계명을 묻는 율법학자에게 이렇게 대답하셨다. "네 마음을 다하고 목숨을 다하고 뜻을 다하여 주 너의 하나님을 사랑하라 하셨으니 이것이 크고 첫째 되는 계명이요 둘째는 그와 같으니 네 이웃을 네 몸과 같이 사랑하라 하셨으니 이 두 계명이 온 율법과 선지자의 강령이니라"(마 22:37-40; 신 6:5; 레 19:18). 구약성경이 가르치는 모든 도덕적, 정치적 의무는 이 원리를 상황에 맞추어 적용한 것에 지나지 않는다. 이렇듯, 십계명은 이스라엘 백성을 경건한 삶으로 안내하는 이정표였다. 이 점은 우리에게도 마찬가지다.

"이 두 계명이 온 율법과 선지자의 강령이니라"는 말은 "온 율법과 선지자의 강령이 이 두 계명에 근거한다"는 뜻이다. 예수님은 모세의 율법과 선지자의 강령이 사랑의 법에 근거한다고 말씀하셨다(여기에 사용된 "근거한다"는 동사는 못에 걸려 있는 게시판이나 십자가에 매달리신 예수님처럼 "달려 있다"는 뜻이다). 예수님은 매우 진지한 태도로 말씀하셨다. 우리는 그분의 말씀을 오해해서는 안 된다. 성경이 말씀하는 사랑(아가페)은 현대 서구사회에서 흔히 생각하는 것과 달리 마음의 감정과는 무관하다. 사랑은 선의의 의지이자 상대방을 위해 최선을 다하겠다는 목적을 지닌 행동이다. 사랑은 상대방을 적절한 방법으로 높이고 존중하는 것을 뜻한다. 하나님을 전심으로 사랑한다는 것은 찬양과 감사와 복종과 충성과 신뢰를 통해 그분의 위대하심을 우러르는 태도를 말한다. 시편 저자는 "하나님이여 내 마음을 정하였사오니 내가 노래하며 내 심령으로(히브리 원문에는 '내 영광으로'로 되어 있다) 찬양하리로다……대저 주의 인자하심이 하늘 위에 광대하시며……하나님이여 주는……높이 들리시며……우리에게 응답하사 오른손으로 구원하소서……우리를 도와……우리가 하나님을 의지하고 용감히 행하리니"(시 108:1, 4-6, 12, 13)라고 노래했다.

한편, 온 마음을 다해 이웃을 사랑한다는 것은 선한 사마리아인이 강도에게 피해 입은 유대인을 돌보고, 초기 기독교인들이 다른 사람들을 구세주께 인도한 것처럼(눅 10:25-37; 행 16:11-40 참조), 우리 자신을 사랑하듯(자기애는 죄로 인해 이기적으로 변질되기 전만 해도 인간의 본성이었다) 이웃을 사랑하며 그들의 필요를 채워 주는 것을 의미한다. 가장 가깝고 사랑스러운 사람은 물론, 잘 모르는 사람이나 알고 싶지 않은 사람, 또는 전혀 알지 못하는 사람까지 모두 우리의 이웃에 해당한다. 우리는 예수님의 말씀대로 모세와 선지자들이 가르친 하나님의 율법을 삶의 지침으로 삼아 하나님과 이웃을 사랑하는 마음을 실천으로 옮겨야 한다.

성령은 하나님의 말씀으로 우리의 마음을 새롭게 하시고, 지혜롭고 의롭게 행동하게 하신다.

"여호와의 율법은 완전하여 영혼을 소성케 하고 여호와의 증거는 확실하여 우둔한 자로 지혜롭게 하며 여호와의 교훈은 정직하여 마음을 기쁘게 하고 여호와의 계명은 순결하여 눈을 밝게 하도다 여호와를 경외하는 도는 정결하여 영원까지 이르고 여호와의 규례는 확실하여 다 의로우니 금 곧 많은 정금보다 더 사모할 것이며 꿀과 송이꿀보다 더 달도다"_시 19:7-10.

하나님의 율법은 하나님과 언약 안에서 살아가는 방법을 규정하고, 그에 복종하는 이들의 삶을 변화시키며, 그들을 믿음과 희망과 회개와 복종과 사랑의 길로 인도한다. "여호와를 경외한다"는 것은 하나님을 예배하며 그분의 계명에 복종하는 삶의 태도를 가리킨다. 예수님의 죽으심과 부활 이후에 새 언약이 옛 언약을 대체함으로써 여러 가지 변화가 있었지만, 율법의 내적 원리(청교도는 이를 "은혜"로 일컬었다)는 조금도 변하지 않았다. 시편 19편이나 루터가 "작은 성경"으로 일컬은 시편 119편을 읽어 보면 이 점을 분명히 이해할 수 있다. 총 176절로 이루어진 시편 119편은 단 한 절을 제외하고 모두 하나님의 율법이 축복과 은혜의 원천이라는 사실을 강조한다. 시편 119편의 저자는 하나님의 율법을 사랑하며, 마음으로 깊이 묵상하고, 머릿속에 새겨 넣었다. 그는 어떤 어려움이 있더라도 율법을 지키며 살겠노라 결심했으며, 생명이 다하는 날까지 율법을 통해 하나님의 뜻을 발견하려고 노력했다. 이 점에서 그는 우리 모두가 본받아야 할 본보기다.

우리는 "사람이 아무 연고를 물론하고 그 아내를 내어 버리는 것이 옳으니이까"라는 바리새인의 질문에 대한 예수님의 답변에서 하나님의 율법을 지키는 것이 무슨 의미인지 짐작할 수 있다. 예수님은 "사람을 지으신 이가 본래 저희를 남자와 여자로 만드시고 말씀하시기를 이러므로 사람이 그 부모를 떠나서 아내에게 합하여 그 둘이 한 몸이 될지니라 하신 것을 읽지 못하였느냐 이러한즉 이제 둘이 아니요 한 몸이니 그러므로 하나님이 짝지어 주신 것을 사람이 나누지 못할지니라"(마 19:4-6)고 대답하셨다. 여기에서 생각해야 할 요점은 두 가지다. 첫째, 예수님은 창세기 저자의 설명을 창조주 하나님의 말씀으로 인용하셨다. 예수님이 창세기의 문맥을 잊으셨기 때문일까? 그렇지 않다. 오히려 예수님은 인간의 말로 기록된 성경을 하나님의 말씀으로 인정하셨다(예수님을 대적하는 이들과 유대인들을 비롯해 기독교인들은 오늘날에 이르기까지 성경 전체를 하나님의 말씀으로 받아들인다). 성경은 하나님이 선택하신 저자들에 의해 기록된 그분 자신의 증언이다. 둘째, 예수님의 대답은 질문의 한계를 초월한다. 예수님은 질문한 사람들에게 하나님이 세우신 결혼제도는 영구적이기 때문에 항상 그것을 목표로 삼아야 한다는 점을 상기시켜 주셨다.[2] 예수님의 주장은 성경에 기록된 말씀에 근거했다. 이렇듯, 우리는 예수님을 통해 율법의 권위를 존중하고, 율법을 우리의 삶을 비추는 빛으로 삼을 수 있는 방법을 배운다.

하나님의 율법은 무엇보다도 은혜의 하나님께 사랑과 충성을 바치라고 명령한다. 신자들은 모두 하나님과 언약을 맺고 있는 상태다. 물론, 율법주의는 배제해야 한다. 바리새인들은 율법주의(율법 준수를 공로로 삼아 하나님과 관계를 맺으려는 신념)의 입장을 표명했다. 예수님은 그들의 그런 태도를 질책하셨다. 부패한 인간의 마음에서 비롯하는 교만과 불신에 뿌리를 둔 율법주의는 창조주이자 심판자이신 하나님의 은혜, 즉 "경건치 아니한 자를 의롭다 하시는"(롬 4:5) 자비로우신 하나님을 이해하지 못하는 종교인들이 흔히 저지르는 죄 가운데 하나다. 한마디로, 율법주의는 영적으로 눈이 어두워진 자들의 선택이다. 율법의 참된 의미는 야고보가 말한 대로 "자유하게 하는 온전한 율법"(약 1:25, 2:12)에 있다. 율법은 자유에 이르는 길이다.

자유는 우리를 속박하는 것들로부터 벗어나는 것만 아니라 존엄하고 행복하고 만족스럽고 충만한 상태를 만끽하는 상태를 의미한다. 이렇듯, 자유는 "~로부터의 자유"와 "~를 위한 자유"의 양면을 지닌다. 자유는 오늘날 정치적인 이데올로기처럼 들린다. 사실, 그런 면도 없지 않다. 하나님은 이스라엘 백성을 애굽의 속박에서 해방하시고 약속의 땅에서 평화와 번영을 누리도록 인도하셨다. "너희가 내 말에 거하면 참 내 제자가 되고 진리를 알지니 진리가 너희를 자유케 하리라"(요 8:31, 32)는 예수님의 말씀이나 "그리스도께서 우리로 자유케 하려고 자유를 주셨으니 그러므로 굳세게 서서……"(갈 5:1)라는 바울의 말에서도 자유는 이중적인 의미를 지닌다. 예수님이 제자들에게 주신 자유는 죄의 지배와 속박에서 해방되어 하나님을 아버지로 모시고 살아가는 삶을 의미했다(요 8:34-36 참조). 이처럼, 자유는 하나님의 용서와 영접(칭의, 양자, 심판의 면제)을 받게 해줄 뿐 아니라 그분을 섬기고, 즐거워하고, 기쁘시게 하는 삶을 살아가게 해주는 귀한 선물이다. 마치 닻을 드리우고 있는 배가 폭풍우에 휩쓸려 이리저리 흔들리듯이 외적인 상황과 두려움과 유혹은 끊임없이 우리의 자유를 위협한다. 하지만 우리의 닻줄은 끊어지지 않고 우리의 자유는 사라지지 않는다. 우리는 성부와 성자와 성령의 무한한 사랑을 확신하며 닻줄을 굳게 잡은 채 기쁨과 만족을 누린다. 이러한 삶은 오직 신자만이 알 수 있다.

야고보는 믿음으로 하나님의 말씀을 행하지 않으면 자유의 축복을 온전히 누리기 어렵다고 경고한다. "누구든지 도를 듣고 행하지 아니하면 그는 거울로 자기의 생긴 얼굴을 보는 사람과 같으니 제 자신을 보고 가서 그 모양이 어떠한 것을 곧 잊어버리거니와 자유하게 하는 온전한 율법을 들여다보고 있는 자는 듣고 잊어버리는 자가 아니요 실행하는 자니 이 사람이 그 행하는 일에 복을 받으리라"(약 1:23-25). 야고보는 하나님의 말씀을 행하는 사람, 즉 믿음과 복종으로 주 예수 그리스도를 섬기는 사람이 되어야 한다고 강조한다. 바울은 "의의 종"이 되라고 말했다(롬 6:18, 19, 15-23 참조). 이것이 기독교인들이 누리는 자유이자 하나님의 축복이다.

기독교인들은 우리를 사랑하시고 구원하신 하나님을 영화롭게 하고 기쁘시게 하는 삶을 살아야 한다는 것을 잘 알고 있으면서도, 종종 "너희가 법 아래 있지 아니하고 은혜 아래 있음이니라"(롬 6:14)는 바울의 말을 내세워 하나님의 율법과 약속을 이상적인 삶의 기준이나 행위 규범으로 삼는 것을 꺼려하는 경우가 많다. 하지만 로마서의 문맥을 통해 분명히 알 수 있듯이, 바울은 단지 율법을 구원의 수단으로 삼으려는 태도를 경계했을 뿐이다. 타락한 세상에서 율법은 구원의 근거가 되지 못한다. 바울은 다른 곳에서 "내가 하나님께는 율법 없는 자가 아니요 도리어 그리스도의 율법 아래 있는 자나"(고전 9:21)라고 말했다. 그의 말은 동서고금을 막론하고 그리스도를 믿는 모든 이들에게 해당된다. 삶의 규범이자 길잡이인 그리스도의 율법은 역사와 문화와 교파와 민족과 세대를 초월한다. 신분이나 거주지, 또는 시대와 상관없이 그리스도를 믿는 사람들은 모두 그리스도의 율법에 복종해야 한다.

이와 같이 진정한 종교의 도덕적, 영적 근간은 변하지 않는다. 성부 하나님과 예수 그리스도가 변치 않으시듯 정통교리와 정통행위는 본질적으로 항상 동일하다. 과거에 도덕적으로 옳고 선한 일은 오늘날에도 여전히 옳고 선하며, 과거에 도덕적으로 잘못인 것은 오늘날에도 도덕적으로 잘못인 것이다. 율법 준수는 항상 하나님을 영화롭게 하기 위한 동기를 지녀야 한다.

이 점은 오늘날에도 마찬가지다. 참된 사랑은 곧 하나님께 충성하고 이웃을 선의로 대하며 그분의 계명에 복종하는 것이다(요일 5:3 참조). 참된 의는 모든 형태의 악을 버리고, 하나님의 목적과 영광에 어울리는 일을 행하며, 다른 사람들을 공정하고 올바르게 대하는 것을 의미한다. 이 점은 과거나 현재나 앞으로나 절대로 변하지 않는다. 참된 성결은 구별된 삶을 통해 하나님께 헌신하고, 일심으로 그분을 섬기며, 항상 순전하고 순결한 삶을 유지하기 위해 노력하고, 그리스도를 따를 때 어려움과 시련이 닥치더라도 겸손히 인내하는 것을 의미한다. 하나님의 율법을 지키면 진리와 자유의 세계에 거할 수 있고, 삶 속에서 항상 하나님의 인도를 받을 수 있다.

하나님의 마음

네 번째 요소 : 우리는 하나님의 생각으로 인도함을 받는다. 하나님의 율법 안에 하나님의 마음이 온전하고 정확하게 표현되어 있는데 굳이 네 번째 요소를 말하는 이유가 무엇일까 하는 의문이 들지도 모르겠다. 물론, 율법에는 하나님의 마음이 담겨 있다. 하지만 코미디언 올리버 하디는 우둔한 동료 스탠 로렐에게 "자네는 우리를 또다시 매우 복잡하고 혼란스러운 상황 속으로 몰아넣었네."라고 말하곤 했다. 우리 삶에는 매우 복잡하고 혼란스러운 상황이 많이 일어난다. 그러한 상황 속에서 하나님의 뜻을 발견하기란 그리 쉽지 않다. 복잡한 상황이란 해결책이 존재하지 않는 상황, 즉 어떤 행동을 취하더라도 위험하고 불행한 결과를 면하기 어려운 상황을 가리킨다. 복잡하고 혼란스러운 상황에서 우리가 할 수 있는 최선은 최대한 하나님을 영화롭게 하고 이웃을 유익하게 하는 행동을 선택하는 것이다. 복잡한 상황에 부딪쳤을 때는 성경에서 상황과 직접적으로 관련된 가르침을 발견하기가 어렵다. 따라서, 그보다는 하나님 앞에 머리를 조아리고 성경의 원리를 바탕으로 논리와 추론을 통해 악을 최소화하고 선을 최대화할 수 있는 방법을 찾아내는 것이 좋다. 즉, 앞에서 말한 대로 "윤리적 판단"을 내려야 한다. 하지만 우리는 윤리적 판단을 내리는 데 능숙하지 못한 관계로 어려운 결정을 내리고 난 뒤, 나중에 가서 최선의 결정이 아니었다고(즉, 하나님의 뜻을 옳게 분별하지 못했다고) 후회하는 경우가 많다. 최선의 결정을 내리기 위해서는 하나님의 뜻을 옳게 분별할 수 있어야 한다. 따라서 우리는 "복잡한 상황" 속에서 성경의 가르침을 토대로 하나님의 뜻을 분

별함으로써 최선의 결정을 내릴 수 있는 방법을 배워야 한다. 이것이 우리가 네 번째 요소를 논하는 이유다.

성경을 올바로 적용하기 위한 첫 번째 단계는 도덕법과 실정법을 구분하는 것에서부터 시작한다. "실정법"은 영어로 "positive law"이다. 여기에서 "positive"는 일반적으로 사용하는 의미(즉, 확언적인, 긍정적인, 신뢰할 만한, 자신 있는, 희망적인)와는 전혀 다르다. 이 말은 목적을 이루기 위한 수단으로 법을 집행한다는 의미를 지닌다. 실정법의 법적 구속력은 전적으로 법률제정자의 결정에서 비롯한다. 상황이 변하면 법률제정자의 의지에 변화가 생길 수 있다. 예를 들면, 자동차 속도위반 금지법, 세금 징수율, 경찰의 권한 등 공공의 복리를 위한 수단이 되는 모든 것이 실정법에 해당한다. 실정법은 그와 같은 법률을 집행할 수 있는 권한을 규정한 것으로 유효 법률로 인정되는 한, 복종하지 않으면 징벌을 받게 된다.

성경에도 실정법이 많다. 그러한 실정법은 하나님의 구원계획에 이바지한다. 이스라엘 백성이 약속의 땅에 이르기 전에 하나님은 이미 십계명 외에 각종 사회적 법률을 제정하셨다. 그 이유는 이스라엘이 신정정치를 구축했을 때 공공복리를 위한 법률체계가 필요했기 때문이다(신정정치는 하나님이 왕이시며, 그분의 율법을 통치 법률로 인정하는 정치체제를 의미한다). 출애굽기와 신명기는 하나님이 제정하신 사회적 법률을 상세히 기록하고 있다. 이밖에도, 하나님은 이스라엘 백성이 광야생활을 하는 동안 행하게 될 종교의식에 관한 법률을 자세히 제정하셨다. 성막 건축법, 희생 제사를 드리는 장소, 제사장 제도, 희생 제사를 드리는 방법 등에 관한 각종 규정이 그에 해당된다. 출애굽기와 레위기를 보면 그 상세한 내용을 알 수 있다. 히브리서 저자는 율법을 그리스도를 가리키는 "예표"로 간주했다("예표"란 하나님의 구원 경륜이 전개되어 나가면서 그 의미가 더욱 깊고 분명해지는 행위나 사건, 또는 실체를 가리킨다). 그리스도는 신성과 인성을 지니신 존재로서 왕이자 제사장이시다. 구약의 예표는 모두 그리스도의 사역을 통해 대체되었다. 그리스도는 이스라엘 신정국가를 폐지하고 지리와 민족을 초월한 하나님 나라를 세우셨다. 하나님 나라는 오직 믿음으로 그분과 영원한 관계를 맺는 사람들로 구성된다. 그리스도의 속죄를 통해 제사장 제도와 희생 제도가 폐지됨으로써 구약성경 시대는 끝이 났다. 겉으로 보면, 신정정치와 희생 제도는 로마가 예루살렘을 정복함으로써 종말을 고한 것처럼 보인다. 하지만 사실은 예수 그리스도가 율법을 성취하셨던 순간에 이미 그 의미를 잃고 말았다. "참 형상"이신 예수님은 율법과 예언을 모두 성취하시고, 그보다 더 나은 새로운 공동체를 구축하셨다. 다시 말해, 신약성경 시대가 열리면서 교회가 등장한 것이다. 이처럼 하나님은 이스라엘 민족을 위한 실정법을 통해 온 세상을 유익하게 하는 결과를 만들어 내셨다.

레위기는 "불결함"을 야기하는 각종 음식과 상황에 대한 정결법을 상세히 기록하고 있다. 의식적인 불결함은 하나님의 율법을 어김으로써 발생하는 영적 불결함을 상징했다. 율법을 어기는 것은 하나님이 보시기에 가증스런 행위였다. 하나님이 정결법을 제정하신 이유는 인간이 죄에 오염된 탓에 거룩하신 하나님과 관계를 맺을 수 없다는 사실을 가르치시기 위해서였다. 인간의 부패한 본성은 어디서나 명백히 드러난다. 하지만 우리는 그 사실을 깨닫는 데 매우 둔하다. 정결법이 등장한 이후로 수세기가 흘렀고 마침내 예수님이 세상에 오셨다. 정결법을 통해 인간의 부패한 본성을 깨닫게 하는 방법은 그때까지로 족했다. 예수님은 인간을 더럽히는 것은 죄라고 주장하심으로써 음식과 관련한 정결법을 폐지하셨다. 그분은 "모든 식물을 깨끗하다"(막 7:19)고 선언하셨다. 예수님의 선언은 물리적인 상태나 창조된 사물들 자체가 사람을 불결하게 한다는 정결법의 개념을 무효화시켰다. 신약성경은 더 이상 정결법을 지지하지 않는다. 바울은 정결법을 정확히 지키면서 성장했음에도 불구하고, 몇 가지 음식을 무절제하게 섭취하는 것을 제외하고는 음식에 대해 이렇다 할 제한을 두지 않았다(딤전 4:3, 4 참조). 우리는 여기에서 하나님이 제정하신 실정법이 그분의 행위를 통해 폐지되는 상황을 다시 한번 목격하게 된다.

구약성경에 기록된 사회법과 의식법이 일시적인 성격을 띠고 있다는 사실을 이해하면 여러 가지 불확실한 상황을 헤쳐나가는 데 필요한 지혜를 얻을 수 있다. 예를 들어, 기독교 가정에서 자란 자녀가 부모를 거역하고, 다른 사람들에게 해를 끼치는 존재가 되었다고 가정해 보자. 신명기 21장 18-21절에 보면, 완악하고, 패역하고, 부모에게 불순종하고, 방탕하고, 술에 찌들어 사는 아들이 있을 때는 그를 장로들에게 끌고 가서 돌로 쳐 죽이라고 되어 있다. 이와 같은 규정이 법률적인 구속력을 지닌 형법이 아니라 감옥이나 경찰제도도 없이 광야에서 떠도는 생활을 해야 했던 상황에서 어쩔 수 없이 허락된 것이라고 할지라도, 오늘날 기독교를 믿는 부모는 이 규정을 이용해서 적절한 조처를 취할 수 있다. 즉, 술과 마약을 즐기고, 극도로 이기적이며, 성적으로 문란하고, 늘 집안에서 빈둥거리고, 끊임없이 용돈만 요구할 뿐 부모를 조금도 손승할 줄 모르는 자식 때문에 밤잠을 이룰 수 없는 부모의 경우 하나님이 제정하신 구약시대의 율법에 비추어 적절한 판단을 내릴 수 있다. 구약시대의 율법은 이미 효력을 잃었기 때문에 곧이곧대로 적용할 수는 없지만, 일종의 "사랑의 회초리"를 듦으로써 자식을 훈계할 수 있다. 다시 말해, 부모는 그를 당국자에게 넘겨주어 옥살이를 시키거나 재활원에 보낼 수 있고, 그동안 입은 피해를 보상하게 만들 수도 있다. 그런 조처는 신명기의 율법에 대한 미신적인 숭배가 아니라 오히려 이웃을 사랑하기 위한 책임 있는 행동에 해당한다. 또 다른 예를 들어 보자. 율법은 생리나 몽정을 하는 경우를 불결하다고 보고 정결 의식을 요구한다(레 15장 참조). 하지만 그런 정결법은 이미 효력을 잃었기 때문에 생리를 하거나 몽정을 해도 도덕적으로 불결하다고 생각할 필요가 없다. 다만 죄의 고백과 용서를 통해 깨끗해진 몸과 마음으로 하나님께 나아가야만 그분이 기뻐하시는 예배를 드릴 수 있다는 점을 깨닫는 것으로 족하다. 반면, 하나님의 도덕적 성품을 반영하는 도덕법은 정결법과는 다르게 결코 변하지 않는다. 성경은 하나님의 도덕법을 어기는 행위를 죄로 규정한다. 하나님은 죄를 용인하거나 인정하지 않으신다.

성경을 올바로 적용하기 위한 두 번째 단계는 도덕법의 통합적 특성을 이해하는 데 있다. 사람들은 종종 하나님의 율법이 서로 분리된 여러 개의 계명으로 구성되어 있다고 생각하는 경향이 있다. 인간은 한 번에 한 가지 일에만 관심을 집중하는 습성이 있기 때문에 한 가지 미덕이나 명령을 수행하면서 또 다른 미덕이나 명령을 어기는 잘못을 저지를 때가 많다. 하지만 우리는 예수님의 가르침대로 모든 행위에 하나님과 이웃에 대한 사랑을 담아내야 한다. 우리는 모든 미덕을 구현하신 예수님을 본보기로 삼아야 한다. 예수님은 율법의 화신이시다. 율법을 지키는 것은 그리스도를 본받는 것이고, 그리스도를 본받는 것은 곧 율법을 지키는 것이다. 그 둘은 하나다. 이 말은 광범위한 의미를 함축한다. 먼저, 율법은 단순히 "이것을 하라." 또는 "저것을 하라."고 명령하지 않는다. 율법의 목적은 올바른 행동을 할 수 있는 인격을 갖추게 하는 데 있다. 현명한 성경 교사들은 기독교인을 위한 하나님의 모든 약속이 그리스도의 팔복을 뜻하는 "비티투데스"(Beatitudes)라는 표현에 담겨 있다는 말로 이 점을 표현한다. 기독교인들을 향한 하나님의 계명은 "be-attitudes", 즉 태도를 발전시키는 데 초점을 맞춘다. 구체적으로 말해, 그리스도의 성품을 본받아 매사에 그리스도처럼 미덕을 실천할 수 있는 인격을 형성하는 데 율법의 목적이 있다. 따라서 기독교인은 "예수님이라면 어떻게 하실까?"라는 물음을 시시때때로 떠올려야 한다. 그리스도를 본받는다는 것은 코미디언이 정치가들을 흉내 내는 것과는 질적으로 다르다. 그것은 예수님이 뛰어난 상상력과 창의력과 지혜를 발휘하셔서 여러 부류의 사람들을 사랑으로 대하셨듯이 우리도 그런 태도로 다른 사람들을 대함으로써 그분의 성품을 반영하는 것을 의미한다.

그러기 위해서는 우리의 생명이신 그리스도 안에서 우리의 정체성을 찾으려는 노력, 그분을 주님으로 모시고 그분과 늘 동행하겠다는 마음, 우리를 구원하신 하나님의 은혜와 사랑을 기억하며 그분을 영화롭게 하는 삶을 살겠다는 강한 의지가 필요하다. 아울러, 세상과 육신과 마귀가 온갖 유혹과 속임수로 그리스도를 본받지 못하게 방해한다는 점을 늘 기억하고 내주하시는 성령의 역사에 민감해야 한다. 우리는 성령이 변화하는 상황 속에서 그때그때 예수님을 본받을 수 있는 믿과 행동을 깨닫게 해주시리라는 확신을 가져야 한다. 이것이 하나님의 도덕법이 지향하는 참된 목적이다.

기독교인은 율법 준수를 개인적인 차원에서 생각해서는 안 된다. 존 웨슬리는 독립독행하는 기독교인보다 더 비기독교적인 것은 없다고 말했다. 우리 자신만 그리스도를 본받으려고 노력하는 것은 기독교 공동체를 찢어 놓는 것과 같다. 우리 가운데 전지전능한 사람은 아무도 없다. 도덕법에 의거해 최선의 행동을 하려면 서로의 도움이 필요하다. 우리는 동료 신자들에게 "하나님의 율법에 따르면 이 상황에서 이렇게 행동해야 할 것 같은데, 형제는 어떻게 생각하십니까?", "어떻게 해야 그리스도를 가장 충실하게 전할 수 있고, 또 어려운 사람들을 도울 수 있으며, 이 기회를 통해 하나님을 영화롭게 할 수 있나요?", "이 제안을 받아들이는 것이 하나님의 율법을 거스르는 것일까요?"라는 물음을 스스럼없이 던질 수 있어야 한다. 어떤 대답을 듣든지, 하나님의 뜻을 찾는 데 많은 도움이 될 것이다.

성경을 올바로 적용하기 위한 세 번째 단계는 이른바 "문화적 적응"의 원리를 깨닫는 데 있다. 때로 "문화적 적응"을 "문화적 순응"으로 오해하는 경우가 있다. 이는 매우 위험하다. 문화적 순응은 기존의 것을 새로운 틀에 맞추기 위해 본질을 변형시키는 것을 의미한다. 이와 달리, 문화적 적응은 본질은 고스란히 보존한 채 외관만 바꾸는 것을 의미한다.

성경의 도덕적 원리는 신학적 원리와 마찬가지로 특정한 시대와 문화적 상황 속에서 주어졌다. 상황이 변하듯 문화도 변한다. 성경의 원리를 올바로 적용하려면 그것을 우리의 상황과 문화 속에서 이해해야 한다. 그렇지 않으면, 성경의 원리를 오해하여 잘못 적용하는 결과가 나타나기 쉽다. 이미 언급한 대로, 성경의 원리는 본질적으로 초문화적인 성격을 띠고 있다. 하지만 그 형태는 시대와 상황에 따라 다르다. 따라서 우리는 성경의 원리를 본래의 문화적 상황에서 끄집어내어 우리 시대의 문화적 상황에 맞게 적용해야 한다. 때로 원리는 동일하지만 그 세부내용은 달라질 수 있다.

예를 들면, 신약성경의 다섯 서신은 모두 "거룩하게 입맞춤으로 서로 문안하라"는 말로 끝을 맺는다(롬 16:16; 고전 16:20; 고후 13:11; 살전 5:26; 벧전 5:14 참조). 동방정교회의 사제들과 수도사들 가운데는 지금도 종교적인 의미로 서로 입을 맞추는 의식이 존재한다. 하지만 서방교회에서 이런 관습이 이루어지면 얼굴을 붉히거나, 눈길을 돌려 외면하거나, 또는 부끄러워하며 당황하거나, 심지어는 그보다 더 심각한 문제가 야기될 수 있다. 거룩한 입맞춤은 성적 표현과는 전혀 무관하다. 그것은 환영, 선의, 사랑, 신뢰, 섬김의 의미를 가진 성경시대의 관습이었다. 이와 달리, 서구사회의 일반 대중은 입맞춤을 성적 표현으로 간주한다. 21세기의 교회 안에 서로 입을 맞추는 관습을 도입할 경우에는 예배에 큰 지장을 초래할 수 있을 뿐 아니라 바울과 베드로의 의도가 왜곡될 소지가 매우 높다. 50년 전, J. B. 필립스는 『교회 서신』에서 이러한 문제점을 의식하고, 거룩한 입맞춤을 "마음에서 우러난 악수"로 대체했다. 입맞춤보다는 악수가 현대의 문화적 상황 속에서 사도들의 의도를 십분 살릴 수 있다고 생각했기 때문이다. 필립스의 생각은 사도들이 가르친 도덕적 원리(즉, 온 교회가 서로 한 가족처럼 항상 우의를 다져야 한다는 원리)를 고스란히 보존하면서 그들이 규정한 관습의 형태를 오늘날의 문화적 상황에

맞게 적용할 수 있는 가능성을 열어 주었다. 다시 말해, 필립스의 표현은 현대인들이 성경을 무리 없이 읽을 수 있게 해주었다. 물론, 악수 대신 "거룩한 포옹"도 가능하다.

이번에는 다른 각도에서 한 가지 예를 생각해 보자. 십계명의 두 번째 계명은 우상을 만들어 섬기지 말라고 명령한다. 하지만 이스라엘 백성은 금송아지를 만들어 "우리를 애굽 땅에서 인도하여 낸 신"으로 숭배함으로써 십계명을 어겼다(출 32:1-6, 19, 20 참조). 다시 말해, 이스라엘 백성은 하나님을 동물의 형상으로 묘사함으로써 그분을 모욕했다. 오늘날, 우상은 구체적인 형상이나 조각상이라기보다 하나님에 대한 헛된 공상이나 사변을 뜻한다. 정신적인 형상이 금속으로 만든 형상을 대체한 셈이다. 이 계명의 원리는 하나님이 스스로를 계시하신 범위 내에서 그분을 생각해야 한다는 것이다. 그 범위를 넘어서면 우상숭배의 죄를 저지르게 된다. 성경에 위배되는 신관을 지니고 있는 현대인들은 시내산 밑에서 금송아지를 숭배했던 고대 이스라엘 백성과 마찬가지로 우상숭배자에 해당한다. 지금까지 수천 년을 지내 오면서 문화적 상황은 끊임없이 변했고, 그때마다 우상숭배의 관습도 형태를 달리하여 계속 존재해 왔다. 우리는 이 사실을 명확히 분별해야 한다. "내가 생각하는 하나님은 이러이러한 분이셔."라거나 "나는 이러이러한 하나님이 좋아."라는 식으로 말할 경우에는 우상숭배를 금한 계명을 어길 가능성이 높다. "문화적 적응"의 원리를 생각하지 않으면, 하나님의 생각으로 인도함을 받는 축복을 누리기가 어려워진다.

성경의 원리를 올바로 적용함으로써 하나님의 뜻을 분별할 수 있는 네 번째 단계는 "이중 효과"(즉, 의도하지도, 바라지도 않았던 결과)의 원리를 이해하는 데 있다. 이 원리는 우리가 옳다고 생각했던 일을 했는데 달갑잖은 부작용이 일어나는 경우를 말한다. 다시 말해, 우리가 의도하지도 않았고 예측하지도 못했던 결과가 나타나 어느 정도 불행을 감수하지 않고서는 올바른 일을 할 수 없게 된 상황을 말한다. 하지만 그 일을 하지 않으면 하나님께 불순종하는 죄를 짓는 것이기 때문에 우리는 어쩔 수 없이 하나님께 모든 결과를 맡기고 행동으로 옮길 수밖에 없다. 그런 상황에서는 오스왈드 챔버스의 말대로, 할 수만 있으면 "어색한 웃음을 지으면서 결과에 대한 책임을 모면할 수 있기"를 바랄 수밖에 없다. 어떤 행동을 선택해도 상황이 여의치 않을 때는 큰 악보다는 작은 악을 선택하여 피해를 최소화하는 길을 모색하는 것 외에는 달리 도리가 없다.

악을 피할 수 없을 때는 보다 작은 악을 선택하는 것이 바람직하다. 하지만 그런 선택은 끝까지 깊은 회한을 남기기 마련이다. 오래전에 상영된 바 있는 『잔인한 바다』라는 영화에서 그런 상황을 접할 수 있다. 영화는 2차 세계대전을 배경으로 한다. 영화에서 함대를 호위하며 대서양을 건너던 구축함의 함장은 중대한 선택의 기로에 직면했다. 차가운 바다 위에는 독일군 잠수함에 의해 격침된 함선의 선원들이 간절한 구조를 요청하고 있었고, 바다 밑에는 독일군 잠수함이 나머지 함대를 공격할 기회를 노리고 있는 상황이었다. 구축함을 신속히 움직여 수중폭뢰로 잠수함을 공격하자니 구조를 요청하는 선원들 가운데 일부가 목숨을 잃을 수밖에 없고, 구축함을 멈추고 선원들을 구조하자니 독일군 잠수함에게 달아날 기회를 주어 훗날 또 다른 배를 공격하게 만들 수 있는 상황이었다. 결국, 함장은 바다에 빠진 선원들을 무시하고 계속 구축함을 몰아 수중폭뢰를 투하하는 길을 선택했다. 물론, 그는 그 상황에서 공격의 성공여부를 확신하기 어려웠다. 후에 그는 최선이라고 판단되는 일을 선택한 뒤에 무릎을 꿇고 하나님의 자비를 구할 수밖에 없는 상황이 있을 수 있다고 고백했다. 우리는 그의 심정을 충분히 이해할 수 있다. 무엇이 최선인지를 확신할 수 없는 상황에서는 어떤 행동을 선택하든지 일부 사람들에게 고통을 안겨 주게 되고, 훗날 우리의 선택이 가져온 불행한 결과를 기억하며 깊은 회한에 사로잡힐 수밖에 없다. 그런 때에는 그리스도의 보혈 덕분에 모든 죄를 용서받고 살아가게 되었다는 사실이 더더욱 감사하게 느껴지기 마련이다.

마지막으로, 좀 덜 심각한 딜레마를 생각해 보기로 하자. 기독교를 믿는 한 아버지가 "자녀를 노엽게 하지 말고"(엡 6:4)라는 바울의 글을 읽었다. 그는 자녀들을 사랑했다. 그런데 어느 날, 그의 아들이 부모가 보기에는 절대로 사귀어서는 안 될 친구와 어울리겠다고 고집을 피우기 시작했다. 그 친구와 계속 어울렸다가는 아들의 장래가 위태로울 가능성이 높았다. 그런 상황에서 아버지는 어떻게 해야 할까? 가장 쉬운 방법은 가만히 놔두는 것이다. 하지만 차선책을 동원해서라도 자식의 장래를 위해 최선을 다하는 것이 아버지로서의 도리다. 아들을 사랑했던 아버지는 자식의 장래를 위해 그 관계가 더 발전되지 못하도록 막아야 한다고 생각했다. 물론, 그럴 경우 아들이 분노하리라는 것은 불 보듯 뻔하다. 과연 아버지의 선택은 어떤 결과를 가져오게 될까? 당연히 고통스러울 것이다. 타락한 세상에서는 그런 일이 흔히 일어난다. 매사에 하나님의 인도를 구하며 그분의 뜻에 따라 믿음으로 행동하는 것이 우리의 이상이다. 하나님은 우리가 항상 올바른 행동과 악을 최소화할 수 있는 행동을 선택하기를 바라신다. 하나님은 우리가 죄를 짓는 것을 원치 않으신다. 우리는 하나님을 영화롭게 할 수 있다고 판단되는 일을 선택한 뒤에 모든 결과를 그분께 맡겨야 한다. 하지만 위에서 언급한 사례들처럼 차선을 선택할 수밖에 없는 상황에서는 평생 그로 인한 상처를 감수할 수밖에 없다.

말씀으로 인도받는 삶

이 장에서 논의한 내용을 정리하면 다음과 같다. 첫째, 하나님은 그리스도의 몸인 교회와 교회에 속한 신자들에게 성경, 즉 성령의 영감으로 기록된 말씀을 허락하셨다. 성경은 우리의 삶을 인도하는 안내서이다. 성경은 제품을 만든 제조업자가 자동차, 컴퓨터, 비행기, 팩스와 같은 복잡한 장치를 관리하고 사용하는 법을 알려 주기 위해 마련한 제품설명서와 비슷하다. 제품설명서에는 대개 "다른 방법이 모두 통하지 않거든 설명서를 읽으시오."라는 경고의 문구가 쓰여 있다. 설명서의 지침을 무시하면 제품을 잘못 사용하거나, 제품에 손상을 입힐 가능성이 높다. 하나님이 허락하신 삶의 지침서를 무시하는 경우에도 마찬가지다. 그런 경우, 열매 없는 삶을 살아가거나 목자이신 하나님을 믿으면서도 온갖 불행을 자초할 수밖에 없다. 은혜로우신 하나님은 실족하여 죄를 지었더라도 회개하면 다시 회복시켜 주신다. 하지만 성경을 통해 실족하지 않는 방법을 배우는 것이 더 현명하다.

둘째, 삶이 지침서인 성경은 율법을 통해 우리를 권고한다. 율법에는 하나님의 명령, 금령, 약속 등이 담겨 있다. 율법은 가장이 가족들에게 훈계하는 방식을 취한다. 기독교인은 일평생 성경을 읽고 연구함으로써 하나님의 율법을 깊이 이해해야 한다. 왜냐하면 우리를 경건한 삶으로 인도하는 길이 율법 안에 놓여 있기 때문이다. 우리는 성경을 통해 예수 그리스도와 그분의 은혜를 깨달아야 한다. 성경은 여러 가지 설명과 사례를 통해 하나님의 자녀로서 살아가는 데 필요한 원리를 제시한다.

셋째, 성경은 66권으로 이루어져 있고, 기록에 소요된 시간만도 천 년이 넘게 걸렸기 때문에 해석하기가 매우 복잡하지만, 최선을 다해 그 가르침을 오늘날의 삶에 적용할 수 있는 방법을 찾아내야 한다. 기독교인의 삶에 대한 성경의 가르침은 일단 성경의 내적 통일성을 이해하고 나면 매우 자세하고 세밀하며 명쾌하고 일관된 논리를 지닌다. 우리는 성경에서 하나님의 뜻을 찾아낼 수 있고, 그것을 삶의 길잡이로 삼을 수 있다.

넷째, 타락한 세상에서 살아가는 것은 결코 쉽지 않다. 하나님의 확실한 인도를 따르기만 하면 어려움이 없는 순조로운 삶을 보장받을 수 있고, 옳고 그름에 관한 결정이 흑과 백을 구분하듯 쉬울 것이라고 생각해서는 안 된다. 또, 올바른 결정만 내린다면 고통이 없는 평탄한 길을 걸어갈 수 있다고 믿어서도 안 된다. 오히려, 굳센 의지로 하나님의 뜻에 복종하는 길을 걸어갈 때 많은 고난과 고통과 상처가 뒤따를 수 있다. 구원의 길을 걸어가는 동안, 우리는 그리스도를 위해 십자가를 짊어지는 고통을 감수해야 한다. 하나님은 그리스도를 위해 시련과 고난을 당하는 우리를 기뻐하신다. 바울은 소아시아의 신자들에게 "우리가 하나님 나라에 들어가려면 많은 환난을 겪어야 할 것이라"(행 14:22)고 말했다. 그는 하나님의 인도를 의식하고 예루살렘 행을 결심하면서, "이제 나는 심령에 매임을 받아 예루살렘으로 가는데 저기서 무슨 일을 만날는지 알지 못하노라 오직 성령이 각 성에서 내게 증거하여 결박과 환난이 나를 기다린다 하시나"(행 20:22, 23)라고 말했다. 예수님도 겟세마네에서 십자가의 고난이 하나님의 뜻이라는 사실을 의식하셨다. 우리의 앞길에도 겟세마네가 기다리고 있을지 모른다.

토·론·과·성·찰·을·위·한·문·제

1. 성경에 관한 자신의 현재 습관을 말로든, 글로든, 생각으로든 간단하게 요약해 보라.

2. "지금까지 인간은 도구를 만드는 동물로 정의되었다. 하지만 우리는 인간을 '발견하고 방향을 설정하고 결정을 내리는 하나님의 피조물'로 정의하고자 한다. 우리는 이것이 성경에 근거한 정의라고 생각한다." 인간에 대한 이들 두 가지 정의의 차이점은 무엇인가? 두 번째 정의는 하나님과 관계를 맺을 수 있는 인간의 잠재력에 대해 어떻게 말하는가?

3. "하나님의 명령" 항목에 보면, "우리의 창조주시요 구주이신 하나님은 '자, 이것이 너희가 해야 할 일과 해서는 안 될 일이다.'라고 말씀하실 권리가 있다."라는 문장을 발견할 수 있다. 이 문장은 여러 가지 반응(감사, 분노, 좌절, 안전감, 완고함, 겸손, 혼란 등)을 불러일으킬 수 있다. 이 문장을 읽는 순간 어떤 감정을 느꼈는지 말하고, 그 이유를 설명하라.

4. 요한은 "하나님을 사랑하는 것은 이것이니 우리가 그의 계명들을 지키는 것이라"(요일 5:3)고 말했다. 이 말씀을 중심으로 하나님의 사랑과 하나님에 대한 자신의 사랑을 깊이 묵상하라. 복종하기 어려운 하나님의 계명이 있다면 무엇인가? 묵상을 마친 뒤에는 하나님께 기도를 드리라.

5. "하나님은 항상 선하시고 은혜로우시다. 하나님은 모든 사람을 있는 그대로 받아 주신다. 새 신자의 경우에는 처음에 매일 성경 읽는 습관을 들이는 게 어렵지만 조금씩 노력하다 보면 종종 하나님의 은혜로 소낙비와 같은 깨달음을 얻을 수 있다." "매일 성경 읽는 습관"이 잘 형성되어 가고 있는가? 수정하고 보완해야 할 점이 있다면 종이에 적어 보라.

6. "자유는 우리를 속박하는 것들로부터 벗어나는 것만 아니라 존엄하고 행복하고 만족스럽고 충만한 상태를 만끽하는 상태를 의미한다. 이렇듯, 자유는 '~로부터의 자유'와 '~를 위한 자유'의 양면을 지닌다." 하나님의 율법이 있을 때와 없을 때, 어느 쪽이 더 자유로우리라 생각하는가? 또, 그 이유는 무엇인가? (배의 닻에 관한 비유를 염두에 두라.)

7. 하나님의 율법이 언제, 어떻게 닻이 되어 주는지 생각해 보라.

8. 출애굽기 20장에 기록된 십계명은 "너를 위하여 새긴 우상을 만들지 말고"라고 명령한다. 아울러 이 책의 저자는 "'내가 생각하는 하나님은 이러이러한 분이셔.'라거나 '나는 이러이러한 하나님이 좋아.'라는 식으로 말할 경우에는 우상숭배를 금한 계명을 어길 가능성이 높다."고 지적한다. 가까운 친구와 대화하는 중에 그런 식의 말을 들었다고 가정해 보자. 그때 어떻게 대답할 것인가?

9. 저자는 "성경의 원리를 올바로 적용함으로써 하나님의 뜻을 분별할 수 있는 네 번째 단계는 '이중 효과'(즉, 의도하지도, 바라지도 않았던 결과)의 원리를 이해하는 데 있다."고 말했다. 즉, 하나님의 명령, 책(성경), 율법, 생각에 충실함으로써 최선을 다했음에도 문제를 해결할 좋은 방책이 없어 고통을 당할 수 있다. 그때는 피해를 최소화할 수 있는 차선을 선택해야 한다. 지금까지 살면서 그러한 딜레마에 부딪친 적이 있는가? "말씀으로 인도받는 삶"은 그 상황에서 어떤 도움이 된다고 생각하는가?

10. 디모데후서 3장 16, 17절 말씀은 성경에 관한 성경의 증언 가운데 하나다. 천천히 읽은 뒤, 잠시 묵상의 시간을 가지라.

우리는 지혜가 뛰어나신 하나님을 섬긴다. 하나님은 각 사람의 분량대로 지혜를 허락하셔서 어리석은 일을 저지르지 않도록 보호하시며, 경건한 삶에 관한 성경의 원리를 깨닫게 하신다.

지혜의 길

"지혜 있는 자는 듣고 학식이 더할 것이요 명철한 자는 모략을 얻을 것이라"(잠 1:5).

"**최선을** 선택할 수 있을 때 차선을 선택하는 잘못을 범하지 말라." 하나님의 인도라는 주제를 탐구하는 시점에서 특히 마음에 와 닿는 지혜로운 격언이다. 앞 장에서 우리는 율법의 준수, 즉 성경의 직접적인 명령에 복종하는 삶을 살펴보았다. 구체적인 상황 속에서 하나님의 뜻을 분별하고 따르기 위한 첫 번째 단계는 복종하는 마음이다. 하나님께 대한 복종을 염두에 두면 선택의 폭을 효과적으로 좁힐 수 있다. 먼저, 하나님의 율법이 금하는 일은 그분의 뜻이 아니다. 하나님은 율법이 금하는 일을 하게끔 인도하지 않으신다. 만일 그런 일을 하고 싶은 마음이 든다면 그것은 하나님의 인도에 의한 것이 아니다. 하나님의 명령에 복종하는 것은 항상 옳다. 하나님의 율법은 기독교적인 삶의 근간을 이룬다. 율법이 없이는 하나님의 뜻을 알 수 없다. 한마디로, 하나님의 율법은 기독교적인 삶의 출발점이다.

하지만 율법 준수만으로 하나님의 뜻을 구하는 경우에는 기쁨이 없는 얼굴로 해야 할 일과 해서는 안 될 일을 일일이 계산하는 영적 회계사처럼, 아무리 노력해도 결국 완전함에 도달할 수 없다는 좌절감을 느낄 수밖에 없다. 그런 경우에는 '아직도 내가 모르는 율법이 있단 말인가? 아직도 다 파악하지 못한 순종해야할 진정한 의미나 적용방법, 또는 필연적 결과가 있는가?'와 같은 생각에 골똘하게 된다. 물론, 그런 질문이 필요한 때와 장소가 있다. 하지만 바리새인들처럼 형식주의에 치우쳐 하나님의 율법을 지나치게 세분하여 적용하려는 태도는 하나님이 그분의 백성을 인도하시는 방법과는 거리가 멀다. 그런 사고방식이나 행동의 틀에 매여 있는 사람은 하나님의 뜻을 분별하는 데 가장 중요한 요소인 지혜를 배제할 가능성이 높다. 지혜는 성령이 성경을 깨닫게 하실 때 얻어진다. 지혜는 적극성, 창의성, 통찰력, 겸손, 인간미를 그 특성으로 한다.

우리는 지혜가 뛰어나신 하나님을 섬긴다. 하나님은 각 사람의 분량대로 지혜를 허락하셔서 어리석은 일을 저지르지 않도록 보호하시며, 경건한 삶에 관한 성경의 원리를 깨닫게 하신다.

지혜의 역할

하나님께 복종하기 위해서는 삶을 올바로 계획하고 결정할 수 있는 지혜가 필요하다. 성경은 지혜로운 삶에 대한 관심을 촉구한다. 바울은 골로새 교회를 직접 방문한 적은 없지만, 다른 교회들의 경우처럼 시신을 띄워 올바른 마음을 가지라고 권고했다. "외인을 향하여서는 지혜로 행하여 세월을 아끼라 너희 말을 항상 은혜 가운데서 소금으로 고르게 함같이 하라 그리하면 각 사람에게 마땅히 대답할 것을 알리라"(골 4:5, 6). "대답하다"는 동사는 다른 사람들의 말에 적절한 답변을 제시하는 것을 의미한다. 우리는 대개 말로 의사를 전달한다. 그런 점에서 말은 지혜로운 삶을 가늠하는 척도다. 바울은 지혜로운 생각, 지혜로운 행동, 지혜로운 대답을 강조한다.

"지혜로 행하라"로 번역된 헬라어는 ESV의 난외주에 설명된 대로, "지혜 안에서 행하다"는 뜻이다. 바울은 구약성경의 저자들과 마찬가지로 "행하다"는 말을 "살아가다"는 의미로 사용했다. 출발지에서 목적지를 향해 한 걸음씩 계속 걷는 행동은 인간의 삶이 이루어지는 방식을 구체적으로 예시한다. 바울은 "행하다"는 표현을 비중 있게 취급했다. 그는 앞서 골로새서 2장에서도 "그러므로 너희가 그리스도 예수를 주로 받았으니 그 안에서 행하되 그 안에 뿌리를 박으며 세움을 입어 교훈을 받은 대로 믿음에 굳게 서서 감사함을 넘치게 하라"(6, 7절)고 말했다. 이 말씀은 골로새서의 핵심으로 다른 사람들과의 관계에서 지혜롭게 처신하는 방법을 일러 준다. 지혜로운 행동은 그리스도 안에서 행하는 삶과 일맥상통한다.

바울은 에베소서에서도 그리스도 안에서 행한다는 표현을 사용했다. 그는 에베소 신자들에게 "부름에 합당하게 행하여"(4:1), "사랑 가운데서 행하라"(5:2), "빛의 자녀들처럼 행하라"(5:8)고 말하고 나서, "그런즉 너희가 어떻게 행할 것을 자세히 주의하여 지혜 없는 자같이 말고 오직 지혜 있는 자같이 하여 세월을 아끼라 때가 악하니라 그러므로 어리석은 자가 되지 말고 오직 주의 뜻이 무엇인가 이해하라"(5:15-17)고 덧붙였다. 잠언의 말씀대로, 세상에서 가장 쉬운 일은 어리석은 삶을 사는 것이다. 하지만 우리는 어리석은 삶을 선택할 수 없다.

바울은 "오직 심령으로 새롭게 되어 하나님을 따라 의와 진리의 거룩함으로 지으심을 받은 새 사람을 입으라"(엡 4:23, 24)고 권고했다. 또한, "이제부터는 이방인이 그 마음의 허망한 것으로 행함같이 너희는 행하지 말라……저희 가운데 있는 무지함과 저희 마음이 굳어짐으로 말미암아 하나님의 생명에서 떠나 있도다"(4:17, 18)라고 말했다. 여기에서 말하는 무지함은 단지 도덕적 진리나 규범을 알지 못하는 상태를 가리키지 않는다. 그런 경우에는 필요한 지식과 정보만 습득하면 쉽게 문제를 해결할 수 있다. 그러나, 로마서 1장 18-31절에서 설명하고 있는 대로 바울이 말하는 무지는 하나님께 대한 불신앙과 경건하고 올바른 삶을 고집스럽게 거부하는 태도를 가리킨다. 다시 말해, 도덕적인 문제에 둔감한 이방인들의 강퍅한 마음에서 비롯하는 무지가 여기에 해당한다. 하나님의 지혜를 완강히 거부하는 사람은 그분으로부터 버림을 받는다(롬 1장 참조). 하나님은 그들이 원하는 대로 살도록 방치하신다. 그런 삶은 하나님이 없는 삶이다. 바울에 의하면, 이방인들은 마음이 강퍅한 상태이기 때문에 도덕적인 삶을 살 수 없다. 그들이 알고 있는 도덕적인 지식만으로는 지혜의 삶이 불가능하다. 지혜 안에서 행하는 사람은 지혜로운 말만 늘어놓지 않고 실제로 변화된 삶을 살아간다.

바울은 이 점을 분명히 하기 위해 거짓, 분노, 도적질, 악의, 탐욕, 중상, 더러운 말로 점철되었던 과거의 삶이 변화되어야 한다고 강조했다. 그는 삶을 파괴하는 행위를 열거하면서 "심령이 새로워진 삶"을 구체적으로 설명했다. 심령이 새로워진 사람은 진리를 말하고, 빈궁한 자를 돕고, 격려의 말을 하고, 정직하게 일하고, 친절과 동정과 용서를 베풀며 살아간다. 그러한 삶을 살아갈 수 있는 이유는 우리의 죄를 용서하시는 살아 계신 하나님과 새로운 관계를 맺었기 때문이다. 바울은 두 종류의 삶을 대조한 뒤에 "그러므로 사랑을 입은 자녀같이 너희는 하나님을 본받는 자가 되고 그리스도께서 너희를 사랑하신 것같이 너희도 사랑 가운데서 행하라"(엡 5:1, 2)고 결론지었다. 그리고 나서, 바울은 "빛의 자녀들처럼 행하라 빛의 열매는 모든 착함과 의로움과 진실함에 있느니라 주께 기쁘시게 할 것이 무엇인가 시험하여 보라"(5:8-10)고 권고했다. 바울은 빛 가운데서 행한 증거, 또는 열매를 착함과 의로움과 진실함, 세 가지로 요약했다. 그러면 어떻게 그와 같은 삶을 살아갈 수 있을까? "그런즉 너희가 어떻게 행할 것을 자세히 주의하여 지혜 없는 자같이 말고 오직 지혜 있는 자같이 하여 세월을 아끼라 때가 악하니라"(5:15, 16). 이 말씀은 골로새서의 말씀과 비슷하지만 함축된 의미는 사뭇 다르다. 바울은 여기에서 지혜로운 삶을 방해하는 마귀의 활동을 경계한다. 우리는 마귀의 공격을 예상하고 만반의 태세를 갖추어야 한다. "때가 악하다"는 것은 마귀가 활동하고 있다는 뜻이다. 바울은 에베소서 6장에서 마귀와의 영적 싸움에 대해 좀 더 상세히 논했다. 그는 하나님이 그리스도 안에서 우리를 위해 준비하신 전신갑주를 입으라고 권고했다. 지혜롭지 못한 행동은 마귀에게 공격의 빌미를 제공하여 결국에는 하나님의 영광을 가린다.

현대를 사는 우리가 분주한 일상 속에서 가장 흔히 부딪치는 문제 가운데 하나는 "시간 관리"다. "때"를 뜻하는 헬라어는 "기회의 순간"

을 의미한다. 지금이 곧 하나님 나라와 그분의 영광을 위해 힘써 일해야 할 때라는 것이 바울의 생각이었다. 물론, 그러려면 여러 가능성들을 견주어 보고 주어진 기회를 적절히 활용하는 지혜가 필요하다. 시간을 선용하는 의무는 에베소 신자들에게나 우리에게나 똑같이 적용된다. 시간을 선용하려면 늘 "최선을 선택할 수 있을 때 차선을 선택하는 잘못을 범하지 말라."는 격언을 염두에 두어야 한다. 우리는 항상 시간을 최대한 이용해야 한다. 그것이 우리의 과제다. 바울은 "그러므로 어리석은 자가 되지 말고 오직 주의 뜻이 무엇인가 이해하라"(엡 5:17)고 권고했다. 이것이 우리가 이 장에서 말하려는 핵심이다.

"주의 뜻이 무엇인가 이해하라"는 말씀은 로마서 12장 1, 2절과 일맥상통한다. "그러므로 형제들아 내가 하나님의 모든 자비하심으로 너희를 권하노니 너희 몸을 하나님이 기뻐하시는 거룩한 산 제사로 드리라 이는 너희의 드릴 영적 예배니라." 이미 살펴본 대로, 이 말씀은 하나님의 은혜에 감사하며 우리 자신을 온전히 드림으로써 그분을 기쁘시게 하는 삶을 살아야 한다는 뜻이다. 바울은 "너희는 이 세대를 본받지 말고(왜냐하면 때가 악하기 때문에) 오직 마음을 새롭게 함으로 변화를 받아(즉, 하나님의 은혜로 새로워진 마음으로)……"라고 말했다. 그러면 그렇게 해야 하는 목적은 무엇일까? 오래된 번역성경의 경우에는 "하나님의 선하시고……온전하신 뜻이 무엇인지 '입증하라'"고 번역했다. 하지만 나를 비롯해 ESV의 번역에 참여한 사람들은 현대 영어로 온전히 드러내기 어려운 개념을 되살리려면 좀 더 함축적인 단어가 필요하다고 생각했다. 과거에 "입증하다"는 말은 "실험을 통해 판별하다"는 의미를 담고 있었다. 이는 빵을 반죽하기 전에 효모기 살이 있는지 보기 위해 이스트를 "시험하다"는 의미와 비슷하다. 하지만 오늘날에는 여러 대안을 견주어 봄으로써 하나님이 원하시는 행동을 판별한다는 의미보다는 증거와 논증을 통해 사실을 규명한다는 의미가 더욱 강해졌다. 헬라어의 의미는 전자에 가깝다. 따라서 ESV는 이 말씀을 "시험을 통해 하나님의 선하시고 기뻐하시고 온전하신 뜻이 무엇인지 분별하도록 하라"고 번역했다.

앞에서 지적한 대로, 문맥을 잘 살펴보면 바울이 말하는 "하나님의 뜻"이 일반적인 뜻(즉, 삶 전체를 위한 하나님의 뜻)이 아니라 구체적인 상황에 적용되는 특별한 뜻을 가리킨다는 점을 짐작할 수 있다. "오직 주의 뜻이 무엇인가 이해하라"(엡 5:17)는 말씀도 마찬가지다. 우리는 결정을 내리고 행동을 선택해야 할 각각의 상황에서 하나님의 뜻을 분별해야 한다. 바울의 말에는 "주어진 기회를 통해 하나님을 기쁘시게 하고 영화롭게 할 수 있는 최선의 방법을 생각하라. 그것이 바로 지혜로운 삶이다."라는 의미가 담겨 있다. 지혜로운 삶을 살기 위해서는 외부의 도움이 필요하다. 물론, 바리새인들처럼 율법을 기계적으로 이해하려 해서는 곤란하다. 그러면 우리는 어디로부터 도움을 얻을 수 있을까? 거듭난 마음과 양심 속에서 일하시는 성령의 조명과 사역을 통해 우리는 필요한 도움을 얻을 수 있다.

기독교인의 삶은 초자연적인 차원을 지닌다. 기독교인은 거듭남을 통해 새로운 피조물이 되어 새 마음을 갖게 되었다. 일단 그리스도를 영접하면 이전과는 다른 사람이 된다. 기독교인의 삶은 초자연적인 삶이다. 많은 설교자와 저술가들이 설교와 글을 통해 이 점을 강조했다. 예를 들어, "거듭난 사람답게 살자", "하나님이 우리 안에서 이루신 삶을 살자", "우리의 새로운 본성에 충실하자", "그리스도 안에서 우리의 자연스런 본성을 드러내자" 등과 같은 말을 자주 들었을 것이다. 거듭난 신자가 기독교인다운 삶을 사는 것은 매우 자연스럽다. 성경에 따르면, 거듭난 신자는 창의적인 생각과 헌신을 통해 하나님과 이웃을 사랑과 진정으로 섬기고, 자족하는 마음으로 겸손히 행하며, 자신을 기꺼이 내어주고, 선택받은 백성이라는 자부심으로 살아가야 한다. 지혜로운 삶을 살며 기독교인의 의무를 이행한다는 것은 우리의 주님이시자 생명이신 그리스도가 우리의 거듭난 인격을 통해 자신을 드러내기를 원하신다는 사실을 더욱 생생히 깨닫는 것을 의미한다. 그리스도는 초자연적인 방법으로 우리에게 새로운 본성을 주셨고, 그러한 본성은 성령에 의해 유지되고 지탱된다. 이처럼, 그리스도를 본받는 행동과 태도를 취한다는 것은 새로운 본성에 따라 사는 것을 의미한다.

신약성경을 통해 알 수 있듯이, 우리가 새로운 본성에 충실할 때 주위 사람들은 종종 놀라곤 한다. 그들은 우리가 무엇을 하고 있고, 또 어떤 능력이 우리를 이끌고 있는지 이해하지 못한다. 예수님은 니고데모에게 거듭난 사람의 마음에서 일하시는 성령의 역사는 바람만큼이나 신비롭다고 말씀하셨다. 바람 소리를 듣고, 또 바람에 흔들리는 사물을 볼 수는 있지만, 바람이 어디에서 불어오고 어디로 가는지는 알 수 없다. 예수님은 "내가 네게 거듭나야 하겠다 하는 말을 기이히 여기지 말라(여기에서 '네게'는 단수가 아닌 복수다. 이는 니고데모와 그의 유대인 친구 모두를 가리킨다) 바람이 임의로 불매 네가 그 소리를 들어도 어디서 오며 어디로 가는지 알지 못하나니 성령으로 난 사람은 다 이러하니라"(요 3:7, 8)고 말씀하셨다.

바람이 불면 땅 위의 모래가 흩날린다. 그보다 더 강하게 불면 헛간이나 지붕이 날아갈 수도 있다. 우리는 강풍이 부는 소리를 들을 수 있고 그 힘을 느낄 수 있지만, 바람을 통제하거나 불어가는 방향을 예측할 수는 없다. 예수님은 "성령으로 난 사람은 다 이러하니라"고 말씀하셨다. 이 말씀은 세상 사람들이 기독교인의 행동방식을 목격할 때 종종 혼란을 느낄 수 있다는 의미를 함축한다. 세상 사람들은 기독교인이 어디로부터 와서 어디로 가는지 알지 못한다. 또한, 그들은 기독교인이 무엇을 추구하는지도 모른다. 기독교인은 늘 지혜 안에서 행하며 하나님이 허락하신 시간을 선용하고 싶어한다. 사람들이 기독교인의 행동과 그 이유를 이해하지 못하는 이유가 여기에 있다.

기독교인이 그러한 삶을 살 수 있는 이유는 하나님이 "자기 이름을 위하여 의의 길로 인도"하시기(시 23:3) 때문이다. 이 말씀은 이 책의 주제나 다름없다. NIV 성경은 "그분이 자기의 이름을 위해 의의 길을 따라 나를 인도하신다"고 번역했다. 이는 말씀으로 우리를 인도하셔서 올바른 행동을 하게 만드시는 성령의 사역을 암시한다. 성령의 인도를 따르는 삶은 지혜를 따르는 삶을 의미한다. 이처럼, 지혜는 기독교인의 삶에서 중심역할을 한다.

지혜의 본질

그러면 지혜의 본질은 무엇일까? 일반적으로, 교회에서는 1년 내내 지혜를 주제로 한 설교를 들어 볼 기회가 별로 없다. 안타까운 일이다.

하지만 지혜는 성경의 중심주제 가운데 하나다. 성경은 지혜를 자주 언급한다. 성경은 지혜를 찾으라고 요구하며, 진지하게 찾으면 지혜를 발견할 것이라고 말한다. 지혜는 모두를 위한 하나님의 선물이다. 지혜로워지기 위해 똑똑해질 필요는 없다. 똑똑한 것과 지혜로운 것은 서로 다르다. 지혜는 참된 원리를 삶에 적용함으로써 올바른 삶을 추구하는 능력을 가리킨다. 지혜는 올바른 길을 걸으며 하나님을 기쁘시게 하고 영화롭게 하는 삶을 살아간다. 지혜는 매사에 자신과 이웃들을 위해 최선을 선택한다. 지혜는 정직하고, 자비롭고, 겸손하고, 관대하고, 견실하고, 고무적이고, 실용적일 뿐 아니라 뛰어난 통찰력을 지닌다. 복음서에 따르면, 지혜는 예수님의 온전한 성품 가운데 하나다. 지혜는 주어진 상황 속에서 최선을 파악하는 능력이 뛰어나며, 올바른 행동으로 모범을 보인다. 하나님의 온전하신 뜻을 분별하여 행하려면 지혜를 사모하는 마음이 있어야 한다.

앞에서 언급한 대로, 구약성경에는 "지혜문학"이라 일컫는 장르가 있다. 시편, 잠언, 욥기, 전도서, 아가서로 이루어진 지혜문학은 성경의 약 10퍼센트를 차지한다. 지혜문학에 관한 우리의 논의는 오스왈드 챔버스의 말과 일맥상통한다. 그에 따르면, 시편은 기도하는 법을, 잠언은 행동하는 법을, 욥기는 고난을 감내하는 법을, 아가서는 사랑하는 법을, 전도서는 즐겁게 살아가는 법을 각각 가르친다.[1] 챔버스의 말은 옳다. 성경의 지혜는 세상의 창조주이시자 이스라엘의 하나님이신 여호와의 선하심을 인정하는 데서부터 시작한다. 전도서는 특히 이 점에 대해 시사하는 바가 크다.

전도서는 "해 아래" 허무와 악만 가득하다는 음울한 논조를 진개하지만, 하나님이 이끄시는 대로 묵묵히 따르면서 일상생활의 소박한 축복에 기뻐하고 감사하는 삶을 살아가라는 것을 핵심주제로 제시한다. 살다 보면, 온갖 불행을 겪기 마련이다. 그런 일을 골똘히 생각하면 기뻐하기보다 슬퍼하기 쉽고, 만족도 없고 목표도 없는 삶을 살아갈 가능성이 높다. 인생은 우리를 우울하게 하고 고민스럽게 만드는 문제들로 가득하다. 하지만 전도서 저자는 그런 일들을 사려 깊고 철저하게 검토한 뒤에 "이제 내가 희락을 칭찬하노니"(8:15, RSV: "기쁨", ESV: "즐거움", NASB: "환희", KJV: "생의 희락", NIV)라고 말했다. 이것이 삶에 대한 성경의 기본적인 태도다. 참 지혜는 하나님의 뜻을 분별하는 방편일 뿐 아니라 감사하는 마음으로 생의 즐거움을 만끽할 수 있는 길이다. 물론, 하나님의 백성이 누리는 기쁨은 세상 사람들이 누리는 기쁨과는 질적으로 다르다. 어거스틴은 일상생활의 기쁨을 절제하라고 말했다. 하지만 칼빈은 삶의 기쁨을 누리라는 말로 전도서의 입장을 지지했다.[2] 칼빈보다 200년 늦게 태어난 영국 설교가 찰스 시므온도 이 점을 옳게 이해하고, "모든 것이 헛되다"는 전도서의 메시지는 "모든 것 안에서 하나님을 즐거워하고, 하나님 안에서 모든 것을 즐거워하라는 두 가지 교훈을 제시한다."고 설명했다.[3] 이처럼, 성경은 타락한 세상에서 기쁨을 누릴 수 있는 지혜를 얻으라고 권고한다. 이는 성경 윤리의 기본개념 가운데 하나다.[4]

지금까지 말한 내용을 토대로 지혜문학에 관한 이해를 좀 더 넓혀 보기로 하자. 어떤 점에서 전도서는 지혜문학의 정수라고 말할 수 있다. 전도서는 어떤 상황이 닥치더라도 하나님께 감사하는 마음으로 생의 기쁨을 누리는 것을 경건한 신앙생활의 요체로 강조한다. 이러한 관점에서 지혜문학을 바라보면 이해의 폭이 좀 더 넓어진다. 우선, 아가서는 결혼한 부부가 서로에게 전적으로 충실함으로써 사랑의 기쁨을 나누는 것에 초점을 맞춘다(오늘날의 부부들 가운데 그런 기쁨을 누리지 못하는 이들이 적지 않아 보인다). 욥기는 하나님의 신실하심에 초점을 맞춘다. 하나님은 아무 의미 없어 보였던 고난을 충실하게 감내했던 욥에게 처음에 가졌던 소유보다 더 많은 소유를 허락하셨다. 시편은 눈앞에 닥친 상황에 상관없이 전심으로 하나님을 섬기는 사람들만이 느낄 수 있는 영적 기쁨에 초점을 맞춘다. 하나님의 사랑과 생명이 그들의 영혼을 충만하게 채우는 순간, 그들은 말로 다할 수 없는 기쁨을 느낀다. 전도서는 하나님이 우리에게 허락하신 인생의 단순한 즐거움(음식, 일, 우정, 결혼)을 발견함으로써 절망과 무의미와 염증과 지루함을 극복하고 생의 만족과 즐거움을 얻으라고 권고한다. 참 지혜는 하나님 안에서 기쁨을 누리는 것에 초점을 둔다. 그러한 삶의 지혜를 터득하면 하나님의 뜻을 훨씬 더 잘 이해할 수 있는 길이 열린다.

　신약성경 중에서 지혜문학으로 분류될 수 있는 성경은 야고보서다. 야고보서는 구약성경에 포함된 지혜문학의 특성과 형태를 고스란히 간직하고 있을뿐더러, 무엇보다도 예수님의 가르침을 핵심적으로 요약하고 있다. 따라서 야고보서를 연구하면, 예수님이 지혜의 교사이자 실천가이셨다는 점을 이해하는 데 큰 도움을 얻을 수 있다. 야고보서는 그리스도를 본받는 삶이 지혜의 삶이라고 강조한다. 주님을 본받는다는 것은 곧 지혜로운 삶을 살아간다는 것을 의미한다.

　성경은 다양한 방식으로 지혜를 가르친다. 성경이 가르치는 지혜의 특징은 다음 일곱 가지로 일목요연하게 정리된다. 첫째, 지혜는 깨달음이다. 둘째, 지혜는 예배다. 셋째, 지혜는 삶의 목표를 알려 준다. 넷째,

지혜는 전략, 즉 목적을 이루는 수단이다. 다섯째, 지혜는 관계다. 여섯째, 지혜는 자제력이다. 일곱째, 지혜는 겸손이다. 이제 이 일곱 가지 지혜의 특징을 하나씩 구체적으로 살펴보기로 하자.

첫째, 지혜는 깨달음이다. 성경에서 지혜는 어리석음과 대조된다. 특히, 잠언 1-9장은 지혜를 인생에서 가장 가치 있는 것으로 제시한다. 지혜를 추구하는 것은 인간이 노력을 기울여야 할 가장 중요한 사안이다. 잠언은 지혜를 삶을 이해하는 수단으로 간주한다. 이런 점에서 잠언의 1-9장은 좀 더 상세히 살펴볼 가치가 있다. 잠언의 첫 부분을 인용하면 다음과 같다.

"다윗의 아들 이스라엘 왕 솔로몬의 잠언이라 이는 지혜와 훈계를 알게 하며 명철의 말씀을 깨닫게 하며 지혜롭게, 의롭게, 공평하게, 정직하게 행할 일에 대하여 훈계를 받게 하며 어리석은 자로 슬기롭게 하며 젊은 자에게 지식과 근신함을 주기 위한 것이니"_1:1-4.

잠언 저자는 잠언의 목적을 밝힌 뒤에 다음과 같이 덧붙였다.

"지혜 있는 자는 듣고 학식이 더할 것이요 명철한 자는 모략을 얻을 것이라 잠언과 비유와 지혜 있는 자의 말과 그 오묘한 말을 깨달으리라"_5, 6절.

그 다음에 기록된 8절은 보다 개인적인 훈계의 성격을 드러낸다.

"내 아들아 네 아비의 훈계를 들으며 네 어미의 법을 떠나지 말라."

잠언은 지혜의 가르침을 부모가 자식을 훈계하는 방식으로 전개한다. 이런 서술방식은 구약시대는 물론, 신약시대의 기독교인에게도 똑같이 해당된다. 부모는 자녀에게 최선을 다해 지혜를 가르쳐야 한다.

잠언 저자는 2장에서 가족관계 내에서 지혜를 얻는 방법에 관해 말한다.

"내 아들아 네가 만일 나의 말을 받으며 나의 계명을 네게 간직하며……
명철을 얻으려고 소리를 높이며 은을 구하는 것같이 그것을 구하며 감추인 보배를 찾는 것같이 그것을 찾으면 여호와 경외하기를 깨달으며 하나님을 알게 되리니" _2:1-5.

여기에서 "깨달음"은 하나님의 계시에 순종하며 살아가는 방법을 이해하는 것을 의미한다. 지혜는 무엇보다도 깨달음이다. 하지만 지혜는 단지 깨달음에 그치지 않는다. 지혜는 깨달은 것을 신중하게 행동으로 옮기는 것까지를 모두 포함한다. 다시 말해, 지혜는 실천적이다. 사람들은 때로 실천적 지혜를 깨달음과 구분한다. 이를테면, "나는 책을 통해 배울 필요가 없어. 지혜가 필요하면 하나님이 내가 필요로 하는 모든 지혜를 주시니까 말이야."라고 말하는 식이다. 하지만 잠언 저자는 그 생각에 동의하지 않는다. 삶의 지혜는 깨달음을 얻으려고 노력하는 수고를 통해 얻어진다. 성경과 성경을 풀이한 책들을 연구하고, 또 우리의 이해를 도와주는 스승들이 있어야만 깨달음을 얻을 수 있다.

"지혜를 얻은 자와 명철을 얻는 자는 복이 있나니 이는 지혜를 얻는 것이

은을 얻는 것보다 낫고 그 이익이 정금보다 나음이니라……지혜가 제일
이니 지혜를 얻으라 무릇 너의 얻은 것을 가져 명철을 얻을지니라 그를
높이라 그리하면 그가 너를 높이 들리라 만일 그를 품으면 그가 너를 영
화롭게 하리라"_3:13-15, 4:7, 8.

잠언 저자는 지혜를 우리를 초대하는 여주인으로 의인화한다. 지혜는 우리에게 자신의 말에 귀를 기울이라고 외친다.

"지혜가……그 소리를 발하여 가로되 너희 어리석은 자들은 어리석음을
좋아하며 거만한 자들은 거만을 기뻐하며 미련한 자들은 지식을 미워하
니 어느 때까지 하겠느냐 나의 책망을 듣고 돌이키라 보라 내가 나의 신
을 너희에게 부어 주며 나의 말을 너희에게 보이리라"_1:20-23.

8장에서 지혜는 다시 한번 소리를 높여 외친다.

"……어리석은 자들아 너희는 명철할지니라 미련한 자들아 너희는 마음
이 밝을지니라 너희는 들을지어다 내가 가장 선한 것을 말하리라 내 입술
을 열어 정직을 내리라"_8:4-6.

지혜와 깨달음은 잠언 전체에 걸쳐 핵심개념으로 나타난다. 지혜는
생각에서부터 시작한다. 지혜는 생각하고 배우고, 잘못된 깨달음을 다
시 고쳐 배우는 것을 뜻한다. 잠언에 따르면, 지혜로운 사람은 가르침
과 교훈을 받아들이며 계속해서 더 나은 것을 배워 나간다. 지혜의 삶

은 항상 배우는 삶을 뜻한다. 지혜는 늘 사리를 분별함으로써 이해력을 키워 나간다. 다윗은 언약의 하나님이 자신을 의의 길로 인도하신다고 말했다(시 23:3 참조). 그의 말은 하나님이 생각하게 하시고, 생각을 통해 깨달음을 얻게 하시며, 깨달음을 통해 지혜에 도달하게 하심으로써 마침내 그릇된 길과 올바른 길을 분별할 수 있게 하신다는 의미이다.

둘째, 지혜는 예배다. 잠언과 시편에 따르면, 어리석은 자는 하나님을 경외하지 않는다. 잠언은 서두에서부터 "여호와를 경외하는 것이 지식의 근본이어늘 미련한 자는 지혜와 훈계를 멸시하느니라"(잠 1:7)고 선언한다. 이미 살펴본 대로, "경외"는 예배 용어다. 경외는 두려움이나 공포가 아닌 공경심과 숭앙심을 뜻한다. 하나님을 경외하지 않으면, 아무리 많은 지식을 쌓더라도 참 지혜에 도달하지 못한다. 참 지혜는 오직 하나님을 공경하며 그분을 경배하는 태도로 지식을 얻고자 할 때만 소유할 수 있다. 더욱이, 어리석은 자는 아무것도 배우려고 하지 않는다. 그들은 지혜와 교훈을 무시하기 때문에 무지몽매한 인생을 살아갈 수밖에 없다. 잠언 저자는 "여호와를 경외하는 것이 지혜의 근본이요 거룩하신 자를 아는 것이 명철이니라"(9:10)고 말한다. 시편 111편 10절과 욥기 28장 28절에도 똑같은 말씀이 기록되어 있다. 성경에서 반복은 강조를 의미한다. 하나님을 무시하거나 그분을 경외하는 법을 배우지 않은 상태에서는 그분에 관한 정보를 아무리 많이 축적한들 지혜를 얻을 수 없다. 이는 모두가 명심해야 할 엄중한 진리다. 많은 사람이 지혜롭지 못한 삶을 사는 이유는 하나님을 경외하지 않기 때문이다.

경외는 두려움과 무관하다. 경외는 공경심을 의미한다. 하지만 이때의 공경심은 두려워서 감히 얼굴도 들지 못하는 공경심과는 다르다. 기독교인들은 하나님의 은혜로 죄 사함을 받았기 때문에 담대하게 그분 앞에 나아가서 도우심과 가르침을 구할 수 있다(이는 구약시대의 충실한 성도의 경우도 마찬가지였다). 두려움에 사로잡힌 사람은 그런 행동을 할 수 없다. 두려움에 사로잡히면 다리가 후들거려 옴짝달싹도 못하게 된다. 성경 저자들이 말하는 경외심은 그런 심리상태와는 거리가 멀다. 하나님에 대한 경외는 담대한 공경심을 의미한다. 즉, 경외란 하나님의 위대하심을 높이 우러러봄과 동시에 능동적인 행동으로 그분께 복종하고, 그분을 기쁘시게 하려는 태도를 말한다. 빌립보서 2장 12, 13절에 나오는 "두렵고 떨림"도 마찬가지 의미다. 바울은 "두렵고 떨림으로 너희 구원을 이루라(즉, '적극적으로 구원을 표현하라'는 뜻)"고 말한 뒤에 "너희 안에서 행하시는 이는 하나님이시니 자기의 기쁘신 뜻을 위하여 너희로 소원을 두고 행하게 하시나니"라고 말함으로써 하나님을 공경하고 경외해야 할 이유를 설명했다. 하나님을 묵상하고 그분의 뜻을 헤아리며, 최선을 다해 하나님 나라를 위해 일하고 그분께 영광 돌리는 삶을 살고자 하는 마음이 생겨나는 이유는 우리 안에 하나님이 일하고 계시기 때문이다. 이는 참으로 놀라운 진리가 아닐 수 없다. 우리가 올바른 생각을 하고, 올바른 행동을 선택할 때마다 우리 안에서 하나님의 역사가 이루어진다. 한마디로, 지혜의 삶은 하나님의 선물이다. 이 진리를 깨닫게 되면 하나님을 향한 경외심과 감사의 마음이 더욱 크고 깊어질 뿐 아니라 겸손한 태도로 그분을 의지하게 된다. 또한, 우리가 그분의 백성이며 그분이 우리의 주인이시라는 확신이 생겨난다. 이것이 곧 여호와를 경외하는 마음이다.

예배는 지혜의 가르침에 따라 하나님께 나아가 머리를 조아리는 태도를 가리킨다. 예배는 하나님께 감사하며 겸손한 태도로 그분을 신뢰하고 복종하는 데서부터 시작한다. 잠언 3장 5-8절은 이러한 예배의 의미를 정확히 드러내고 있다.

> "너는 마음을 다하여 여호와를 의뢰하고 네 명철을 의지하지 말라 너는 범사에 그를 인정하라 그리하면 네 길을 지도하시리라 스스로 지혜롭게 여기지 말지어다 여호와를 경외하며 악을 떠날지어다 이것이 네 몸에 양약이 되어 네 골수로 윤택하게 하리라."

지혜를 구하라는 잠언의 호소는 예배의 부름에 초점을 맞춘다. 지혜로우신 하나님을 예배하지 않고, 그분을 경외하는 삶을 적극적으로 실천하지 않으면 지혜를 구해도 아무 소용이 없다.

셋째, 지혜는 삶의 목표를 알려 준다. 지혜는 가치 있는 목표를 포착할 수 있도록 우리를 인도한다. 인생의 첫 번째 목표는 하나님을 알고, 그분을 즐거워하며, 그분을 찬양하는 것이다. 우리는 무슨 일을 하든지 하나님의 영광을 목표로 해야 한다. 우리는 이 첫 번째 목표를 중심으로 사랑, 선의, 가족과 친구와 지인들과 낯선 사람들에 대한 보호와 배려, 성실한 직업활동, 공동체적인 참여와 행동, 리더십의 발휘, 창조성, 질서와 아름다움, 관심사와 취미생활 등 부차적인 인생의 목표를 수립해 나가야 한다. 지혜는 다양한 삶의 영역에서 하나님의 뜻에 합당한 목표를 세울 수 있게 도와준다.

지혜자는 전도서 2장 13, 14절에서 "내가 보건대 지혜가 우매보다 뛰어남이 빛이 어두움보다 뛰어남 같도다 지혜자는 눈이 밝고 우매자는 어두움에 다니거니와"라고 말했다. "지혜자는 눈이 밝고 우매자는 어두움에 다닌다"는 말은 지혜로운 사람은 삶의 목표가 분명하여 자신이 어디를 향해 가는지 알고 있지만, 어리석은 사람은 목표 없이 아무렇게나 살아간다는 의미이다. 어리석은 자는 마치 눈먼 소경처럼 살아간다. 어리석은 자의 삶은 목적이 없다. 하지만 지혜로운 사람은 분명한 목적과 신중한 계획을 따른다. 지혜로운 사람은 목표 없는 삶을 살지 않는다.

넷째, 지혜는 전략, 즉 목적을 이루는 수단이다. 부주의하면 함정에 빠지거나 재난을 당하기 쉽다. 하지만 지혜를 따르면 그런 불행한 결과를 피할 수 있다. 정상을 향해 오르는 산악인을 생각해 보라. 절벽 밑으로 추락하거나, 경사지나 바위 표면에서 발을 헛디뎌 부상당하지 않으려면 조심스레 발걸음을 옮겨야 한다. 잠언은 여러 각도에서 삶의 함정을 피하는 방법을 가르침으로써 하나님을 영화롭게 하는 지혜를 얻으라고 권고한다. "훈계를 지키는 자는 생명 길로 행하여도 징계를 버리는 자는 그릇 가느니라"(잠 10:17). 어리석은 사람, 즉 하나님의 지혜 안에서 행하지 않고, 조언이나 훈계를 구하지도 않으며, 오직 부패한 본성에 이끌려 살아가는 사람은 자신은 물론 다른 사람들까지 타락의 길로 끌어들인다. 사람은 누구나 주위 사람들에게 좋든 나쁘든 영향을 미치기 마련이다. 따라서 우리의 행동은 의도하든 의도하지 않든, 다른 사람들에게 영향을 줄 수 있다. 우리는 이 사실을 깊이 의식하고, 겸손히 다른 사람들의 조언을 구함으로써 우리가 선택한 길에 숨어 있는 함정을 피해야 한다. 잠언은 "지혜로운 자는 권고를 듣느니라"(12:15), "권면을 듣는 자는 지혜가 있느니라"(13:10), "너는 권고를 들으며 훈계를 받으라 그리하면 네가 필경은 지혜롭게 되리라"(19:20)고 말씀한다. 이에 대해서는 다음 장에서 좀 더 자세히 살펴볼 예정이다.

다섯째, 지혜는 관계, 즉 다른 사람들에 대한 생각과 태도다. 예수님과 사도들은 다른 사람들을 사랑과 정의에 입각하여 성실하게 대하라고 가르쳤다. 항상 다른 사람들의 유익을 구하는 것이 경건한 삶의 특징이다. 우리는 이러한 미덕을 행동으로 옮길 수 있는 실천적인 지혜를 구해야 한다. 잠언은 이 점에 대해 명백한 입장을 취한다. 예를 들어, 잠언 14장 21절은 "그 이웃을 업신여기는 자는 죄를 범하는 자요 빈곤한 자를 불쌍히 여기는 자는 복이 있는 자니라"고 말씀한다. 또한, 잠언 25장 21, 22절은 "네 원수가 배고파하거든 식물을 먹이고 목말라하거든 물을 마시우라 그리하는 것은 핀 숯으로 그의 머리에 놓는 것과 일반이요('사랑의 행위로 그의 양심을 자극한다'는 뜻) 여호와께서는 네게 상을 주시리라"고 말씀한다(바울은 "선으로 악을 이기라"는 주제를 다루면서 이 말씀을 인용했다. 롬 12:20 참조). 지혜로운 사람은 이기적인 사람과 달리, 이웃이 자신을 사랑으로 대하지 않더라도 이웃 사랑을 실천한다. 이기적인 사람은 지혜로운 사람이 될 수 없다.

여섯째, 지혜는 자제력이다. 경건한 사람은 심한 압박에 처해서도 자제력을 잃지 않는다. 바울은 자제력, 즉 자기 절제를 성령의 열매 가운데 하나로 제시했다(갈 5:23 참조). 잠언도 자제력을 강조한다. 예를 들어, 잠언 25장 28절은 "자기의 마음을 제어하지 아니하는 자는 성읍이 무너지고 성벽이 없는 것 같으니라"고 말씀한다. 자제력이 없는 사람은 마치 무방비상태에 놓인 것과 같다. 이밖에도, 잠언은 "노하기를 속히 하는 자는 어리석은 일을 행하고"(14:17), "마음이 조급한 자는 어리석음을 나타내느니라"(14:29), "어리석은 자는 그 노를 다 드러내어도 지혜로운 자는 그 노를 억제하느니라"(29:11), "네가 언어에 조급한 사람을 보느냐 그보다 미련한 자에게 오히려 바랄 것이 있느니라"(29:20)고 말씀한다. 자제력은 행동을 억제하는 힘을 말한다. 자제력을 잃으면 흥분할 일이 생겼을 때 이성을 잃고 만다. 그런 행동은 자신은 물론 다른 사람들에게 큰 피해를 입힌다.

일곱째, 지혜는 겸손이다. 겸손은 자제력과 밀접한 관련이 있다. 교만한 사람은 아집이 강하지만 겸손한 사람은 그렇지 않다. 겸손은 최소한 두 가지 의미로 요약된다. 즉, 자신이 변화시킬 수 없는 일을 겸허하게 수용하는 자세가 그 첫째요, 자신이 변화시킬 수 있는 일을 적극적으로 바꾸어 나가는 자세가 그 둘째다. 잠언 17장 10절은 "한 마디로 총명한 자를 경계하는 것이 매 백 개로 미련한 자를 때리는 것보다 더욱 깊이 박이느니라"고 말씀한다. 지혜로운 사람은 책망의 말을 주의 깊게 듣고 고맙게 받아들인다. 그래야만 좀 더 나은 삶을 살 수 있다고 생각하기 때문이다. 데렉 키드너는 "책망은 주는 것보다 받는 것이 더 행복한 몇 가지 일 가운데 하나다."[5]라고 말했다. 잠언 25장 12절("슬기로운 자의 책망은 청종하는 귀에 금고리와 정금 장식이니라")도 같은 교훈을 가르친다. 그 이유는 "생명의 경계를 듣는 귀는 지혜로운 자 가운데" 있기 때문이다(잠 15:31). 이처럼, 잠언의 지혜는 도덕적이며 영적인 미덕이다. 참 경건은 그와 같은 지혜에 뿌리를 두고 있다.

지금까지 지혜의 특성을 일곱 가지로 정리해 보았다. 하지만 지혜의 화신으로 세상에 오신 예수님을 거론하지 않는다면 이 논의는 결코 완전할 수 없다. 예수님은 인간의 모습으로 형상화한 살아 있는 지혜 그 자체셨다. 바울은 고린도 교회를 향해 "예수는 하나님께로서 나와서 우리에게 지혜와 의로움과 거룩함과 구속함이 되셨으니"(고전 1:30)라고 말했다. 바울은 골로새 신자들에게 보낸 서신에서도 하나님의 지혜가 그리스도를 통해 형상화되었다고 말한다(골 1:15-20 참조, 이 말씀은 성경에 기록된 가장 웅장한 송영 가운데 하나다). 바울은 그리스도를 높이 찬양한 뒤에 "하나님의 비밀인 그리스도를 깨닫게 하려 함이라 그 안에는 지혜와 지식의 모든 보화가 감추어 있느니라"(골 2:2, 3)고 말했다. 바울에 따르면, 지혜롭고 경건한 삶이란 곧 그리스도를 본받는 삶을 의미한다. 그리스도는 성육신을 통해 지혜로운 삶을 직접 가르쳐 주셨다.

신약성경의 지혜문학가 야고보는 "너희 중에 지혜와 총명이 있는 자가 누구뇨 그는 선행으로 말미암아 지혜의 온유함으로 그 행함을 보일지니라"(약 3:13)는 말로 지혜와 겸손에 관한 잠언의 가르침을 웅변적으로 역설했다. 온유함은 모든 상황을 겸손히 받아들이는 태도를 뜻한다. 온유한 사람은 하나님과 다투지 않고 그분의 섭리에 복종한다. 온유한 사람은 어떤 상황에서든 하나님의 분명한 계획이 있을 것이라고 확신한다. 또한, 인간의 생각으로는 도무지 어렵기만 한 상황에서도 하나님의 뜻대로 모든 것이 합력하여 선을 이룰 것임을 믿어 의심치 않는다. 온유한 사람은 하나님이 일을 해나가시는 방식을 전적으로 신뢰한다. 야고보는 온유함을 지혜의 특성으로 간주했다. 예를 들어, 그는 "오직 위로부터 난 지혜(즉, 하나님이 주시는 지혜요 그리스도를 본받는 지혜. 열심히 구하면 성령을 통해 그런 지혜를 얻을 수 있다)는 첫째 성결하고 다음에 화평하고 관용하고 양순하며 긍휼과 선한 열매가 가득하고 편벽과 거짓이 없나니"(약 3:17)라고 말한다. 지혜를 구하는 것은 곧 그리스도를 본받는 것을 의미한다. 그리스도를 본받는 것은 거룩하고, 경건하고, 성결하고,

신중하고, 순결하고, 온유하고, 자비로울 뿐 아니라 자제심과 분별력과 양식을 갖춘 삶을 뜻한다. 하나님은 그런 삶을 통해 우리를 의의 길로 인도하신다. 언약을 지키시는 하나님은 자신의 영광을 위해 그런 삶을 살아갈 수 있도록 우리를 축복하신다.

지혜의 실천

일상생활 속에서 지혜를 실천한다는 것은 항상 최선을 선택하는 것을 의미한다. 우리는 지혜의 실천을 세 가지 각도에서 살펴보고자 한다. 첫째는 지혜를 구하고, 둘째는 상황을 분석하고, 셋째는 행동으로 옮기는 것이다.

첫째, 우리는 항상 지혜를 구해야 한다. 야고보는 지혜를 구하라고 권고하면서 그 이유를 밝혔다. 야고보서 1장 2, 3절은 고난을 다룬다. 고난을 간단히 정의하면, 원하고 바라는 것 대신에 원하지도, 바라지도 않은 것을 얻게 된 상황을 말한다. 간절히 바라던 것을 얻지 못하면 우리는 고통스러워진다. 그런 경우, 우리는 고통을 최소화하고 가급적 피해를 줄일 수 있는 방법을 고민하게 된다. 예를 들어, 암 진단을 받은 사람은 의사가 진찰결과를 철회하고 "모든 것이 실수였습니다."라고 말해 주기를 바란다. 그가 가장 바라는 것은 전과 다름없이 죽는 날까지 건강한 몸으로 인생의 계획에 따라 열심히 살아가는 것이다. 하지만 그런 탈출구는 더 이상 존재하지 않는다. 그것이 그의 고통이자 고민이다. 이제 그는 최악의 상황에서 최선을 선택해야 한다. 하지만 어떤 선택도 만족스러울 수 없다. 그런 상황에서 우리는 어떻게 하나님의 인도를 구해야 할까?

야고보는 무엇보다도 인간의 관점에서 상황을 이해하려는 태도를 버려야 한다고 조언한다. "형제들아 너희가 여러 가지 시험을 만나거든 온전히 기쁘게 여기라"(약 1:2). 우리는 고난을 우리의 믿음을 단련하시기 위한 하나님의 시험으로 간주해야 한다. 하나님이 우리를 시험하시는 이유는 우리를 강하게 하시기 위해서다. 시련이 아무리 오래 지속되더라도 우리의 영적 성장을 위한 하나님의 배려로 알고 기꺼이 복종해야 한다(3, 4절). 물론, 야고보는 시련을 당하는 상황에서는 당황할 수밖에 없기 때문에 자신의 지혜로운 충고를 따르기가 어렵다는 점을 잘 알고 있었다. 따라서 그는 5, 6절에 "너희 중에 누구든지 지혜가 부족하거든(즉, 모든 균형감각을 잃은 탓에 시련 속에서 어떤 선택을 해야 할지 모르겠고, 기쁨도 발견할 수 없을 때는) 모든 사람에게 후히 주시고 꾸짖지 아니하시는 하나님께 구하라 그리하면 주시리라 오직 믿음으로 구하고 조금도 의심하지 말라"고 덧붙였다. 야고보는 믿음이 없이 하나님의 약속을 구해서는 안 된다고 경고했다. 그것은 마음이 둘로 갈려 생각이 지리멸렬한 상태를 의미한다. 우리는 항상 지혜를 구하여 하나님의 뜻대로 살고자 노력해야 한다. 믿음으로 지혜를 구하면 받을 것이다. 이보다 더 확실한 사실은 없다. 겸손하고 지혜로운 사람은 말로만 "하나님이 내 삶에서 일어나는 모든 일을 책임지신다고 믿어."라고 하지 않는다. 그는 욥처럼 원인과 이유를 알지 못하는 고난의 상황에서도 하나님의 계획을 신뢰하고 하나님께 감사와 찬양을 드린다. 우리는 시련 속에서 지혜를 구해야 한다. 지혜는 현재의 상황을 직시할 수 있는 용기(그것이 암이든, 실직이든, 이혼이든, 자녀의 방종이든 어떤 상황일지라도)와, 최선을 선택할 수 있는 혜안과, 하나님의 구원과 미래의 영광에 관한 약속을 믿고 기뻐할 수 있는 능력을 준다.

둘째, 우리는 상황을 지혜롭게 분석해야 한다. 지혜는 생각에 근거한다. 우리가 짊어져야 할 모든 책임을 잘 헤아려 최선을 다할 방법을 찾아야 한다. 지혜는 주어진 의무에 충실한 삶은 물론, 신중하게 생각해서 새롭게 헌신할 일을 찾으라고 요구한다. 지혜는 하나님과 다른 사람들을 위해 최선을 다할 수 있는 길을 모색하도록 유도한다. 기독교인의 삶에는 기본적인 의무와 책임이 존재한다. 예를 들면, 가족, 교회, 친구, 동료, 일에 대한 헌신이다. 물론, 약속을 지키는 것도 포함된다. 우리가 해야 할 의무와 책임을 냉철하게 분석할 수 있어야만 지혜로운 삶을 살 수 있다. 상황을 분석하다 보면 때로는 선택의 폭을 좁힐 수밖에 없는 한계에 부딪칠 때가 있다. 몇 가지 예를 들어 보자. 어떤 신학자가 승진의 기회가 찾아와서 이사를 가야 할 상황에 직면했다. 그런데 주거지를 옮길 경우, 아내가 그동안 하나님의 소명으로 믿고 행해 왔던 사역을 중단할 수밖에 없는 문제가 발생했다. 반면에, 아내가 다른 곳에서 교회를 섬기라는 부르심을 받아 교수 정년보장을 포기해야 했던 교수도 있었다. 또 어떤 사람은 아내의 건강을 위해 그동안 익숙했던 삶을 모두 정리해야 했다. 그런 상황에서는 지혜로운 상황분석을 통해 삶의 우선순위를 정해야 한다. 위에 언급한 세 사람은 자신의 개인적인 경력보다 "남편들아 아내 사랑하기를 그리스도께서 교회를 사랑하시고 위하여 자신을 주심같이 하라"(엡 5:25)는 말씀에 복종하는 길을 선택했다. 지혜로운 분석이 없이는 올바른 결정을 내릴 수 없다. 때로는 세례 요한처럼 다른 사람의 유익을 위해 뒤로 물러서는 길을 선택해야 할 때도 있다. 또한, "사람이 친구를 위하여 자기 목숨을 버리면 이에서 더 큰 사랑이 없나니"(요 15:13)라는 말씀에 복종해야 할 경우도 있을 수 있다. 어떤 경우든지, 우리는 하나님이 첫째가 되시고, 다른 사람이 둘째이며, 우리 자신이 셋째라는 기준에 따라 행동을 결정해야 한다. 이것이 성경이 요구하는 지혜의 길이다.

아울러, 지혜는 여러 가지 대안에 따른 각각의 결과를 신중히 견주어 보고, 가능한 한 우리 자신뿐 아니라 관련된 모든 사람과 하나님 나라와 그분의 영광에 기여할 수 있는 행동을 선택할 것을 요구한다. 지혜로운 신자는 마음과 뜻과 힘과 성품을 다해 하나님을 사랑하고, 이웃을 자신의 몸과 같이 사랑하라는 크고 첫째 되는 계명을 늘 염두에 두고, 여러 가지 대안과 그 결과를 주의 깊게 분석하여 행동한다. 사랑해야 할 이웃이 설혹 좋아할 수 없는 사람일지라도 달라질 것은 없다. 좋아하는 것과 사랑하는 것은 엄연히 다르다. 기독교인은 종종 좋아하지 않는 사람을 사랑하라는 하나님의 요구에 직면한다. 지혜로운 사람은 자신만이 아니라 하나님과 모든 사람을 유익하게 할 행동을 선택한다.

현명한 선택을 하려면 "예"와 "아니오"의 입장과 그 이유를 분명히 밝힐 필요가 있다. "예"와 "아니오"를 구별하는 것 역시 그리스도를 본받는 지혜에 속한다. 복음서에 기록된 예수님의 행적을 살펴보면, 예수님이 많은 사람들의 요구에 매순간 지혜롭게 대처하셨던 것을 알 수 있다. 예수님은 모든 상황에서 사람들을 진정으로 도울 수 있는 지혜롭고 현명한 방법을 선택하셨다. 그분의 지혜는 우리를 탄복시키고도 남는다.

인간의 몸을 입고 세상에 오신 예수님은 사람들의 요구를 들어주이야 할 때와 거절해야 할 때를 구별하셨다. 예수님의 행적을 추적해 보면, 한정된 시간을 최대한 선용하기 위해 사역의 우선순위를 신중하게 결정하셨던 그분의 지혜를 엿볼 수 있다. 그분의 선택은 항상 사랑과 지혜 안에서 이루어졌다. 한 가지 예를 들어 보자. 어느 날, 예수님은 많은 사람들을 상대로 말씀을 가르치셨다. 군중 가운데는 난해한 질문으로 예수님을 곤경에 빠뜨리기 위해 호시탐탐 기회를 엿보던 바리새인들이 있었다. 그러던 중, 몇몇 부모가 사람들의 틈을 비집고 자기 아이들을 예수님께 데려왔다. 그들은 예수님의 손길에 마술적인 힘이 담겨 있는 줄로 생각하고 예수님이 자기 아이들을 만져 주시기를 바랐다. 바로 그때, 군중 틈에서 제각기 임무를 수행하고 있던 제자들이 그들을 만류했다. 하나님의 나라, 임박한 죽음, 말세의 표적, 이혼과 결혼, 참된 기도의 본질 등 중요한 진리를 가르치고 계시는 예수님을 방해하지 말라는 뜻이었다. 하지만 예수님은 자신의 시간과 노력을 어떻게 사용하는 것이 최선일지를 생각하시고, 제자들이 중요하게 생각했던 가르침의 사역을 잠시 중단하셨다. 예수님은 심지어 제자들을 꾸짖기까지 하시며, 어린아이들에게 "안수하시고 축복하셨다"(막 10:13-16; 눅 18:15-17 참조). 아울러, 예수님은 어린아이들을 품에 안으시며, 하나님 나라에 들어가려면 어린아이와 같은 믿음을 가져야 한다고 가르치셨다(이는 가장 중요한 신학적 주제 가운데 하나다).

이 일화의 의미는 "하나님이 성인들보다 어린아이를 더 귀하게 보시는가? 말씀 사역보다 축복이 더 중요한가?"와 같은 단순한 문제에 국한되지 않는다. 이는 하나님 나라의 핵심원리를 드러낸다. 예수님은 부모들을 받아들이시고 그들의 어린 자녀들을 축복하셨을 뿐 아니라, 어린아이들을 품에 안으신 채 제자들에게 사랑의 돌봄을, 군중에게 믿음의 중요성을 일깨워 주셨다(일종의 실물교수법을 사용하신 셈이다). 우리는 복음서에서 예수님의 지혜로운 사랑을 거듭 확인할 수 있다. 우리도 예수님처럼 각각의 상황에서 하나님과 다른 사람들을 최대한 이롭게 할 수 있는 길을 선택해야 한다.

셋째, 우리는 지혜를 행동으로 옮겨야 한다. 하나님의 인도를 구하는 사람들 가운데는 혹시나 잘못된 선택으로 어려움을 당할까 봐 아예 행동 자체를 기피하는 이들이 있다. 하지만 행동하지 않는 것도 선택의 일종이다. 행동하지 않는 것은 아무것도 하지 않겠다는 결정이나 다름없다. 때로는 행동하지 않는 것이 올바른 결정일 때도 있지만, 대개는 책임회피에 불과하다. 행동하지 않으면 하나님 나라를 위해 이바지할 수 없고, 두려움에 사로잡힌 삶을 살아갈 가능성이 높다. 우리가 두 손을 놓고 있으면 악이 승리하는 결과를 낳는다.

예수님은 주인에게 재산을 위탁받은 종들에 관한 비유를 가르치셨다. 처음 두 종은 장사를 하여 재산을 크게 불렸다. 하지만 세 번째 종은 주인이 돌아올 때까지 돈을 수건에 싸 두었다가 도로 내밀었다(눅 19:11-27; 마 25:14-30). 주인은 장사하라고 맡긴 돈으로 아무것도 하지 않은 종에게 크게 분노했다. 우리에게도 지혜가 주어졌다. 우리는 하나님의 도우심을 구하며 지혜를 발휘해야 할 책임이 있다. 우리는 지혜를 실천에 옮겨야 한다. 심사숙고의 과정을 거쳐, 상황이 변할 때까지 당분간 하나님의 때를 기다리기로 결정했다면, 그것은 상관없다. 여러 가지 대안 중에 하나를 선택한 셈이나 마찬가지기 때문이다. 하지만 무조건 행동하지 않는 것은 옳지 않다. 우리는 매순간 하나님을 가장 기쁘시게 하고 영화롭게 할 수 있는 길을 선택해야 한다. 지혜는 건설적이고 진취적일 뿐 아니라 원칙을 준수하는 책임 있는 행동을 요구한다. 아무 행동도 하지 않고 무사안일을 꾀해서는 안 된다.

요약

결정과 선택을 하기 위해서는 대안들을 분석하고, 원리를 적용하고, 결과를 예상하고, 우선순위를 결정하고, 장단점을 비교하고, 조언을 받아들여 심사숙고하고, 자신의 능력과 한계를 파악하는 등 진지한 사고과정이 필요하다. 하지만 이를 모두 불필요하게 여기고, 오직 마음에서 들려오는 성령의 직접적인 명령을 통해 삶의 문제를 결정하고 선택한다는 그릇된 통념을 신봉하는 기독교인들이 적지 않다. 물론, 최선의 결정을 내리는 일은 처음부터 끝까지 성령의 사역에 의해 이루어진다. 하지만 성령은 일반적인 상황에서 이루어지는 사고활동, 즉 지성적인 판단과 선택의 과정을 무시하지 않으신다. 오히려, 성령은 그런 사고활동을 수단으로 삼아 주어진 상황에서 옳고 선한 것을 결정하도록 유도하신다.

우리는 4장에서 결정과 선택에 필요한 기본적인 태도를 논의한 바 있다. 성경에 계시된 하나님의 율법은 삶의 지표로 삼을 수 있는 도덕적인 규칙과 가치체계를 제시한다. 하나님의 율법은 우리에게 복종을 요구함과 동시에 행동의 한계를 부여한다. 한편, 이 장에서는 지혜의 필요성을 다루었다. 지혜는 하나님의 뜻을 받들고자 하는 마음에서 비롯하는 현명한 판단과 상식으로 정의될 수 있다. 물론, 그와 같은 사고 과정을 주도하시는 분은 성령이시다. 율법의 이상을 실현하고 일상생활 속에서 하나님의 나라와 그분의 영광을 구하려면 매사를 신중히 결정해야 하는데, 그러기 위해서는 지혜가 필요하다. 잠언을 비롯한 지혜 문학에서 알 수 있듯이, 지혜를 얻기 위해서는 삶의 현실을 솔직하게 이해하고 인정해야 한다.

타락한 인간은 결정을 내려야 할 상황에서 스스로 현혹되기 쉽다. 어리석게도, 우리는 곤란한 사실은 애써 외면하고 불완전한 양심에만 의존하는 경향이 있다. 우리는 우리 자신의 편의를 위해 예외 규칙을 적용하고, 듣고 싶은 말만 골라 듣고, 동기나 야망, 또는 경쟁심리 따위를 염두에 두지 않은 채 삶의 계획을 세우고 행동을 결정할 때가 많다. 결정을 내려야 할 때는 정직하고, 겸손하고, 신중해야 한다. 지혜가 없으면, 이 세 가지 미덕을 겸비하기 어렵다. 지혜가 있어야만 신중한 태도가 가능하다. 지혜를 얻으려면 조언을 달갑게 받아들여야 한다. 다음 장에서는 이 점에 대해 생각해 보기로 하자.

토 · 론 · 과 · 성 · 찰 · 을 · 위 · 한 · 문 · 제

1. 누군가의 지혜를 통해 도움을 받은 적이 있는가? 자신의 경험을 말해 보라.

2. 자신을 좀 더 지혜롭게 만들어 준 사건이 있었는가?

3. 저자는 "지혜의 역할"을 논하면서 "거듭난 신자는 창의적인 생각과 헌신을 통해 하나님과 이웃을 사랑과 진정으로 섬기고, 자족하는 마음으로 겸손히 행하며, 자신을 기꺼이 내어주고, 선택받은 백성이라는 자부심으로 살아가야 한다. 지혜로운 삶을 살며 기독교인의 의무를 이행한다는 것은 우리의 주님이시자 생명이신 그리스도가 우리의 거듭난 인격을 통해 자신을 드러내기를 원하신다는 사실을 더욱 생생히 깨닫는 것을 의미한다."고 말했다. 이 말은 지혜의 인도를 받는 기독교적 삶을 정의하고 있다. 이들 내용 가운데 하나를 선택하여, 그런 삶을 살게 될 때 자신의 삶이 어떻게 변할지 상상해 보라. 대화와 반성의 시간을 마친 뒤에는 위의 인용문 가운데 마지막 문장을 소리 내어 읽어라.

4. 지혜의 일곱 가지 특징에 관한 내용을 다시 읽어 보라. 그중에서 좀 더 깊이 경험하고 싶은 특징 하나를 선택한 뒤에 그 부분에 관한 내용을 읽어라. 이들 내용을 어떻게 활용하고 적용해야 좀 더 지혜로운 삶을 살 수 있을지를 생각해 보라.

5. "지혜로운 사람은 가르침과 교훈을 받아들이며 계속해서 더 나은 것을 배워 나간다." 자신이 관심을 갖는 사람이 이런 태도를 취하는 모습을 본 적이 있는가? 또, 자신의 삶에서 이런 태도가 절실히 필요한 분야가 있다면 무엇인가?

6. 사도 바울은 빌립보서 2장 13절에서 "너희 안에서 행하시는 이는 하나님 이시니 자기의 기쁘신 뜻을 위하여 너희로 소원을 두고 행하게 하시나니" 라고 말했다. 이 진리를 삶에 적용하면, 일과 지혜와 신앙생활에 어떤 변화가 일어날지 생각해 보라.

7. "우리는 시련 속에서 지혜를 구해야 한다. 지혜는 현재의 상황을 직시할 수 있는 용기(그것이 암이든, 실직이든, 이혼이든, 자녀의 방종이든 어떤 상황일지라도)와, 최선을 선택할 수 있는 혜안과, 하나님의 구원과 미래의 영광에 관한 약속을 믿고 기뻐할 수 있는 능력을 준다." 이 말이 자신의 현재 상황을 묘사한다면, 어떤 태도를 취하는 것이 바람직할지 생각해 보라.

8. 예수님은 가르침을 중단하고 어린아이를 축복함으로써 지혜의 길을 보여 주셨다. "하나님 나라의 원리"를 따르면 매사에 좀 더 현명한 결정을 내릴 수 있다. 자신의 삶에서 그런 경우가 있다면 찾아보라.

9. 마태복음 25장 14-30절에 기록된 "달란트 비유"를 읽어라. "달란트"라는 용어를 "지혜"로 대체한다면, 삶의 문제를 결정할 때 어떤 태도를 취해야 할까?

10. 현재 지혜가 가장 필요한 문제를 생각해 보고, 하나님께 필요한 지혜를 구하라.

사람들의 조언을 통해 하나님의 뜻을 분별하려는 목적은
가장 합당한 행동을 결정함으로써 우리와 다른 사람들의 삶 속에
그분의 영광을 드러내기 위해서다.

성숙한 조언

"도략이 없으면 백성이 망하여도 모사가 많으면 평안을 누리느니라"(잠 11:14).

우리는 지금까지 사랑의 하나님이 우리를 의의 길로 인도하신다고 약속하신 내용을 살펴보았다(성부와 성자와 성령으로 존재하시는 삼위일체 하나님은 우리를 죄에서 구원하시어 영원한 고향으로 인도하신다. 하나님의 인도는 삼위일체 하나님의 공동사역에 의해 이루어진다). 우리는 어디에 있든지, 또 무슨 일을 하든지, 삶의 문제를 결정할 때나, 결정한 대로 살아가는 과정에서나 늘 영광의 하나님을 기쁘시게 해야 한다. "다른 결정을 내렸으면 지금 이런 상황에 처하지 않았을 텐데."라는 후회가 밀려올 때나 상황을 변화시킬 능력이 없다고 생각될 때도 하나님은 여전히 우리와 함께 계시며, 우리의 길을 인도하시며, 한 걸음씩 앞으로 나아갈 때마다 필요한 도움을 아낌없이 제공해 주신다. 구부러진 길을 지날 때나 인생의 교차로에서 선뜻 하나님의 인도와 능력을 구하지 못하고 주저할 때에도 그분은 우리를 홀로 두고 떠나지 않으신다.

하나님은 "자기 이름을 위하여" 우리를 인도하고 돌보겠다고 약속하신다. 하나님은 일찍이 모세에게 "자비롭고 은혜롭고 노하기를 더디 하고 인자와 진실이 많은" 존재로 자신을 계시하셨다(출 34:6, 7). 하나님은 그때나 지금이나 하나도 변하지 않으셨다. 하나님의 이름은 성경에 계시된 그분의 본성을 나타낸다. 하나님은 항상 진실하시며, 한번 하신 약속은 반드시 지키신다. 따라서 하나님의 인도를 끊임없이 사고가 나는 빙판길처럼 두렵게 생각할 필요가 전혀 없다. 하나님은 무한히 은혜로우시다. 따라서 우리는 일상생활 속에서 안심하고 하나님의 인도를 구할 수 있다.

하나님은 우리를 인도하시는 수단을 몇 가지로 정해 놓으셨다. 첫 번째는 성경이며, 두 번째는 성경의 행동원리를 분별하고, 소화하고, 적용하는 지혜이며, 세 번째는 그리스도의 몸에 속한 동료 신자들의 조언이다. 사람은 누구나 스스로 의식하지 못하는 맹점과 결점이 있다. 따라서 중요한 문제를 결정해야 할 때는 겸손한 태도로 다른 사람들의 조언을 구하는 것이 필요하다. 즉, 다른 사람들의 의견을 물어 우리의 생각을 저울질하고, 그들의 제안을 토대로 여러 대안을 검토해야 한다. 다른 사람의 조언을 구해야만 실수를 줄일 수 있다. 경험 있는 전문가들이 기업의 자문위원으로, 또는 스포츠 팀의 코치로 영입되는 이유가 여기에 있다. 신앙생활도 마찬가지다. 동료 신자들의 상태를 점검하고 조언해 주는 것은 기독교인의 의무 가운데 하나다.

개성과 개인주의

 최초의 영어사전을 펴냈던 새뮤얼 존슨은 한때 스코틀랜드 사람이 싫다고 말한 적이 있었다. 그의 친구 보스웰은 자기 역시 스코틀랜드 출신이라면서 새뮤얼의 말에 불쾌감을 드러냈다. 그러자 존슨은 "그러니까 자네도 별수 없지." 하는 태도를 취했다. 이처럼, 모든 사람은 어쩔 수 없이 자신이 속한 시대의 산물일 수밖에 없다. 우리는 끊임없이 우리가 살고 숨 쉬는 문화에 의해 지배를 받는다. 오늘날의 서구사회는 개성과 개인주의를 구분하는 법을 알지도, 가르치지도 못할뿐더러 심지어 방해하기까지 한다. 서구문화는 개성의 계발과 발전을 개인주의와 동일시한다. 개인주의란 외부의 권위나 전통을 의식적으로 거부하고, 사회적인 기대를 아랑곳하지 않은 채 오로지 자신의 생각과 일에만 몰두하는 태도를 가리킨다. 현대의 실존주의 철학은 대중과 구별되어야만 참 자아를 회복할 수 있다는 신념을 부추겼고, 포스트모더니즘은 보편적인 진리를 주장하는 것은 곧 선의를 가장한 권력 행사일 뿐이라며 "내가 믿는 진리와 네가 믿는 진리가 굳이 일치해야 할 필요가 없다."는 신념을 불어넣었다. 이렇듯, 실존주의와 포스트모더니즘은 개인의 삶에 비중을 둠으로써 개인주의를 더욱 발전, 심화시켰다.

 이러한 사고방식의 기조에는 개성을 개인주의와 동일시하는 잘못된 신념이 깔려 있다. 개인주의는 다른 사람들의 생각을 거부하고 오직 자신의 생각만을 주장하며, 소위 영성이라는 이름으로 내면을 성찰하고 표현하는 데 치중한다. 한마디로, 개인주의의 특성은 고립과 반항에 있다. 대중가수들의 노랫말, 과거를 비판하는 학교 교사나 대학 교수들의 태도, 자기 계발을 가르치는 교사들과 대중매체를 통해 전달되는 그들의 주장, 자유를 주제로 한 막연한 대화 등은 이런 사고를 더욱 부추긴다. 기독교인들도 동시대 문화의 영향권에서 벗어날 수 없기에 스스로를 부족하게 여겨 조언이 필요할 때 조언을 구하고, 조언을 달게 받는 겸손한 태도를 지니기가 매우 어렵다. 이것이 우리의 당면문제다.

사실, 개성과 개인주의는 본질적으로 다르다. 그리스도의 복음은 개인주의를 배격하지만 개성의 계발은 독려한다. 이 점을 이해하는 것은 매우 중요하다. 복음은 개인적인 책임을 상기시켜 준다. 우리는 장차 있을 심판을 염두에 두고 하나님 앞에 홀로 나와 각자 자신의 죄와 어리석음을 고백해야 한다. 이 일은 다른 사람이 대신해 줄 수 없다. 예이츠는 죄와 어리석음을 "온갖 더러운 넝마가 꽉 들어차 있는 마음속의 고물상"으로 표현했다. 그곳에서부터 모든 죄와 불의가 쏟아져 나온다. 그리스도를 믿어 구원을 받아야만 비로소 용서받은 죄인의 신분으로 성부와 성자 앞에서 책임 있고 양심적인 삶을 살기 위해 노력하고, "나 같은 비참한 죄인을 구원하신 하나님의 놀라운 은혜"에 감사할 수 있다.

하지만 복음은 개인주의를 경계한다. 복음은 우리의 연약함과 한계를 겸손히 받아들이라고 말한다. 혼자서 행하면 실족하기 쉽다. 하나님이 그리스도의 몸 안에서 서로 교제를 나누게 하신 이유는 서로 도움을 주고받게 하시기 위해서다. 혼자서도 만족할 수 있다는 교만한 생각은 개인주의를 낳지만, 현실을 인정하는 겸손함은 공동체 안에서 상호연합을 추구함으로써 필요한 도움을 주고받는다. 조언을 구하고 받아들이며, 격려의 말뿐 아니라 뼈아픈 충고에도 귀를 기울이는 등 양 방향의 의사소통이 원활하게 이루어져야만 모두가 건강한 삶을 살아갈 수 있다. 이는 그리스도의 제자직을 구성하는 중요한 요소 가운데 하나다.

서구사회의 개인주의는 이와는 상반된 태도를 요구한다. 필립스의 번역 문구를 빌려 말하면, 오늘날의 세상은 끊임없이 우리를 "자신의 틀 속에 우겨넣으려고"(롬 12:2) 한다. 따라서 하나님의 뜻을 분별하여 행하려면 자기 만족과 고립주의를 지향하는 세상 문화를 단호히 배격하고, 서로 도움과 조언을 주고받으며 살겠다는 확고한 의지가 필요하다. 고립주의는 마치 바이러스처럼 우리의 사고방식을 감염시킨다. 우리는 항상 감염된 부분을 찾아내 제거하고 올바른 사고방식을 회복하려고 노력해야 한다. 개인주의의 핵심에는 교만이 놓여 있다. 교만은 만족해하는 마음을 부추김으로써, 스스로 부족함을 깨닫고 도움을 구하지 못하게 방해한다. 우리는 교만을 버리고 겸손해야 한다.

교제와 우정

우리는 성도의 교제 안에서 동료 신자의 조언을 구해야만 최선의 결정을 내릴 수 있다. 그러면, 흔히 회자되는 "교제"란 과연 무슨 의미일까? 기독교인들은 대개 교제를 예배 전이나 후, 또는 각종 모임에서 느긋하게 커피 잔을 기울이며 담소를 나누는 것으로 이해한다. 하지만 그런 식으로 생각하면 교제를 통해 지혜로운 조언을 구할 가능성이 희박해진다. 신약성경 저자들이 생각하는 교제의 의미는 담소의 차원을 훨씬 뛰어넘는다. 교제를 뜻하는 헬라어 "코이노니아"는 하나님이 각 사람에게 허락하신 것을 서로 나누는 것을 의미한다. 너와 내가 서로 나누고 싶은 것을 주고받음으로써 처음 대화를 시작했을 때보다 더 풍성해지고, 더 큰 용기와 위로를 얻게 되는 것이 바로 교제다. 코이노니아를 나누면 서로 유익을 얻는다. 교제의 동기는 사랑, 존경, 선의, 서로를 섬기려는 마음이다. 교제는 거듭난 신자들, 즉 그리스도의 몸에 속한 지체들에게 부활의 생명을 불어넣음으로써 각자의 기능을 다할 수 있도록 해준다. 즉, 교제는 신자들을 통해 신자들을 돕는 그리스도의 사역이다. 이런 점에서 교제는 그리스도 안에서 형제와 자매가 된 사람들, 즉 하나님의 가족이 된 사람들에게 주어진 초자연적인 선물이다. 성도의 교제를 실천하려면 다른 사람들의 필요와 행복에 관심을 기울여야 한다. 받았으면 주고, 주었으면 또한 받을 줄 알아야만 교제가 성립된다. 그렇게 하면, 지혜로운 결정을 내릴 수 있고, 모두가 더 풍요로워질 수 있다.

교회는 성도의 교제가 이루어지는 장소다. 우리는 교회 안에서 우리를 향하신 하나님의 뜻을 분별하고, 또한 확증한다. 때로는 교회를 통해 하나님의 직접적인 명령이 하달되기도 한다. 수리아 안디옥 교회의 지도자들은 바울과 바나바의 선교사역을 후원하라는 하나님의 부르심을 받았다. 그들은 두 사람에게 안수하고 그들을 선교사로 파송했다(행 13:3 참조). 안수는 파송 결정을 위한 코이노니아를 상징하는 행위였다. 바울과 바나바는 그들의 행동을 매우 의미 있게 받아들였다. 이처럼 교회 내에서는 종종 신자들과 관련된 중요한 문제가 결정되곤 한다. 그런 일은 모두 성도의 교제에 해당한다.

서구사회의 교회들은 중요한 결정에 직면한 개인을 교회 안에서 지혜와 깨달음을 모아 도와주어야 한다는 생각을 쉽게 받아들이지 않는다. 이 점에 있어서는 아프리카, 아시아, 라틴 아메리카의 교회들이 훨씬 더 앞서 있다. 하나님은 같은 교회 안에 사회적, 문화적, 인종적 배경은 물론, 연령과 성별이 다른 사람들을 모아 놓으셨다. 그들은 그리스도의 몸을 구성하고, 제각기 지체로서 활동한다. 교회성장 전문가들이 강조하는 "동종의 원리"(즉, 같은 것끼리 서로를 잡아당긴다, 또는 같은 깃털을 지닌 새들끼리 함께 모인다는 원리)는 교회가 처음 시작되었을 때만 타당할 뿐, 일단 교회가 성장하여 자립 단계에 이르면 오히려 성령의 역사와 질적인 성장을 방해하는 요소로 작용할 때가 적지 않다. 하나님은 모두 똑같은 사람들로 구성된 교회를 원치 않으신다. 이는 그분이 우리가 좋아하는 사람끼리만 우정을 나누기를 원치 않으시는 것과 같다. 오히려 하나님은 다양한 사람들로 구성된 교회를 원하시며, 그 안에서 서로 도움과 조언과 생각을 주고받으며 그분의 뜻을 분별할 수 있기를 바라신다.

중요한 결정을 내릴 때는 우리가 간과하기 쉬운 사실을 상기시켜 줄 사람이 필요하다. 즉, 결정에 필요한 제반사항이나 문제점, 또는 우리가 미처 생각지 못한 상황이나 사람들에 대한 배려와 관심을 일깨워 줄 사람, 우리가 우리 자신의 장단점을 현실적으로 파악하고 있는지, 또 우리가 생각하는 일이 실제로 가능한지를 일러 줄 사람, 우리의 동기를 돌아보아 미처 깨닫지 못한 이기적인 마음이 있는지를 일깨워 줄 사람들이 필요하다. 하나님은 그리스도의 몸에 속한 다양한 지체들과의 교제를 통해 필요한 도움을 최대로 지원받기를 원하신다. 하나님은 교회를 통해 보호와 인도를 받게 하신다. 또한, 우리의 결정이 거꾸로 교회에 영향을 미치기도 한다. 이런 점에서 교회는 우리의 영적 친구나 다름없다.

　코이노니아도 기독교의 다른 미덕들과 마찬가지로 오용되거나 무가치하게 전락할 가능성이 있다. 예를 들어, 어떤 젊은이는 한 번도 본 적이 없는 미망인 여선교사에게 자기와 결혼하는 것이 하나님의 뜻이니 기쁘게 그분의 뜻을 받아들이라는 내용의 편지를 써 보냈다(물론, 그녀는 답장을 보내지 않았다).[1] 이밖에도, 성도의 교제라는 명목을 내세워 말도 안 되는 조언이나 제안, 또는 요구를 제시하는 사례가 얼마든지 있을 수 있다. 믿음이 좋다고 해서 합리적인 생각을 한다는 보장은 없다. 또, 선의의 조언이라고 해서 모두 좋은 조언은 아니다. 우리를 잘 알지 못하는 동료 신자의 조언은 특히 그럴 가능성이 높다. 하지만 친밀한 동료 신자의 조언은 가볍게 취급해서는 안 된다.

　그리스도 안에서 우정을 나누는 것은 단순한 교제의 차원을 뛰어넘는다. 신앙의 동지를 만나는 것은 매우 귀한 일이다. 외로움은 삶을 비참하게 만든다. 우리 모두는 친구를 필요로 한다. 세상 사람들도 친구가 필요하지만, 기독교인의 경우에는 더더욱 친구가 필요하다. 우정은 서로의 관심과 목적과 재능과 태도를 공유하고, 서로의 독특한 성격에 자극을 받고 매력을 느낄 때 형성된다. 우정 관계가 성립되면, 그들은 함께 어울리기를 좋아한다. 앞서 살펴본 대로, 성도의 교제는 "서로를 돌보는 것", 즉 서로를 섬기고, 서로의 것을 함께 나누고, 서로의 유익을 위해 조력하는 것을 의미한다. 성도의 우정은 함께 어울리고 사랑을 나눔으로써 서로 활력과 풍성한 기쁨을 느끼는 것을 의미한다. 서로에 대한 신뢰가 없으면 친구 관계는 성립되지 않는다. 친구가 되려면 서로를 깊이 신뢰하며 솔직하고 투명한 태도를 취해야 한다. 성도의 교제는 동정심을 나누는 것이기 때문에 자칫 고갈될 위험이 있지만, 성도의 우정은 동정심을 뛰어넘어 공감의 차원을 지향하기 때문에 서로 격려하고 용기를 준다. 우정은 친밀하고, 의도적이며, 영구적이다. "먼 친구"나 "일시적인 우정"과 같은 말은 모순된 표현이다. 지인은 잠시 알게 된 사이를 말하지만, 친구는 그렇지 않다. 교제는 당장에 필요한 것을 충족시켜 줄 뿐이지만, 우정은 지속적이며 시간이 갈수록 더욱 깊어진다. 교제를 통해 베푸는 것은 일방적일 수 있지만(바울과 신자들의 관계에서 이 같은 사실을 더러 확인할 수 있다. 고후 6:11-13, 7:2, 3, 12:14, 15 참조), 우정을 통해 베푸는 것은 다윗과 요나단처럼 완벽한 상호관계를 바탕으로 한다 (삼상 18:1-4, 19:1-7, 20장, 23:15, 16; 삼하 1:26 참조). 우리는 수십 명, 아니 수백 명의 신자들과 교제를 나눌 수 있다. 하지만 우정은 많은 사람들과 한꺼번에 나누기 어렵다. 우정은 우리가 선택한 사람들에게만 국한된다. 깊은 우정으로 서로를 소중하게 생각하는 관계는 그리 많지 않다. 왜냐하면 우정은 많은 노력과 희생을 요구할뿐더러 서로 많은 것을 주고받을 수 있는 관계를 지향하기 때문이다.

 하나님이 친구 관계를 통해 우리를 보호하시고 인도하시기를 기대하는 것은 지극히 당연한 일이다. 경건한 친구는 하나님의 은혜 안에서 우리를 바라보고, 많은 친절을 베풀며, 장점은 독려하고 약점은 보완해 준다. 동정심이 많은 친구는 고통을 함께 짊어짐으로써 많은 위로를 준다. 명랑한 친구는 우리와 함께 기뻐 웃고, 사랑이 많은 친구는 거룩하신 하나님의 눈을 통해 우리를 바라보며 우리의 부족함을 일깨워 주고 서로 친구가 되어 살아가는 의미를 일깨워 준다(물론, 여기에는 우리가 고백하는 하나님과의 우정도 포함된다).

하지만 인간 친구는 그저 인간일 뿐이다. 친구를 뜻하는 "friend"라는 친밀한 단어에서 "r"을 빼면 악마를 뜻하는 "fiend"가 된다. 이 사실을 생각하면 자신도 모르게 피식하고 웃음이 새어 나올 것이다. 친구는 우리의 삶을 가볍게 해주고 경건한 삶을 독려한다. 하지만 친구의 조언이 항상 지혜로우리라는 보장은 없다. 친구의 도움을 구할 때는 이 점을 기억해야 한다. 친구의 지혜롭지 못한 조언은 도움이 되기보다 해가 될 가능성이 높다. 하나님의 뜻을 분별해야 할 상황에서는 특히 그렇다. 하지만 그럼에도 불구하고, 친구의 조언을 구하는 것은 지혜로운 태도다. 왜냐하면 우리는 중요한 요소들을 쉽게 간과하는 경향이 있기 때문이다. 이 장 서두에 인용한 성경말씀대로 "모사가 많으면 평안을 누린다."

논의를 좀 더 발전시키기에 앞서 두 가지를 더 생각해 보기로 하자. 첫째, 하나님이 우리 앞에 열어 주신 지혜의 길은 다른 사람들이나 심지어 도움을 구한 친구들이 보기에 전혀 지혜롭지 않아 보일 수 있다. 몇 가지 예를 들어 보자. 헤럴드와 지닛은 이미 세 자녀를 키우고 있는 상황에서 걸음마도 잘 못하는 아이들을 셋씩이나 더 입양할 생각이었다. 더구나 그들의 나이는 사십 대 중반에 접어들었고, 입양할 아이들은 인종도 다르고 생김새도 정상이 아니었다. 과연 사람들은 그들이 지혜롭다고 생각할까? 은퇴한 선교사 로버트는 근검절약한 삶을 살면서도 직접 선교사역에 동참하지 못한다는 이유로 수입의 절반을 선교단체에 기부했고, 에이즈가 창궐한 케냐의 한 마을에 살고 있는 마리아라는 기독교인 여성은 손바닥만한 경작지에서 채소를 기르면서 고아가 된 다섯 손자들을 돌보고 있다.[2] 과연 그들은 다른 사람들의 눈에 지혜로운 삶을 살고 있는 것처럼 보일까?

최선의 결과를 기대하며 매사에 하나님의 지혜를 구하며 살아가는 용감한 기독교인들이 도처에 많다. 그들은 늘 다음과 같은 생각을 한다. '하나님의 영광과 다른 사람들의 유익을 위해 내가 할 수 있는 최선은 무엇일까? 하나님의 능력과 진리를 전하고, 주 예수 그리스도의 은혜를 널리 알리려면 어떻게 하는 것이 가장 좋을까? 성급하게 하나님보다 앞서 나가려고 해서도 안 되고, 쉽고 편한 길만 선택해서도 곤란해. 또, 무관심과 게으름으로 하나님의 영광을 가리는 일도 없어야 해. 주님, 주님을 위해 제가 할 수 있는 최선이 무엇인지 알게 해주소서.' 이런 생각을 하며 살다 보면 다른 사람들의 눈에 전혀 지혜롭지 않게 비칠 수도 있다. 자기 보호를 추구하는 세상의 지혜로는 그런 고귀한 생각을 헤아리기 어렵다. 사람들의 눈에는 지혜롭지 않아 보여도 하나님의 눈에는 지혜로운 삶이 얼마든지 가능하다.

둘째, 스스로 깊이 생각하지 않고 무조건 다른 사람의 조언에만 의존해서는 곤란하다. 우리는 여러 가지 대안과 선택의 범위를 스스로 깊이 생각해야 한다. 가만히 앉아서 수동적으로 하나님의 인도를 기다리거나 마음에서 하나님의 음성이 들려올 때까지 아무 노력도 기울이지 않는 것은 올바른 태도가 아니다. 더 이상의 생각이나 기도를 해보지 않고 친구의 조언을 무비판적으로 수용한다면 잘못을 저지르기 쉽다. 우리는 주님 앞에서 진지하게 생각하는 태도를 영적 훈련에 포함시키지 않는 경향이 있다. 하지만 하나님의 뜻을 분별하려면 다른 사람들의 조언을 신중하게 검토하는 태도가 필요하다. 라일 주교의 경험은 이 문제와 관련해 시사하는 바가 크다.

하나님의 손길 – 라일 주교의 경험

라일은 성공회의 복음주의 지도자로서 리버풀의 주교(1880–1900)를 역임했다. 성직자로서 성공을 거두었던 그는 60대 초반에 솔즈베리 교회당의 감독직을 제의받았다(성공회의 주교직이나 감독직은 예나 지금이나 여왕이 수상을 통해 임명한다).[3] 할 일은 많지 않지만 만인이 우러러보는 직위를 맡아 여유 있는 말년을 보낼 수 있다는 것은 매혹적인 일이었다. 안소니 트롤럽의 『바체스터 타워스』에 묘사된 대로, 당시의 감독들은 돌아가면서 예배를 주관했고, 남은 시간은 개인적으로 사용할 수 있었다.

하지만 라일은 복음주의 성직자로서 고립된 상황에 놓여 있었지만 노리치 교구를 떠나 솔즈베리로 가고 싶은 생각이 없었다. 지혜가 필요했던 그는 친구들의 의견을 물었고, 나중에 한 친구에게 그 결과를 편지로 적어 보냈다. 그 내용을 잠시 엿보면 다음과 같다. "본능적으로는 그 제안(즉, 솔즈베리로 가는 문제)을 거부하고 싶었지만 의견을 구한 열여섯 명의 친구들이 한결같이 영국 성공회와 그리스도를 위해 그곳에 가야 한다는 의견을 들려주었네. 내가 그들의 의견을 어떻게 거부할 수 있겠는가? 나는 하나님께 빛과 표적을 열심히 구했지만, 돌아온 것은 똑같은 대답뿐이었네. 세 사람만 제안을 거부하라고 말했다면, 나는 기꺼이 거부했을 것이네. 대교회당의 음악은 내 취향에 맞지 않네. 나는 이제 말벌의 둥지를 찾아 홀로 서 있어야 할 운명일세." 라일은 마음이 내키지 않았지만 의견을 물은 친구들이 모두 똑같은 대답을 해오자 결국 제안을 받아들여 솔즈베리로 떠날 채비를 했다. 그는 교인들에게 이주 의사를 밝혔고, 엄숙한 송별회가 준비되었다.

그러는 동안, 수상으로부터 모일모시(1880년 4월 16일)에 런던으로 오라는 전보가 날아왔다. 그날, 리버풀의 국회의원이 플랫폼에서 그를 접견했다. 그 국회의원은 일주일이 채 못 되어 정권이 바뀔 텐데, 그 전에 라일을 리버풀의 첫 번째 주교로 임명하고 싶다는 의사를 밝혀 왔다. 리버풀은 당시 지나치게 비대한 체스터 교구를 나누어 새로 만든 교구였다. 라일은 도시를 복음사역의 근거지로 삼아 50만에 달하는 리버풀 사람들에게 복음을 전할 수 있는 절호의 기회가 찾아왔다고 판단해, 더 이상 다른 사람들의 의견을 묻지 않고 선뜻 제의를 수락했다. "성공회 교구 내에서 그리스도의 복음사역을 확장할 수 있는" 새로운 기회가 찾아오자, 그는 조금도 망설이지 않고 결정을 내렸다. 하나님이 솔즈베리의 감독직보다 훨씬 더 큰 영향력을 발휘할 수 있는 기회를 허락하셨다는 확신이 들었기 때문이다. 당시 리버풀은 사역을 위한 기반시설이나 조직이 전혀 구축되어 있지 않은 황무지였지만, 라일은 맨손으로 뛰어들어 그곳을 잉글랜드에서 가장 중요하고 견실한 교구로 성장시켜 오늘에 이르게 했다.

돌이켜 보면, 그 과정에서 하나님의 손길을 발견하는 것은 그리 어렵지 않다. 솔즈베리에 가는 어려운 결정에 직면하지 않았다면, 라일은 정부가 제안한 리버풀의 주교직을 선뜻 수락하지 못했을 것이 틀림없다. 또한, 그가 처음에 다른 사람들의 의견을 구하지 않고 자신의 판단에 따랐다면, 솔즈베리에 가겠다는 결정을 내리지도 않았을 것이다. 라일의 경우에서 보듯이, 하나님의 인도는 종종 단계별로 이루어진다. 하나님은 그 과정에서 자기를 부인하고, 겸손히 인내하는 태도를 가르치신다. 하나님의 지혜로운 섭리는 모든 과정이 다 끝날 때까지 겉으로 명백히 드러나지 않는다.

이제, 성경을 중심으로 세 가지 원리, 즉 조언 구하기, 심사숙고하기, 신중한 실천을 차례로 살펴보기로 하자.

첫 번째 원리 : 조언 구하기

잠언에는 아직도 살펴볼 내용이 많이 남아 있다. 사실, 잠언은 아무리 연구해도 끝이 없다. 잠언은 지혜를 구하라고 거듭 촉구함과 동시에 지혜로운 자들의 조언을 구함으로써 자만심을 갖지 않는 것이 지혜의 길이라고 강조한다. 어리석은 행동은 모두 자만심에서 비롯한다.

"미련한 자는 자기 행위를 바른 줄로 여기나 지혜로운 자는 권고를 듣느니라"_12:15.

"도략이 없으면 백성이 망하여도 모사가 많으면 평안을 누리느니라"_11:14.

"의논이 없으면 경영이 파하고 모사가 많으면 경영이 성립하느니라"_15:22.

"너는 권고를 들으며 훈계를 받으라 그리하면 네가 필경은 지혜롭게 되리라"_19:20.

"지혜 있는 자의 혀는 지식을 선히 베풀고 미련한 자의 입은 미련한 것을 쏟느니라"_15:2.

결정해야 할 문제가 중대하고 파급력이 클수록 조언의 필요성도 그만큼 더 커진다. 예를 들어, 배우자를 선택하는 문제는 중대한 결정이기 때문에 반드시 조언을 구해야 한다. 옛 성공회 기도서는 배우자를 결정하는 문제와 관련해, "사람들의 조언을 무시하고 음란하고 경망스런 태도로 결정을 내려서는 안 된다. ……하나님을 경외하는 마음과 경건하고 분별 있는 태도와 맑은 정신으로 조언을 구해야 마땅하다."라고 밝혔다. 그런 경우에는 두 사람을 잘 알고 있는 사람들, 즉 그들의 관계를 위협할 수 있는 그릇된 동기나 미처 생각지 못한 문제는 없는지, 또한 그들이 서로 잘 어울리는지를 올바로 판단해 줄 사람들의 조언이 필요하다.

많은 사람에게 큰 해를 끼칠 수 있는 중대한 결정을 하나 더 예로 들면, 전시에 국가를 지휘할 지도자를 선택하는 일이다. 잠언은 이미 3천 년 전에 이 문제에 관해 "무릇 경영은 의논함으로 성취하나니 모략을 베풀고 전쟁할지니라"(20:18)고 충고했다.

원리는 분명하다. 이를 구체적으로 예시하는 성경의 사례 몇 가지를 살펴보기로 하자. 이드로는 미디안의 제사장이었다. 그는 이스라엘 백성이 애굽을 탈출한 뒤에 모세를 찾아왔다(출 18장 참조). 사위인 모세가 많은 백성을 거느리고 광야로 나왔다는 소식을 들었기 때문이다. 이드로는 딸 십보라와 두 손자를 데리고 광야에서 모세를 맞이했다. 두 사람은 서로 인사를 나눈 뒤에 음식을 먹으면서 그동안의 회포를 풀었다. 그런 다음, 그들은 장막에 함께 앉았다. 모세는 이드로에게 출애굽의 과정을 소상히 설명했다. 대화가 끝날 무렵, 이드로는 "여호와를 찬송하리로다 너희를 애굽 사람의 손에서와 바로의 손에서 건져내시고……

이제 내가 알았도다 여호와는 모든 신보다 크시므로……"(18:10, 11)라고 하며 이스라엘의 하나님을 찬양했다. 이드로는 하나님께 번제를 드렸고, 나중에 아론과 이스라엘의 장로들과 함께 만찬을 즐겼다.

다음 날, 모세는 직무를 행하기 위해 밖으로 나갔다. 이드로도 그를 따라나섰다. 그날은 두 사람 모두에게 고된 하루였다. 성경은 그 모든 과정을 이렇게 설명한다. "이튿날에 모세가 백성을 재판하느라고 앉았고 백성은 아침부터 저녁까지 모세의 곁에 섰는지라 모세의 장인이 모세가 백성에게 행하는 모든 일을 보고 가로되……어찌하여 그대는 홀로 앉았고 백성은 아침부터 저녁까지 그대의 곁에 섰느뇨 모세가 그 장인에게 대답하되 백성이 하나님께 물으려고 내게로 옴이라 그들이 일이 있으면 내게로 오나니 내가 그 양편을 판단하여 하나님의 율례와 법도를 알게 하나이다"(18:13-16).

하나님은 모세로 하여금 애굽에서 종살이하던 백성을 구원하여 광야를 지나 약속의 땅으로 인도하게 하셨다. 많은 사람이 함께 모여 있으면 자연히 온갖 문제가 발생하기 마련이다. 이스라엘 백성도 여러 가지 문제로 서로 갈등을 겪었다. 모세는 지도자였기 때문에 그 모든 갈등을 처리해야 했다. 그는 사람들이 하나님의 뜻을 분별할 수 있도록 도와주었다. 그는 논쟁을 해결하는 재판관의 역할과 하나님의 율법을 해석하는 교사의 역할을 감당했다. 그는 날마다 온종일 그 일에 매달려야 했다. 백성들이 아침부터 줄을 지어 몰려왔기 때문이다. 모세는 밤마다 기진맥진한 몸으로 잠자리에 들어야 했다. 비록 몸은 피곤했지만 나름대로 자부심과 성취감과 의무감을 느끼고 하루하루 버텨 나갔다. 백성들은 모세를 존경했다. 모세는 거룩하신 하나님을 충실히 섬기며 의롭게 살도록 백성을 인도했다. 그는 하나님이 자신을 기뻐하시리라고 확신했다. 하지만 이드로의 생각은 달랐다. "모세의 장인이 그에게 이르되 그대의 하는 것이 선하지 못하도다 그대와 그대와 함께한 이 백성이 필연 기력이 쇠하리니 이 일이 그대에게 너무 중함이라 그대가 혼자 할 수 없으리라 이제 내 말을 들으라 내가 그대에게 방침을 가르치리니 하나님이 그대와 함께 계실지로다"(18:17-19). 언뜻 보면 장인이 사위의 일에 쓸데없이 간섭하는 것처럼 들린다. 더욱이, 이드로는 모세의 삶에서 가장 중요한 비중을 차지하는 일을 간섭했다. 그는 하나님을 믿은 지 얼마 안 된 상태에서 하나님의 소명을 이행하는 모세를 가르치려 들었다. 하지만 엄밀히 따지면, 이드로의 간섭을 재촉한 것은 모세 자신이었다. 모세는 지난 몇 주 동안 장막 안에서 이드로와 친밀한 대화를 나누면서 하나님이 하시는 일을 설명했다. 말하자면, 부지불식간에 이드로의 조언을 구한 셈이었다. 이드로는 당연히 자신의 의견을 말할 수밖에 없었다. 모세가 직접 조언을 구하지는 않았지만, 이드로는 "내 말을 들으라"고 하며 자신의 의견을 말하기 시작했다.

"그대는 백성을 위하여 하나님 앞에 있어서 소송을 하나님께 베풀며 그들에게 율례와 법도를 가르쳐서 마땅히 갈 길과 할 일을 그들에게 보이고"(18:19, 20). 이것은 모세가 그동안 해온 일이었다. 하지만 이어지는 이드로의 말은 모세의 일정에 차질을 주고, 그의 권력을 위험에 빠뜨리게 할 만한 내용이었다. "그대는 또 온 백성 가운데서 재덕이 겸전한 자 곧 하나님을 두려워하며 진실 무망하며 불의한 이를 미워하는 자를 빼서 백성 위에 세워 천부장과 백부장과 오십부장과 십부장을 삼아 그들로 때를 따라 백성을 재판하게 하라 무릇 큰 일이면 그대에게 베풀

것이고 무릇 작은 일이면 그들이 스스로 재판할 것이니 그리하면 그들이 그대와 함께 담당할 것인즉 일이 그대에게 쉬우리라 그대가 만일 이 일을 하고 하나님께서도 그대에게 인가하시면 그대가 이 일을 감당하고 이 모든 백성도 자기 곳으로 평안히 가리라"(18:21-23).

한마디로, 권한을 위임하라는 충고다. 모세는 권한을 위임하는 법을 배워야 했다. 현명한 교회 지도자는 권한을 위임할 줄 안다. 교회 안에서 충실한 목회사역이 이루어지려면 이드로의 말대로 권한 위임이 이루어져야 한다. 사실, 조언을 구하지도 않았는데 누군가가 명령조로 의견을 제시하면 받아들이기가 매우 거북하다. 하지만 모세는 겸손하고 현명했기 때문에 이드로의 지혜로운 조언을 기꺼이 받아들였다. "이에 모세가 자기 장인의 말을 듣고 그 모든 말대로 하여"(18:24). 그 결과, 그는 백성들을 더 잘 보살필 수 있었다. 모세와 이드로는 의견을 주고받음으로써 문제를 지혜롭게 풀어 나갔다. 아마도 솔로몬은 이드로를 염두에 두고 "경우에 합당한 말은 아로새긴 은쟁반에 금사과니라 슬기로운 자의 책망은 청종하는 귀에 금고리와 정금 장식이니라"(잠 25:11, 12)고 말했을지도 모른다.

하지만 모든 조언이 다 지혜로운 결과를 만들어 내는 것은 아니다. 이 점은 친구들의 조언도 마찬가지다. 하나님의 뜻을 헤아리는 일은 그렇게 단순하지 않다. 우리의 인생 역시 그렇다. 모세 이후 약 3백 년이 지나자 왕들이 하나님의 백성을 다스리기 시작했다. 왕들은 항상 주변에 모사를 거느렸다. 그들 가운데는 지혜롭고 선한 자들이 더러 있었지만 대개는 악하고 어리석었다. 이스라엘의 두 번째 왕 다윗은 아들 압살롬의 반란으로 인해 잠시 고난을 겪었다. 당시 압살롬의 주위에는 두 사람의 모사가 있었다.

아히도벨은 가장 훌륭한 다윗의 모사였다. 다윗은 국정을 펼치면서 중요한 문제가 있을 때마다 늘 그의 조언을 구했다. 아히도벨의 평판은 사무엘하에 기록된 말씀을 통해 익히 알 수 있다. "그때에 아히도벨의 베푸는 모략은 하나님께 물어 받은 말씀과 일반이라 저의 모든 모략은 다윗에게나 압살롬에게나 이와 같더라"(삼하 16:23). 하지만 아히도벨은 은밀히 압살롬과 손을 잡았다. 아마도 그는 항상 자신의 안위만을 생각하는 사람인 듯하다. 그는 압살롬의 반란이 성공을 거둘 것이라 기대하고 그의 편에 서기로 마음먹었다(15:12 참조).

하지만 다윗의 친구 아렉 사람 후새가 압살롬에게 다가가서 그의 편을 드는 척 위장했다. 후새는 압살롬이 자신의 모략을 귀담아 들으면, 곧바로 그 정보를 다윗에게 알려 줄 생각이었다(16:16-19 참조). 그동안, 다윗은 가장 훌륭한 모사 아히도벨이 반역자의 편에 섰다는 소식을 전해 듣고, "여호와여 원컨대 아히도벨의 모략을 어리석게 하옵소서"(15:31)라고 기도했다.

다윗은 압살롬을 피해 예루살렘을 떠났고, 압살롬은 예루살렘을 장악했다. 그는 가장 명망이 높은 모사 아히도벨에게 다음 행동에 대한 조언을 구했다. 아히도벨은 "이제 왕이 이 나라를 다스린다는 것과 왕의 아버지가 권력에서 물러났다는 사실을 모두에게 알리셔야 합니다. 전 왕의 후궁들과 동침하소서. 그러면 모든 사람이 왕이 권력자라는 사실을 알게 될 것입니다."라고 조언했다. 압살롬은 아히도벨의 조언에 따랐다. 그는 왕궁의 지붕에 천막을 치고, 모든 사람이 보는 앞에서 다윗의 후궁들을 차례로 범했다. 아히도벨의 첫 번째 조언을 좋게 생각한 압살롬은 그에게 다시 두 번째 조언을 구했다. 아히도벨은 영웅이 되고 싶었는지, "이제 나로 하여금 사람 일만 이천을 택하게 하소서 오늘 밤에 내가 일어나서 다윗의 뒤를 따라 저가 곤하고 약할 때에 엄습하여 저를 무섭게 한즉 저와 함께 있는 모든 백성이 도망하리니 내가 다윗왕만 쳐 죽이고 모든 백성으로 왕께 돌아오게 하리니"(17:1-3)라고 말했다. 아마도 이 말을 할 때 아히도벨의 눈은 강렬한 야욕으로 반짝였을 것이다. 14절에서 알 수 있듯이, 그의 조언은 정확했다. 만일 압살롬이 그의 조언을 들었더라면 다윗을 완전히 제거할 수 있었을 것이다.

하지만 압살롬은 상대가 자신의 부친이었기에 아히도벨의 묘책을 듣는 순간 잠시 주저할 수밖에 없었다. 그는 "좀 더 생각해 보는 것이 좋을 듯하오. 후새의 말도 들어 봅시다."라고 말했다. 후새는 다윗에게 전갈을 보낼 시간을 벌기 위해 그럴듯한 이유를 덧붙여 아히도벨의 모략을 혹평했다. 그는 "왕도 아시거니와 왕의 부친과 그 종자들은 용사라 저희는 들에 있는 곰이 새끼를 빼앗긴 것같이 격분하였고 왕의 부친은 병법에 익은 사람인즉 백성과 함께 자지 아니하고 이제 어느 굴에나 어느 곳에 숨어 있으리니 혹 무리 중에 몇이 먼저 엎드러지면 그 소문을 듣는 자가 말하기를 압살롬을 좇는 자 가운데서 패함을 당하였다 할지라"(17:8, 9)고 말했다.

압살롬은 만에 하나 아히도벨이 이끄는 군대가 다윗과 그의 신복들에게 패할 경우, 다윗의 사기는 올라가고 자신은 곤경에 몰릴지도 모른다는 생각이 들었다. 후새는 자신의 말이 압살롬의 마음을 움직이고 있다는 사실을 간파하고, "나의 모략은 이러하니이다 온 이스라엘을⋯⋯ 모으고 친히 전장에 나가시고"(17:11)라고 말했다. 후새의 조언은 "잠시

기다렸다가 다윗을 물리칠 수 있는 충분한 전력을 확보한 뒤에 직접 군대의 선두에 서서 전쟁을 시작하라."는 뜻이었다.

사실, 후새는 다윗과 그의 신복들이 분노의 힘으로 거칠게 반격해 올 가능성이 없다는 사실을 익히 알고 있었다. 왜냐하면 그들 모두가 꽁지를 감춘 채 예루살렘에서 도망쳐 나갔기 때문이다. 다윗은 사랑하는 아들이 반역을 일으킨 사실로 인해 깊은 슬픔에 잠겨 있었다. 그는 저주를 퍼부으며 돌을 던지는 시므이 앞에서도 분노를 느끼지 않았다. 한마디로, 다윗은 전의를 완전히 상실한 상태였다. 후새는 속임수를 썼고, 압살롬은 그의 꾀에 넘어가고 말았다. 그는 아히도벨의 모략보다 후새의 모략을 더 좋게 여겼다. 압살롬이 후새의 모략을 선택하는 순간, 아히도벨의 자존심과 현실적인 기대는 처참히 무너지고 말았다. 결국, 그는 나귀를 타고 고향집에 돌아가서 집안을 잘 정돈한 뒤에 스스로 목을 매달았다. 그는 후새의 모략대로 하면 다윗의 군대가 회복할 시간을 벌게 되고, 그 후에는 예루살렘이 다시 그들에게 장악되고 말 것이라고 예측했다. 결국, 그가 선택할 수 있는 길은 자살뿐이었다(17:23 참조).

이 모든 일화는 조언을 구할 때 신중해야 한다는 점을 일깨워 준다. 이 점에서 첫 번째 원리는 자연히 두 번째 원리로 이어진다.

두 번째 원리 : 심사숙고하기

다윗왕이 죽고 약 40년이 지났다. 그때는 다윗의 아들 솔로몬도 막 세상을 떠난 직후였다. 이스라엘 백성은 솔로몬의 뒤를 이어 왕위에 오른 르호보암에게 대표단을 파견했다. 백성의 대표들은 그에게 "왕의 부친이 우리의 멍에를 무겁게 하였으니"라고 말했다(왕상 12:4). 솔로몬은 화려한 성전을 건축했다(솔로몬의 성전은 4백 년간 존재했다). 그는 성전을 짓는 데 국가의 재정을 온통 쏟아 부었다. 그는 백성들에게 부역과 높은 세금을 부과했고, 금과 보석을 모아들였으며, 훌륭한 장인들을 동원시켰다(물론, 대부분 백성들이 자원하여 바친 것들이었다). 성전 건축은 본래 다윗의 계획이었지만, 인력과 예산을 확보하여 실행에 옮긴 사람은 솔로몬이었다. 솔로몬으로서는 영광스런 일이었지만, 백성들 편에서는 상당한 희생이 뒤따랐다. 솔로몬의 백성들은 한편으로는 왕과 왕국의 번영을 환영했지만, 또 한편으로는 힘든 부역과 세금에 내심 불만스러웠다. 결국, 그들은 르호보암에게 멍에를 가볍게 해달라고 요청하기에 이르렀다. 르호보암은 솔로몬의 모사로 활동했던 원로들에게 자문을 구했다. 그들은 "왕이 만일 오늘날 이 백성의 종이 되어 저희를 섬기고 좋은 말로 대답하여 이르시면 저희가 영영히 왕의 종이 되리이다"(12:7)라고 말했다. 백성의 요구를 수락하라는 뜻이었다.

하지만 르호보암은 결정을 내리기 전에 자기와 함께 자라난 소년들에게 의견을 구했다. 혈기가 왕성한 그들은 르호보암과 마찬가지로 사람을 관리하는 요령을 터득하지 못했다. 그들은 노인들의 의견을 무시하라고 조언했다. 왕답게 위세를 떨치며, 권력의 힘을 보여 주라는 의미였다. 그들은 "나의 새끼손가락이 내 부친의 허리보다 굵으니 내 부친이 너희로 무거운 멍에를 메게 하였으나 이제 나는 너희의 멍에를 더욱 무겁게 할지라 내 부친은 채찍으로 너희를 징치하였으나 나는 전갈로 너희를 징치하리라 하소서"(12:10, 11)라고 말했다. 그들의 말은 "나의 부친이 너희를 고통스럽게 했다면 나는 더욱 고통스럽게 해주겠다. 나는 왕이고 너희는 나의 백성들이다. 집으로 돌아가서 새 왕의 학정에 시달릴 준비나 하라."는 뜻이었다. 르호보암은 어리석었다. 그의 어리석음은 그 후에도 계속되었다. 그는 양쪽의 조언을 비교하지 않고 잘못된 조언에 귀를 기울였다. 결국, 이스라엘은 내란을 겪었고 둘로 분열되었다. 이스라엘 왕국은 그 후 통일왕국을 이루지 못했다.

부친 다윗과 맞서 싸우는 방법을 결정해야 했던 압살롬과 백성을 통치하는 방법을 결정해야 했던 르호보암의 이야기는 "사람들이 나쁜 조언을 하나님의 뜻으로 받아들이는 이유가 무엇일까?"라는 질문을 제기한다. 압살롬의 경우에는 후새의 조언을 따랐고, 르호보암의 경우에는 소년들의 조언을 선택했다. 후새의 조언은 압살롬을 전쟁터에서 죽게 만들었고, 소년들의 조언은 이스라엘 왕국의 분열을 초래했다. 두 이야기를 검토해 보면, 사건들의 배후에 하나님의 섭리가 있었다는 사실을 알아낼 수 있다. 다윗은 자신의 가장 훌륭한 모사가 압살롬 편에 섰다는 것을 알고, "여호와여 원컨대 아히도벨의 모략을 어리석게 하옵소서"(삼하 15:31)라고 기도했다. 하나님은 압살롬이 후새의 조언을 더 좋게 생각하도록 섭리하셨다. 아울러, 열왕기상 12장 15절은 "왕이 이같이 백성의 말(즉, 멍에를 가볍게 해달라는 요청)을 듣지 아니하였으니 이 일은 여호와께로 말미암아 난 것이라 여호와께서 전에……여로보암에게 고한 말씀을 응하게 하심이더라"고 말씀한다. 두 경우 모두, 상황은 조언을 구했던 사람들에게 불리하게 돌아갔다. 그릇된 조언을 받아들임으로 생긴 당연한 결과였다. 하지만 그들이 그릇된 조언을 받아들인 것은 하나님의 계획이었다. 다윗은 권력을 되찾았다. 그리고 이스라엘 왕국은 하나님이 말씀하신 대로(왕상 11:29-39 참조) 둘로 분열되었다. 이스라엘 왕국이 분열된 이유는 그들이 아스다롯과 그모스와 밀곰이라는 우상을 섬겼기 때문이다. 늘 그렇듯이 만사를 섭리하시는 분은 하나님이시다.

그러면, 이 이야기들은 우리에게 어떤 교훈을 줄까? 첫 번째, 우리는 하나님의 백성이자 자녀로서 지혜로운 사람들의 조언을 구하고, 그 조언을 심사숙고한 뒤에 최선의 행동을 선택해야 한다. 두 번째, 다른 사람들의 조언을 구하기에 앞서 먼저 하나님 앞에서 조언을 구하려는 이유를 잘 생각해야 한다. 즉, "어떤 동기와 목적에서인가? 압살롬처럼 가족들과 부모를 무시하고 나의 이익을 추구하기 위해서인가? 아니면, 르호보암처럼 다른 사람들을 경멸하고 포악하게 짓밟는 데서 만족을 얻기 위해서인가?"를 생각해야 한다.

사람들의 조언을 통해 하나님의 뜻을 분별하려는 목적은 가장 합당한 행동을 결정함으로써 우리와 다른 사람들의 삶 속에 그분의 영광을 드러내기 위해서다. 이 목적을 망각하고 그릇된 동기로 잘못 판단하는 경우에는 멸망을 자초하는 길을 선택할 수밖에 없다. 압살롬과 르호보암의 경우처럼 우리 자신을 높이고 과시하기 위한 목적으로 지혜를 구한다면, 돌아오는 것은 파멸뿐이다. 그런 동기를 갖는 한, 하나님은 어떤 방법을 통해서든 우리의 의도를 좌절시키실 것이다. 하나님은 은혜를 베푸시지만, 잘못을 저지를 때는 기꺼이 심판하신다. 압살롬과 르호보암은 지혜로운 조언을 들었지만 심사숙고하지 않았다. 그들은 스스로를 높이려는 야망에 눈이 어두워져 그릇된 결정을 내렸다(압살롬은 직접 군대를 이끌고 큰 승리를 거두고 싶어했고, 르호보암은 백성을 위협하여 지배자의 욕망을 채우려 했다). 한마디로, 두 사람 모두 교만에 지배되었다. 교만은 패망의 지름길이다.

신약성경은 조언을 심사숙고하는 것에 대해 두 가지 교훈을 제시한다. 갈라디아서 2장 11-14절에 보면, 바울이 베드로를 꾸짖은 내용이 나온다. 이는 이드로가 모세에게 충고했던 것과 비슷하다. 하나님은 종종 다른 사람을 통해 우리를 훈계하신다. 훈계를 받았을 때는 심사숙고한 뒤에 행동이나 태도를 바꾸어야 한다. 바울은 일관된 지혜를 지녀야 한다고 말했다. 그는 투명하고, 솔직한 태도와 믿음과 행위의 일치를 강조했다.

베드로는 타협적인 태도를 취했다. 그는 고넬료의 회심을 목격한 뒤, 하나님 나라에서는 유대인과 이방인의 위치가 동등하다는 사실을 깨닫고(행 10장 참조), 그때까지 지켜 오던 유대인의 정결법을 무시하며 이방인들과 같이 식사를 했다. 하지만 예루살렘에서 유대인 신자들이 찾아오자 그는 더 이상 이방인들과 식사를 같이하지 않았다. 혹시나 교회의 유력한 지도자들에게 책망을 받을지도 모른다는 두려움 때문이었다. 하지만 바울은 베드로의 행동이 눈속임에 불과할뿐더러 기독교의 진리에 부정적인 영향을 미칠 가능성이 높다고 판단했기 때문에 그냥 덮어 둘 수 없었다. 바울은 베드로를 만난 자리에서 대놓고 그를 면책했다(갈 2:11 참조). 유대인들이 없을 때 이방인들과 함께 식사를 했다면, 유대인들이 있을 때도 식사를 같이하는 것이 마땅하다는 게 바울의 생각이었다. 바울은 "네가 유대인으로서 이방을 좇고 유대인답게 살지 아니하면서 어찌하여 억지로 이방인을 유대인답게 살게 하려느냐"(2:14)고 말했다. 그 후로도 베드로와 바울은 여전히 선교사로 활동했고, 교회에는 유대인과 이방인들이 끊임없이 몰려들었다. 아마도 베드로는 바울의 조언을 듣고 심사숙고한 뒤에 자신의 행동을 고쳤을 것이 분명하다.

두 번째 교훈은 좀 색다르다. 매우 드문 경우이기는 하지만, 만장일치로 이루어진 조언도 하나님의 뜻에 어긋나는 경우가 있을 수 있다. 그런 어려운 상황에 직면했을 때는 다른 사람들과 우리 자신의 숨겨진 동기를 더욱 세심히 살펴보며 내면에서 들려오는 성령의 음성에 유의해야 한다. 바울은 사역 말기에 그런 경우에 직면했다. 바울의 대처 방법은 매우 흥미롭다. 바울은 사도행전 20장 22, 23절에서 에베소 교회의 장로들에게 "보라 이제 나는 심령에 매임을 받아 예루살렘으로 가는데 저기서 무슨 일을 만날는지 알지 못하노라 오직 성령이 각 성에서 내게 증거하여 결박과 환난이 나를 기다린다 하시나"라고 말했다. 바울은 그때부터 예루살렘을 향해 가면서 매번 머물 때마다 신자들에게 작별을 고했다. 그때마다 신자들은 그를 만류했다. 바울이 두로에서 제자들을 찾았을 때 그들은 "성령의 감동으로 바울더러 예루살렘에 들어가지 말라"(21:4)고 말했다. 바울이 가이사랴에 도착했을 때는 한 선지자가 바울의 허리띠로 자신의 손과 발을 묶고, "성령이 말씀하시되 예루살렘에서 유대인들이 이같이 이 띠 임자를 결박하여 이방인의 손에 넘겨주리라"(21:11)고 말했다. 당시 바울과 함께 동행했던 누가는 "우리가 그 말을 듣고 그곳 사람들로 더불어 바울에게 예루살렘으로 올라가지 말라 권하니"(21:12)라고 기록했다.

하지만 바울의 결심은 확고했다. 그는 다른 사람들의 조언을 심사숙고했고, 예루살렘에 가는 것을 하나님의 뜻으로 확신했다. 누가는 "저가 권함을 받지 아니하므로 우리가 주의 뜻대로 이루어지이다 하고 그쳤노라"(21:14)고 기록했다. 누가는 바울이 모든 사람의 만류를 뿌리치자 마지못해 그것을 하나님의 뜻으로 인정했다. 바울은 신자들의 조언을 받아들이지 않고 예루살렘으로 향했다. 물론, 바울은 그들의 조언을 무시한 것이 아니었다. 오히려 그들의 조언을 심사숙고함으로써 예루살렘에 가는 것이 하나님의 뜻이라는 확신을 굳혔다. 물론, 신자들의 예언대로 바울은 예루살렘에서 고초를 겪었고, 그것이 계기가 되어 결국 로마에 가게 되었다. 바울을 로마로 인도하신 분은 하나님이셨다. 하나님의 신비로운 섭리가 다시 한번 밝히 드러났다. 하지만 그것은 바울이 동료 신자들의 조언에도 불구하고 내면에서 들려오는 하나님의 음성을 따르기로 결정하고 나서 오랜 시간이 지난 후에야 밝혀진 사실이었다. 당시 신자들의 조언은 바울과 같이 중요한 인물은 가능하면 어려운 상황을 피해야 한다는 생각에 근거했다. 그들의 생각은 상식에 어긋나지 않았다. 하지만 사도행전의 기록을 통해 알 수 있듯이, 바울의 상황은 매우 예외적이었다. 이는 때로 하나님의 뜻을 따르다 보면 경건한 친구들의 훌륭한 조언조차도 거부해야 할 때가 있음을 보여 준다.

세 번째 원리 : 신중한 실천

C. S. 루이스는 신중함을 하나님의 영광을 목적으로 하는 "거룩한 상식"이라고 정의했다. 그는 『순전한 기독교』에서 아리스토텔레스와 같은 인물들이 인생을 고찰함으로써 얻어 낸 중요한 덕목 네 가지를 소개했다. 이들 덕목은 그 후 기독교의 유산 가운데 일부가 되었다. 신중함은 그중 하나이며, 나머지는 절제, 정의, 용기이다. 사실, 나머지 덕목들은

신중함이 결여될 경우 덕목이라고 말하기 어렵다. 루이스는 신중함에 대해 이렇게 말했다.

"신중함은 실천적인 상식을 의미한다. 즉, 신중함은 자신이 무엇을 하고 있고, 그것에서 어떤 결과가 나올지 심사숙고하는 태도를 말한다. 오늘날, 사람들은 대부분 신중함을 미덕의 하나로 여기지 않는다. 어린아이처럼 되어야만 하나님 나라에 들어갈 수 있다는 예수님의 말씀 때문에 선하기만 하면 어리석어도 괜찮다고 생각하는 기독교인들이 많다. 하지만 그런 생각은 오해다. 첫째, 어린아이들은 자신들이 흥미를 느끼는 활동을 할 때 매우 신중하다. 그들은 자신들의 활동을 심사숙고한다. 둘째, 바울의 지적대로, 그리스도는 우리가 지성적인 측면에서 어린아이가 되어야 한다고 말씀하지 않으셨다. 오히려 예수님은 '뱀처럼 지혜롭고 비둘기처럼 순결하라'고 가르치셨다. 예수님은 성숙한 지성을 겸비한 어린아이와 같은 마음을 원하신다. 예수님은 우리가 착한 어린아이처럼 단순하고, 정직하고, 순종적이고, 다정다감하기를 원하시지만, 동시에 필요한 지성을 충분히 갖추기를 기대하신다."4)

신중함을 가장 마지막에 다루는 이유는 신중함이 시간과 장소와 상황에 관계없이 보편적으로 적용되는 미덕이기 때문이다. 신중함이 없으면 상황이나 관계를 잘 처리해 나갈 수 없다. 신중함이 가장 필요한 때는 친구, 동료, 친척, 목회자, 전문가를 비롯한 다른 사람들의 조언을 듣고 심사숙고할 때다. 그런 때 신중하지 못하면 큰 낭패를 보게 된다. 신중함은 다른 사람들의 조언을 심사숙고하는 태도를 말한다. 물론, 우리의 조언을 다른 사람들이 받아들일 때도 마찬가지다. 아무리 선하고,

신중하고, 신앙적으로 조언해도 상대방이 우리의 말을 신중하게 생각하지 않으면 아무 소용이 없다. 신중함은 지혜와 분별력을 얻는 데 절대적으로 필요하다.

신중한 덕성을 갖추려면 세 가지가 전제되어야 한다. 첫째, 그리스도의 복음을 명확히 이해해야 한다. 즉, 그리스도를 통해 죄 사함을 받아 그분과 연합하여 하나님을 아버지로 부르며 이웃을 사랑할 수 있게 되었다는 사실을 깨달아야 한다. 율법적인 태도를 취하거나 방종한 삶에 치우치거나 사랑을 베풀지 않는 사람은 신중한 덕성을 갖출 수 없다.

둘째, 성경의 진리와 가치를 지향하는 양심이 필요하다. 그런 양심을 소유하기 위해서는 시대를 거스르는 용기가 있어야 한다. 우리의 양심이 빛을 발하고 올바른 기능을 발휘하려면 우리를 에워싸고 있는 세속주의 문화를 극복하기 위해 노력해야 한다. 그 일은 그리 쉽지 않다. 성경이 때로 하나님의 도덕법을 너무 장황스러울 정도로 길게 열거하고 있는 이유가 여기에 있다. 모세오경, 선지서, 잠언, 시편에 보면, 옳고 그른 것, 의로운 것과 불의한 것을 대조하는 내용이 끝없이 전개된다. 이는 타락한 인간의 양심을 바로 교육하기 위함이다. 우리는 그러한 말씀들을 통해 양심을 일깨워야 한다.

셋째, 정확한 사실주의에 입각해야 한다. 즉, 행동을 취하고, 판단을 내리고, 의견을 말해야 할 상황에 부딪쳤을 때는 항상 사실과 진실만을 주장하려고 노력해야 한다. 자기 자신과 다른 사람들에게 솔직한 태도로 오직 사실만을 말하는 것은 결코 쉽지 않다. 막연한 생각, 감정과 편견과 상처를 합리화하는 태도, 있지도 않았던 일을 주장하거나 자신에게 유리한 일들만을 선택적으로 내세우는 태도, 듣고 싶은 것만 말해 주기를 바라는 태도, 자신의 유익만을 생각하는 결정 등은 결코 바람직하지 않다. 우리는 하나님 앞에서 오직 사실만을 말해야 한다. 말하기 곤란하거나 위협을 당할까 봐 사실에 대한 객관적인 태도를 포기해 버린다면 신중하고 경건한 삶을 살아갈 수 없다.

도덕적인 삶을 살아야만 영적 분별력을 지닐 수 있다. 범사에 하나님께 복종하고 그분을 기쁘시게 하겠다는 마음이 없으면, 훌륭한 조언자들의 조언을 듣거나 아무리 차분한 마음으로 궁리를 해도 우리를 향하신 그분의 뜻을 올바로 이해할 수 없다. 거룩한 성품, 즉 하나님과 사람들을 사랑하는 순결한 마음이 있어야만 참 지혜에 도달할 수 있다. 히브리서 저자는 거룩함이 없이는 주님을 보지 못할 것이라고 말했다(히 12:14 참조). 우리는 이 말을 바꾸어, 거룩한 성품이 없이는 아무리 충실한 권고나 조언을 듣더라도 하나님의 뜻을 올바로 분별할 수 없다고 말하고 싶다. 신중한 덕성은 거룩한 성품에서 비롯한다. 따라서 우리는 무엇보다도 거룩한 성품을 추구해야 한다.

토·론·과·성·찰·을·위·한·문·제

1. 조언을 주고받을 때 지켜야 할 규칙이 있다면 무엇인가? 몇 가지를 예로 들어 보라.

2. "개성과 개인주의는 본질적으로 다르다." "개성과 개인주의" 항목을 다시 읽고, 개성과 개인주의의 차이점 세 가지를 말해 보라.

3. 개성을 발전시키기는 어렵고, 개인주의에 치우치는 것은 쉬운 이유를 설명하라.

4. "헬라어 '코이노니아'는 하나님이 각 사람에게 허락하신 것을 서로 나누는 것을 의미한다. 너와 내가 서로 나누고 싶은 것을 주고받음으로써 처음 대화를 시작했을 때보다 더 풍성해지고, 더 큰 용기와 위로를 얻게 되는 것이 바로 교제다." "코이노니아"를 언제, 어떻게 경험해 보았는가? 또, "코이노니아"를 절실히 경험하고 싶었던 적이 있었는가?

5. "교회는 우리의 영적 친구나 다름없다." 자신의 삶 속에서 교회의 인도와 보호가 어떤 식으로 이루어지고 있는지 생각해 보라.

6. 동료 교인들의 신앙생활에 어떻게 기여할 수 있을지 생각해 보라.

7. 잠언 11장 14절은 "모사가 많으면 평안을 누리느니라"고 말씀한다. 중요한 문제를 결정해야 할 상황에서 하나님의 인도를 구할 때는 친구들의 의견을 묻고 그들의 조언을 종합하여 결정을 내리는 것이 좋다. 이 말에 동의하는가, 동의하지 않는가? 또, 그 이유는 무엇인가?

8. "첫 번째 원리 : 조언 구하기" 항목에 인용된 잠언 말씀들을 하나씩 읽으면서 묵상의 시간을 가지라. 그 가운데서 자신에게 가장 필요하다고 생각되는 구절 하나를 선택하라. 그 말씀을 적용하기 원하는 시기와 방법과 이유를 설명하라.

9. 사도 바울은 아가보의 조언을 거부했다(행 20:22-21:14 참조). 바울의 태도는 경건한 친구의 선의의 충고도 신중하게 받아들여야 한다는 점을 암시한다. 이 말에 동의하는가?

10. 하나님의 인도를 구해야 할 문제가 있다면 기도로 아뢰라. 기도할 때는 다음 질문들을 생각해 보라. "하나님의 영광과 다른 사람들의 유익을 위해 내가 할 수 있는 최선은 무엇인가? 하나님의 능력과 진리를 전하고, 주 예수 그리스도의 은혜를 널리 알리려면 어떻게 하는 것이 가장 좋을까?"

 하나님은 경건한 사람들을 통해 알게 모르게 비전과 가치를 심어 주시고,
성숙한 인격을 갖출 수 있도록 도와주신다. 하나님은 그들을 우리에게 보내시어
그들과의 관계를 통해 좀 더 거룩한 삶을 살도록 이끄신다.

그리스도를 본받는 삶

"내가 너희에게 행한 것같이 너희도 행하게 하려 하여 본을 보였노라"(요 13:15).

"내가 너희를 사랑한 것같이 너희도 서로 사랑하라"(요 15:12).

"형제들아 너희는 함께 나를 본받으라 또 우리로 본을 삼은 것같이 그대로 행하는 자들을 보이라"(빌 3:17).

사람들은 사람들을 모방한다. 이는 인간의 자연적이고 보편적인 성향이다. 모방은 대부분 무의식적으로 이루어진다. 어린아이들은 모방을 통해 말을 배운다. 갓 태어난 아이는 울부짖거나 옹알거리는 것이 전부다. 하지만 부모가 사랑스럽게 내려다보며 옹알이를 흉내 내다가 간단한 말이나 문장 한두 개를 말하면, 어린아이는 곧 부모의 말을 모방하기 시작하고, 어느 순간 말을 하게 된다. 그뿐만 아니다. 어린아이는 부모의 몸짓, 억양, 표정까지 모방한다. 이것이 사람들이 종종 아이들을 보고, "꼭 네 아빠 같구나." "엄마를 꼭 닮았구나."라고 말하는 이유다. 패커는 잉글랜드의 뛰어난 설교자 마틴 로이드 존스와 존 스토트의 영향력이 절정을 구가하던 시절에 성장했다. 그는 두 설교자를 추종하는 젊은이들이 그들의 억양과 웅변술과 스타일을 흉내 내는 모습을 지켜보며 즐거워하곤 했다. 물론, 지금까지 언급한 모방은 모두 무의식의 발로다. 그런 습관은 가까이에서 어울리기만 하면 저절로 습득된다.

때로 모방은 의식적으로 이루어지기도 한다. 우리는 누군가를 닮고 싶을 때가 있다. 그것은 좋은 태도일까, 나쁜 태도일까? 대답은 동기에 달려 있다. 한 기독교 지도자를 흠모하는 젊은이가 "저도 선생님처럼 유능한 신학자(설교자, 교사, 또는 저술가)가 되고 싶습니다. 어떻게 하면 그렇게 될 수 있는지 말씀해 주세요."라고 말한다면, 그런 태도는 별로 바람직하지 않다. 하나님 나라를 섬기기 위한 거룩한 야망은 문제없지만, 누군가를 모방하여 그의 영적 은사와 사역을 흉내 내려 하는 태도는 이기적인 욕구 충족에 치우칠 가능성이 높다. 동기가 잘못되었기 때문이다.

반면, 자신의 소명을 분명히 깨달은 상태에서 누군가를 본받고 싶어 하는 태도는 매우 바람직하다. 누군가를 본보기로 삼으면 더 잘해 보려는 의지를 가질 수 있기 때문이다. 찰스 스펄전과 마틴 로이드 존스는 각각 19세기와 20세기를 풍미했던 위대한 복음주의자들이다. 그들은 조지 휘트필드를 본보기로 삼았다. 그들은 그런 사실을 감추려 하지 않았다. 휘트필드는 18세기 영국의 부흥운동을 이끌었던 개척자이다(물론, 그의 영향력은 대서양을 건너 멀리 아메리카에까지 미쳤다). 그는 지칠 줄 모르는 열정과 믿기 어려울 정도로 강인한 체력을 소유했으며, 목소리도 매우 매혹적이었다. 또한, 그는 그리스도를 전파하는 데 전심을 기울였고, 하나님의 진리를 제시하고 적용하는 데 탁월한 능력을 발휘했으며, 사랑이 넘치는 마음으로 청중을 향해 말씀을 전했다. 패커는 17세기 청교도 리처드 백스터와 조지 휘트필드를 본보기로 삼았다. 과거의 인물을 본보기로 삼아 용기와 격려를 얻고, 그들을 모방함으로써 안일한 삶을 떨치고 보다 고귀한 열망을 갖는 것은 과연 올바른 태도일까? 물론이다.

본보기, 하나님의 섭리

우리는 지금까지 삶의 문제를 결정할 때는 성경과 지혜와 우정 어린 조언을 통해 하나님의 뜻을 분별해야 한다고 강조했다. 그런 도움들은 모두 외적인 차원에 속한다. 좋은 결정을 내리려면 그런 도움들 외에 평화롭고 올곧은 마음이 필요하다. 하나님은 구체적인 상황에서 올바른 행동을 선택하도록 도와주신다. 하지만 하나님의 인도는 단순히 외적인 도움을 제공하는 것 이상의 의미를 지닌다. 하나님은 외적인 도움을 제공하시기에 앞서 우리의 인격과 성품을 훈련하신다. 그 이유는 행동을 결정해야 할 시기가 왔을 때, 옳은 것을 분별하여 지혜로운 선택을 내릴 수 있도록 준비시키기 위해서다.

다시 시편 23편의 비유에서부터 시작해 보자. 다윗은 시편 23편에서 자신을 하나님의 양으로 묘사했고, "그가 나를……의의 길로 인도하시는도다"라고 노래했다. 목자는 길을 잃고 헤매거나, 가만히 서 있거나, 또는 무엇인가에 홀려 한눈을 팔며 무리를 이탈하려는 양을 보면, 즉시 달려가 고함을 치거나 지팡이를 사용하여 본래의 자리로 돌아오게 만든다. 이때 목자는 양이 그런 행동을 하는지 특별히 눈여겨보았다가 조처를 취하지는 않는다. 그의 행동은 거의 반사적이다. 다윗은 "그가 인도하신다"라는 동사를 사용했다. "인도하다"는 말은 양떼를 이리저리 몰고 다니면서 풀을 뜯게 하고 물을 마시게 하는 목자의 일상적인 활동을 가리킨다. 양들의 돌출행동에 대한 반사적인 반응 역시 목자의 일상적인 활동 가운데 하나다. 양이 다른 양들과 섞여 걸어갈 때 목자가 한눈을 판다고 생각하면 큰 오산이다. 마찬가지로, 하나님은 주권적인 섭리를 통해 일상생활 속에서 매순간 우리를 인도하신다. 특별히 중요한 결정이 필요한 때라고 해서 달라질 것은 아무것도 없다. 본보기가 될 만한 사람들을 통해 우리를 더욱 깊고 성숙한 길로 이끄시는 것도 하나님의 섭리 가운데 하나다. 하나님은 우리 앞에 본보기를 세우시고 모방하게 하신다. 물론, 우리는 경건한 사람들의 영향이 하나님의 인도라고 의식하지 못할 수도 있다. 그들이 우리에게 영향을 주고 있다는 점을 의식하지 못하고 지낼 때도 많다. 하지만 하나님은 경건한 사람들을 통해 알게 모르게 비전과 가치를 심어 주시고, 성숙한 인격을 갖출 수 있도록 도와주신다. 하나님은 그들을 우리에게 보내시어 그들과의 관계를 통해 좀 더 거룩한 삶을 살도록 이끄신다.

하나님은 시편 32편 8, 9절에서 우리를 인도하시겠다는 언약을 거듭 강조하신다.

"내가 너의 갈 길을 가르쳐 보이고 너를 주목하여 훈계하리로다 너희는 무지한 말이나 노새같이 되지 말지어다 그것들은 자갈과 굴레로 단속하지 아니하면 너희에게 가까이 오지 아니하리로다."

이 말씀은 목자와 양의 비유를 배경으로 한다. "가르치다", "훈계하다"라는 표현은 학교 교실에서 들을 수 있는 말이다. 하나님은 이해력이 없는 짐승처럼 행동하지 말고, 힘써 배움으로써 필요한 지혜를 갖추라고 말씀하신다. 그러면, 어떻게 해야 할까? 먼저, 성경을 열심히 연구하여 지혜를 배우는 한편, 이 책에서 지금까지 말해 온 방법들을 적용해야 한다. 하나님이 우리를 가르치시는 방법 가운데 하나는 실물교육이다. 다시 말해, 하나님은 우리의 생각을 넓혀 주고 마음에 감동을 줄 수 있는 인물들을 본보기로 세우셔서 지금까지 당연시해 오던 일들을 재검토하고, 영적 감수성을 높이고, 모호하게 생각했던 삶의 우선순위를 명확히 할 수 있는 기회를 주심으로써 그리스도 안에서 더욱 활력 있고, 덕스럽고, 비전 있는 삶을 살게 하신다.

본보기의 역할

그러면, 본보기는 하나님이 우리를 영적으로 성장하게 하시는 과정에서 어떤 역할을 수행할까? 본보기의 역할은 무엇일까? 하나님 중심주의로 살아가는 사람들을 가까이 하면 어떤 영향을 받게 될까? 우리는 그들의 역할을 크게 세 가지로 나누어 생각할 수 있다.

첫째, 우리의 비전을 넓혀 준다. 본보기는 기독교인들이 갈망하는 영적, 도덕적 이상을 이해할 수 있게 도와준다. 아무리 고귀한 이상이라 해도 구체적인 사례가 없으면 추상적인 개념에 불과하다. 예를 들어, 우리는 "기독교적 사랑"에 관해 말한다. 모두가 사랑의 의미를 조금씩은 알고 있다. 하지만 선한 사마리아인의 비유나 하나님의 아들이신 예수님의 생애(즉, 인간의 몸으로 태어나셔서 권력도 명예도 없이 가난하게 사시다가 십자가의 수치와 고통을 짊어지신 생애)를 깊이 묵상하지 않으면 사랑의 의미를 온전히 깨닫기 어렵다.

바울은 빌립보서 2장 6-11절에서, 하나님의 아들이 하나님과 동등됨을 주장하지 않으시고, 모든 권위와 영광을 버리시고 자기를 비하시켜 십자가에 "죽기까지" 복종하셨다고 말했다(이 말씀은 초대 교회의 찬송가 가운데 하나였다). 하나님은 그런 예수님을 높여 자신의 오른편에 앉게 하셨다. 하지만 그렇게 되기까지 예수님은 끊임없이 자신을 낮추셨다. 그 모든 것은 사랑에서 비롯되었다. 요한복음 3장 16절은 "하나님이 세상을 이처럼 사랑하사 독생자를 주셨으니"라고 말씀한다. 예수님은 죄인들의 죄를 담당하셨다. 덕분에 그분을 믿는 이들은 멸망하지 않고 영생을 얻게 되었다. 성부와 성자가 우리의 구원을 위해 치르신 희생을 알아야만 비로소 사랑의 의미를 깨우칠 수 있다. 그때야 비로소 우리는 바울처럼 "나를 사랑하사 나를 위하여 자기 몸을 버리신 하나님의 아들"(갈 2:20)이라고 고백하며, "그리스도의 사랑이 우리를 강권하시는도다"(고후 5:14)라고 말할 수 있다. 그리스도의 놀라운 사랑이 우리의 행동 기준이다. 하지만 우리는 영적으로 매우 둔감하기 때문에 그런 삶을 구체적으로 보여 주는 본보기가 필요하다. 하나님은 그런 본보기를 다양한 방법으로 우리에게 제공하신다. 경건한 그리스도의 제자들과 어울리면 그들을 통해 그리스도와 같은 겸손한 사랑을 배울 수 있고, 그런 사랑을 이상으로 삼아 노력함으로써 좀 더 나은 삶을 살아갈 수 있다.

둘째, 우리의 삶에서 무엇을 할 수 있고, 또 무엇을 해야 하는지 깨닫게 해준다. 본보기는 전에 생각하지 못했던 가능성, 즉 생각했던 것보다 더 나은 일을 할 수 있는 가능성을 보여 준다. 테니슨은 "가장 고귀한 이상을 발견하면 반드시 그것을 사랑해야 한다."고 말했다. 이 말은 특히 기독교인에게 해당한다. 기독교인은 하나님을 통해 가장 고귀한 이상을 볼 수 있다. 그러한 이상을 본 순간부터, 우리는 그것을 마음에 품게 된다. 우리의 양심은 이상을 따라 움직인다. '내가 과연 하나님이 보여 주신 이상에 부합하는 삶을 살고 있나? 그런 삶을 살기 위해 노력해야 해.'라는 생각이 우리의 뇌리를 떠나지 않는다. 본보기가 되는 사람과 보조를 맞추다 보면 그를 닮고 싶은 생각이 들기 마련이다. 즉, 오스왈드 챔버스의 표현대로, "지극히 높으신 하나님을 위해 최선을 다하는 삶"을 살고 싶은 열망이 솟아난다. 패커는 약 60년 전에 휘트필드와 백스터를 발견한 뒤로부터 그와 같은 열정을 품어 왔다. 그는 자신의 인생을 돌아보며 그들을 발견하게 해주신 하나님께 감사한다. 그들은 패커에게 보다 고귀한 것을 추구할 수 있는 열정을 자극했다. 훌륭한 신앙위인을 본받으면 풍성한 영적 열매를 맺을 수 있다. 특히, 그리스도를 본받으면 그런 삶은 더욱더 가능해진다.

셋째, 우리의 소명을 이루는 데 도움을 준다. 예를 들어, 국내외에서 활동하고 있는 선교사들 가운데는 글이나 말을 통해 다른 유명한 선교사들의 생애나 이야기를 전해 듣고 선교사가 되겠다는 열망을 품은 사람들이 많다. 그들은 이제 자신들의 사역을 통해 그 이상을 실현하고 있는 중이다. 이처럼, 본보기는 우리에게 뚜렷한 목표의식을 심어 줌으로써 스스로는 생각할 수 없었던 소명을 이루도록 도와준다.

우리가 말하고 있는 본보기는 세상 사람들이 흔히 "영웅 숭배"라고 일컫는 것과는 질적으로 다르다. 영웅 숭배는 말 그대로 영웅을 숭배하는 것이다. 영웅 숭배는 숭배 대상자의 결점은 아랑곳하지 않고 오직 특별한 자질이나 탁월함에만 초점을 맞춰 그를 비현실적으로 우상화한다. 하지만 하나님이 우리 앞에 본받을 만한 사람을 세우신 경우에는 사정이 전혀 다르다. 그런 경우, 우리는 사람에게 초점을 맞추지 않고, 하나님의 도우심이 있었기에 그처럼 풍성한 결실이 뒤따르는 삶과 사역이 가능했다고 생각한다. 우리도 우리 안에서 일하시는 성령을 방해하지 않으면 얼마든지 그런 삶을 살 수 있다. 신앙위인을 본받는 데 그치지 않고 그것을 영웅 숭배로 전락시키는 태도, 즉 하나님보다 하나님의 종에게 초점을 맞추는 태도는 성령을 근심케 하거나 소멸하는 결과를 낳는다. 처음에는 신앙위인들의 경건한 삶에 매료되는 것이 보통이지만, 우리는 오히려 그들을 통해 하나님의 위대하심과 선하심을 깨달아야 한다.

물론, 우리는 예수 그리스도를 가장 우선적인 본보기로 삼아야 한다. 완벽한 삶을 사신 분은 오직 그리스도뿐이시다. 그리스도는 가장 위대한 본보기이시다. 그분은 우리의 삶을 변화시킬 수 있는 능력을 지니고 계신다. 예수님은 겟세마네의 고통과 수치스런 재판을 감당하셨을 뿐 아니라 십자가에 달려 죽으시는 고통까지 겪으셨다. 그분은 자신을 전적으로 내어주셨으며, 다른 사람들을 겸손히 섬기셨다. 그분은 사랑과 겸손과 지혜와 인내의 삶을 사셨다. 우리는 주님의 삶을 본받으려고 애써야 한다. 신약성경은 그리스도를 본받으라고 거듭 강조한다. 예수님을 바라보면 곧 하나님을 바라볼 수 있다. 예수님이 곧 하나님이시기 때문이다. 예수님은 인간으로서 완벽한 삶을 사셨다. 그런 점에서 그분은 우리의 완전한 본보기가 되신다. 신약성경 저자들이 이구동성으로 그리스도를 본받으라고 말하며, 그것을 하나님의 인도를 받는 삶과 동일시하는 이유가 여기에 있다.

그리스도를 본받는 삶

성경은 그리스도를 본받으라고 가르친다. 요한은 "저 안에 거한다 하는 자는 그의 행하시는 대로 자기도 행할지니라"(요일 2:6)고 말했다. "그의 행하시는 대로"라는 말은 과거에 이스라엘 땅을 다니셨던 예수님의 발자취를 그대로 재현하라는 뜻이 아니다. "행하다"는 말은 "삶"을 뜻하는 비유적 표현이다. 따라서 이 말은 그리스도의 삶을 본받으라는 뜻이다. 그리스도의 삶을 본받기 위한 가장 중요한 방법은 사랑의 실천이다. 요한은 요한서신에서 사랑을 강조한다. "우리가 사랑함은 그가 먼저 우리를 사랑하셨음이라"(요일 4:19, 2:7-10, 3:1-3, 23, 24, 4:7-12, 16-19, 5:2). 요한복음 15장 12절도 마찬가지다. 예수님은 제자들에게 "내 계명은 곧 내가 너희를 사랑한 것같이 너희도 서로 사랑하라 하는 이것이니라"고 말씀하셨다. 이어서, 예수님은 "사람이 친구를 위하여 자기 목숨을 버리면 이에서 더 큰 사랑이 없나니"(13절)라는 말씀으로 사랑의 본질을 설명하셨다. 예수님은 바야흐로 그 사랑을 몸소 실천하실 예정이었다. 이 말씀들은 예수님이 십자가를 짊어지시기 전에 제자들에게 하신 고별 강연 가운데 일부다. 예수님은 제자들 앞에서 무릎을 꿇고 그들의 발을 씻겨 주심으로써 사랑을 구체적으로 보여 주셨다(요 13:4-11 참조). 예수님이 발을 씻겨 주시는 동안 제자들 사이에는 고요한 정적이 감돌았다. 베드로는 예수님을 만류했지만 소용없었다. 예수님은 제자들의 발을 다 씻기신 후에 "내가 주와 또는 선생이 되어 너희 발을 씻겼으니 너희도 서로 발을 씻기는 것이 옳으니라 내가 너희에게 행한 것같이 너희도 행하게 하려 하여 본을 보였노라 내가 진실로 진실로 너희에게 이르노니 종이 상전보다 크지 못하고……너희가 이것을 알고 행하면 복이 있으리라"(14-17절)고 말씀하셨다.

바울은 에베소서 5장 1, 2절에서 "너희는 하나님을 본받는 자가 되고 그리스도께서 너희를 사랑하신 것같이 너희도 사랑 가운데서 행하라 그는 우리를 위하여 자신을 버리사 향기로운 제물과 생축으로 하나님께 드리셨느니라"고 말했다. 그리스도는 실제로 우리를 대신해 자기 목숨을 내어놓으셨다. 그리스도를 본받으려면 언제라도 이기심을 버릴 준비가 되어 있어야 한다. 항상 하나님이 첫째요, 다른 사람들이 둘째이며, 우리 자신은 셋째라는 생각을 지녀야 한다. 베드로전서는 혹독한 박해에 직면한 교회들을 위해 쓰였다. 그곳에서도 예수님의 희생적인 사랑을 본받으라는 권고를 발견할 수 있다. "이를 위하여 너희가 부르심을 입었으니 그리스도도 너희를 위하여 고난을 받으사 너희에게 본을 끼쳐 그 자취를 따라오게 하려 하셨느니라"(벧전 2:21). 베드로는 선을 행하더라도 얼마든지 고난을 받을 수 있다는 사실, 즉 박해가 임박한 상황에서 그리스도의 제자로 살아가려면 고난을 당할 수밖에 없다는 사실을 일깨워 주려고 했다. 베드로는 예수님을 본받으라고 권고하면서 그분의 고난을 구체적으로 설명했다. "저는 죄를 범치 아니하시고 그 입에 궤사도 없으시며 욕을 받으시되 대신 욕하지 아니하시고 고난을 받으시되 위협하지 아니하시고 오직 공의로 심판하시는 자에게 부탁하시며"(22, 23절). 이 말씀은 하나님이 정하신 때에 그분의 방법으로 원수들을 심판하실 것이기 때문에, 속이는 말로 둘러대거나 항변이나 위협하는 말을 내뱉지 말고 오로지 하나님만을 신뢰하라는 의미이다. 부당한 폭력에 직면한 상황에서 막 믿음을 갖기 시작한 신자들로서는 선뜻 감당하기 힘든 말이었을 것이다. 이렇듯, 예수님을 본받는다는 것은 하나님을 전적으로 신뢰하는 것을 의미한다.

목숨을 위협하는 혹독한 시련을 맞닥뜨린 상황에서 그리스도의 용기를 본받으라는 권고는 하나님께 대한 믿음과 충성을 강조하는 히브리서 11, 12장에서 절정에 달한다. 히브리서 11장은 구약시대의 신앙위인들을 차례로 열거한다. 그 안에는 아벨, 에녹, 노아, 아브라함, 이삭, 야곱, 요셉, 모세, 라합, 기드온, 바락, 삼손, 입다, 다윗, 사무엘을 비롯해 여러 선지자들과 이름 없는 여인들이 포함된다. 유대인으로 성장한 사람들은 이들의 이름과 사건을 언급한 순간, 부모에게 전해 들었던 옛 이야기가 떠올랐을 것이 분명하다. 왜냐하면 하나님이 역사의 우여곡절에도 불구하고 끊임없이 이스라엘 백성을 보호하시고 인도하셨다는 이야기를 어렸을 때부터 익히 들어 왔을 것이기 때문이다. 부모들의 이야기는 그들의 마음에 하나님의 백성이라는 선민의식과 믿음을 심어 주었다. 히브리서 11장에 언급된 신앙위인들은 우리의 본보기이기도 하다. 그들은 어떤 상황에서도 믿음으로 살았다. 물론, 그들 가운데 완전한 사람은 없었다. 구약성경에 기록된 그들의 이야기를 읽어 보면, 온갖 약점과 실패와 죄를 발견하게 된다. 하지만 그들은 큰 믿음을 지니고 있었다. 그들이 본보기가 될 수 있었던 것은 바로 그러한 믿음 때문이었다.

히브리서 저자는 과거의 역사를 언급한 뒤에 마치 옛 신앙위인들이 여전히 살아 있는 듯한 말투로 동시대 청중에게 믿음을 촉구했다. "이러므로 우리에게 구름같이 둘러싼 허다한 증인들이 있으니 모든 무거운 것과 얽매이기 쉬운 죄를 벗어 버리고 인내로써 우리 앞에 당한 경주를 경주하며 믿음의 주요 또 온전케 하시는 이인 예수를 바라보자 저는 그 앞에 있는 즐거움을 위하여 십자가를 참으사 부끄러움을 개의치 아니하시더니 하나님 보좌 우편에 앉으셨느니라"(히 12:1, 2). 이것이 그가 신앙위인들을 열거한 목적이었다. 예수님은 자신을 따르는 사람들에게 본이 되고자 하셨다. 예수님은 "앞에 있는 즐거움을 위하여" 고난을 참으셨고 결국 승리를 거두셨다. 기독교인은 고난을 받을 때 항상 그분을 바라봐야 한다. "예수를 바라보자"로 번역된 헬라어에는 시선을 어떤 대상에게 고정시키고 오로지 그것만을 바라본다는 개념이 담겨 있다. 아울러, 히브리서 저자는 "……참으신 자를 생각하라"(3절)고 덧붙였다. 예수님은 가장 완전한 본보기이시다. 말세를 살아가는 우리는 항상 그분의 발자취를 쫓아야 한다. 하나님의 인도를 받기 위해서는 그리스도를 본받고자 노력해야 한다.

예수님도 자신을 본받는 것을 제자직의 핵심으로 간주하셨다. "나의 멍에를 메고 내게 배우라"(마 11:29)는 말씀이 그 점을 나타낸다. 여기서 "멍에"는 두 마리 황소의 목에 동시에 얹힌 멍에를 가리킨다. 한 마리는 멍에에 익숙한 황소이고 다른 한 마리는 처음 일을 배우는 황소이다. 나란히 선 두 마리 황소의 목에 멍에가 놓인다. 노련한 황소와 짝을 이룬 젊은 황소는 모방을 통해 일을 배운다. 노련한 황소가 움직이는 대로 따라 움직여야만 어려움 없이 일을 마칠 수 있다. 제자의 경우도 마찬가지다. 예수님과 한 쌍을 이루어 일생 동안 그분께 배워야 한다. 예수님은 "수고하고 무거운 짐진 자들아 다 내게로 오라 내가 너희를 쉬게 하리라 나는 마음이 온유하고 겸손하니 나의 멍에를 메고 내게 배우라 그러면 너희 마음이 쉼을 얻으리니 이는 내 멍에는 쉽고 내 짐은 가벼움이라"(28-30절)는 은혜로운 말씀으로 우리를 초청하신다. 하나님의 인도를 받는 과정이나 기독교적 삶의 핵심은 모두 그리스도를 본받는 것에 달려 있다. 기독교인은 그리스도 안에서 사는 법을 배워야 한다. 기독교인은 그리스도를 본받아야 한다. 그리스도를 본받는 것만이 영적 성장에 이르는 유일한 길이다. 우리와 멍에를 함께 메고 계시는 그리스도를 본받아 한 걸음씩 발을 내디딜 때 우리는 비로소 의의 길을 걸어갈 수 있다.

지도자를 본받는 삶

바울은 신자들에게 그리스도를 본받으라고 권고했다. "그리스도께서 너희를 사랑하신 것같이 너희도 사랑 가운데서 행하라"(엡 5:2). 하지만 그의 권고는 그것으로 끝이 아니었다. 그는 "너희 안에 이 마음을 품으라 곧 그리스도 예수의 마음이니 그는 근본 하나님의 본체시나……자기를 낮추시고"(빌 2:5-8)라는 말로 빌립보 신자들에게 그리스도를 본받으라고 말한 후 "형제들아 너희는 함께 나를 본받으라"(3:17상)고 덧붙였다. 이 말은 바울처럼 성숙한 믿음을 지닌 사람들을 본받으라는 뜻이다. "또 우리로 본을 삼은 것같이 그대로 행하는 자들을 보이라"

(3:17하))는 말에서 그러한 의중을 읽을 수 있다. "우리"는 바울과 디모데를 가리킨다. 바울이 말하는 본받음의 원리를 설명하면 다음과 같다. 먼저, 바울과 디모데는 그리스도를 본받는 삶을 살았다. 당시 그리스도를 따르는 신자들 가운데는 바울과 디모데를 본받은 사람들이 많았다. 그 결과, 그들은 다른 사람들의 본이 되기에 충분할 정도로 성장했다. 바울은 그들의 신앙인격을 본받는 것이 모든 신자의 의무라고 강조했다.

베드로는 교회 지도자들(그는 그들을 "장로"로 일컬었다)에게 "너희 중에 있는 하나님의 양 무리를 치되"(벧전 5:2)라고 말했다. 이 말은 양떼의 건강과 행복에 관심을 둔 책임 있는 리더십을 강조한다. 교회 지도자들은 "목자장"이신 그리스도의 권위 아래 복종하며 목자가 양떼를 돌보듯이 신자들을 돌봐야 한다. 목자는 항상 큰 그림을 생각하며 양떼 전체를 보호해야 하고, 그와 동시에 각각의 양들을 하나씩 보살펴야 한다. 예수님은 아흔아홉 마리의 양을 놔두고 잃어버린 한 마리 양을 찾아 나섰던 목자의 비유를 통해 이 점을 가르치셨다. 무리를 빠져나와 방황하는 고집스런 양을 찾으려면 많은 불편과 노력을 감수해야 하지만, 비유 속의 목자는 기꺼이 잃은 양을 찾아 사랑스럽게 어깨에 메고 집으로 돌아온다(눅 15:3-7 참조).

하나님의 백성을 주관하는 목자들도 그리스도를 섬기며, 지혜롭고, 자상하고, 희생적인 태도로 "하나님의 양 무리"를 보살펴야 한다. 베드로는 목자장이신 예수님을 섬기는 목자들에게 마음의 동기와 태도를 정직하게 살펴보라고 권한다. 교회의 지도자는 "부득이함으로 하지 말고 오직 하나님의 뜻을 좇아 자원함으로 하며 더러운 이(利)를 위하여 하지 말고 오직 즐거운 뜻으로 하며 맡기운 자들에게 주장하는 자세를 하지 말고 오직 양 무리의 본이 되라"(벧전 5:2, 3)고 했다. 사람들을 격려하고, 비전을 제시하고, 가르치고, 조직을 구성하는 일도 중요하지만 지도자는 무엇보다 본이 되어야 한다. 사실, 하나님의 교회 안에서는 모두가 지도자의 역할을 한다. 부모는 자녀에게, 형제는 형제에게, 노인은 젊은이에게, 강한 자는 약한 자에게, 친구는 친구에게, 위로하는 자는 낙심하는 자에게, 제자는 제자에게 제각기 지도자가 된다. 따라서 우리는 지도자의 책임을 진지하게 받아들여야 한다. 우리는 하나님의 도구가 되어 다른 사람들의 믿음과 삶을 도와주어야 한다. 베드로는 목자장이신 그리스도가 우리 모두(공식적인, 또는 비공식적인 지도자 모두)를 불러 모으실 미래를 바라보며, "그리하면 목자장이 나타나실 때에 시들지 아니하는 영광의 면류관을 얻으리라"(4절)고 말했다. 우리 모두 그런 상급을 받게 되기를 기도한다.

바울은 본받음의 원리를 가르치는 일에 많은 비중을 두었다. 그는 신자들에게 자신을 본받으라고 말했다. "너희는 나를 본받는 자 되라"(고전 4:16). "내가 그리스도를 본받는 자가 된 것같이 너희는 나를 본받는 자가 되라"(고전 11:1). 그는 디모데에게도 "오직 말과 행실과 사랑과 믿음과 정절에 대하여 믿는 자에게 본이 되어"(딤전 4:12)라고 권고했다. 바울은 데살로니가 신자들에게 자신을 본받으라고 권하면서, "어떻게 우리를 본받아야 할 것을 너희가 스스로 아나니……오직 스스로 너희에게 본을 주어 우리를 본받게 하려 함이니라"(살후 3:7-9)고 말했다. 또한 바울은 이미 그들이 자신을 본받으려고 노력하는 것을 기쁘게 생각하며, "너희는……우리와 주를 본받은 자가 되었으니……형제들아 너희가 그리스도 예수 안에서 유대에 있는 하나님의 교회들을 본받은 자 되었으니"(살전 1:6, 2:14)라고 말하기도 했다.

언뜻 생각하면, 바울의 말은 너무 자신만만하게 들린다. 하지만 그렇지 않다. 바울은 자신의 복음사역과 교회 지도자로서의 권위를 가족관계의 관점에서 설명했을 뿐이다. 즉, 바울은 자신을 신자들의 영적 부모로 생각했고(고전 4:14, 15; 갈 4:19; 몬 10절 참조), 그리스도 안에서 그들을 형제로 받아들였다. 하나님은 가정을 서로 본받을 수 있는 장소로 세우셨다. 고대사회에서는 특히 더 그랬다. 대부분의 아시아에서는 지금도 그렇지만, 서구사회의 경우에는 그런 식의 가족관계가 거의 해체된 지 오래다. 하지만 교회 안에서 서로에 대한 의무는 변하지 않았다. 바울이 그가 세운 교회들에 대해 그랬듯이, 우리가 그리스도 안에서 주고받는 사랑과 배려는 서로에게 좋은 본보기가 된다. 바울이 자신을 본보기로 내세운 것은 이기심이나 지배욕과는 거리가 멀다. 그것은 오히려 사역에 해당했다. 이렇듯, 신자들은 서로에게 본이 되기 위해 노력해야 한다. 세상 문화가 어떻게 변하든지 이 원리는 변하지 않는다.

하지만 교회 지도자들이 그릇된 본을 보이는 경우에는 어떻게 할 것인가? 교회 지도자의 어리석은 말이나 잘못이 기삿거리로 회자될 때면 기독교인들은 기가 죽을 수밖에 없다. 훌륭하다고 칭송받던 기독교 인사의 부도덕성이 만천하에 드러날 때나, 기독교를 믿는 국가 지도자가 기아와 질병으로 죽어 가는 국민들을 아랑곳하지 않고 혼자서 국가의 기금을 착복했다는 소식을 들을 때면 우리는 비통함과 슬픔을 느끼곤 한다. 구약성경에 보면, 선지자 예레미야가 여호야김왕을 질책하는 대목이 나온다. 여호야김왕은 경건하고 위대했던 요시야왕의 아들이었지민 불법을 저질렀다. 본래는 그의 형 여호아하스기 B.C. 609년에 유다

왕으로 등극했지만 그의 치세는 불과 석 달도 가지 못했다. 요시야왕은 종교개혁을 이끌면서 30년 이상 유다 왕국을 다스리다가 전쟁에서 입은 상처의 후유증으로 사망하고 말았다(대하 34, 35장 참조). 왕위를 이어받은 여호야김은 통치를 시작한 지 13년이 지나자 "그 하나님 여호와 보시기에 악을 행하였더라"(대하 36:5)는 평가를 듣게 되었다. 예레미야가 아래의 말씀을 전할 무렵, 그의 왕위는 매우 견고한 상태였다.

> "불의로 그 집을 세우며 불공평으로 그 다락방을 지으며 그 이웃을 고용하고 그 고가를 주지 아니하는 자에게 화 있을진저……네 아비가 먹으며 마시지 아니하였으며 공평과 의리를 행치 아니하였느냐 그때에 그가 형통하였었느니라 그는 가난한 자와 궁핍한 자를 신원하고 형통하였나니 이것이 나를 앎이 아니냐……그러나 네 눈과 마음은 탐람과 무죄한 피를 흘림과 압박과 강포를 행하려 할 뿐이니라……그가 끌려 예루살렘 문밖에 던지우고 나귀같이 매장함을 당하리라……네 목자들은 다 바람에 삼키울 것이요 너를 사랑하는 자들은 사로잡혀 가리니 그때에 네가 반드시 네 모든 악을 인하여 수치와 욕을 당하리라"_렘 22:13-17, 19, 22.

성경은 이스라엘 왕국과 유다 왕국의 왕들이 적국의 포로로 잡혀간 이유가 파렴치한 이중성과 불신앙과 부도덕함에 있었다고 설명한다. 좋은 영향이든 나쁜 영향이든 개인이 전체에 미치는 파장은 참으로 엄청나다. 그 파급효과는 종종 우리의 예상을 뛰어넘는다. 여호야김의 부패는 비단 그 자신에게만 영향을 미친 것이 아니었다. 예레미야는 여호야김의 신하들("네 목자들")이 그를 본받아 악을 저질렀기 때문에 심판을 당할 것이라고 말했다. 선한 사람이 많은 사람에게 좋은 본이 되듯이, 나쁜 사람은 주변에 부정적인 영향을 미친다. 따라서 우리는 늘 조심하며 살아가야 한다.

요약

이 장의 논의는 세 가지로 요약될 수 있다. 첫째, 언약의 백성을 위한 하나님의 인도는 단지 삶의 문제를 결정하는 것이나 잘못된 길에서 구원하고 보호하는 차원에 국한되지 않는다. 하나님의 인도는 인격의 형성에까지 영향을 미친다. 사실, 삶의 문제를 결정하는 것도 인격을 근거로 한다. 하나님의 인도는 그분이 원하시는 인격을 갖출 수 있게 도와준다. 이 점에서 하나님의 인도는 우리를 거룩하게 만드는 성화의 사역에 해당한다. 하나님의 약속과 명령에 믿음과 복종으로 반응하는 것은 성화의 과정에서 반드시 고려해야 할 중요한 요소 가운데 하나다. 삶 속에서 이루어지는 하나님의 섭리는 신비롭기도 하고 두렵기도 하다. 복음주의가 말하는 하나님의 인도는 그러한 상황 속에서 믿음으로 충실하게 복종하는 행동을 모두 포함한다. 찰스 웨슬리의 찬송가 "나의 힘과 소망이신 예수여"를 그 예로 들 수 있다.

"저를 위한 약속의 말씀, 주님의 말씀을 의지합니다.
주님은 구원과 도움을 베풀어 주십니다.
하지만 주님이 저의 인내를 온전한 사랑으로 성숙시키실 때까지 희망을 잃지 않고 끝까지 감당하게 하옵소서."

둘째, 하나님은 본보기와 모방의 과정을 통해 성화를 이루어 가도록 섭리하신다. 모방은 인간의 자연스런 본성이다. 가장 완벽한 본보기는 주 예수 그리스도시다. 성화를 이루기 위해서는 복음서를 읽고 또 읽으면서, 삶을 대하시는 예수님의 태도와 일하시는 자세, 사람들을 배려하고 돌보시는 방식, 기도하시는 자세, 기뻐하고 인내하시는 태도 등을 배워야 한다. 늘 복음서를 읽으면서 그리스도의 성품을 본받으려고 노력해야 한다. 오로지 성경 전체를 통독하는 데만 열정을 쏟을 뿐, 복음서를 충분히, 또 자주 읽지 않는 신자들이 많다. 그런 태도는 지혜롭지 못하다. 바울서신, 요한서신, 시편도 가능한 한 자주 읽어야 한다. 왜냐하면 하나님과 동행하며 경건한 신앙인격을 갖추려고 노력했던 모범적인 인물들이 많이 등장하기 때문이다. 그런 내용을 읽으면 우리의 인격 형성에 큰 도움이 된다. 인격 형성에 영향을 미치는 것은 그들이 가르치는 교리보다는 하나님께 대한 그들의 태도(찬양, 감사, 기도, 복종, 승리의 축하, 고민 등)이다. "바라보는 사람을 닮게 된다."는 옛말은 이 경우에 매우 적절하다.

셋째, 경건하고 선한 본보기를 닮기 위해 노력하는 목적은 성경의 신앙위인들과 신실한 신자들을 본받기 위해서다. 무대 위에서 연기하는 연극배우가 스크린에 나오는 영화배우보다 관객들에게 더 생생한 인상을 심어 주듯이, 책에서 만난 신자들보다 우리와 직접 어깨를 부딪치며 살아가는 신자들이 훨씬 더 많은 영향을 준다. 물론, 우리는 책에 기록된 경건한 신자들과 동시대를 살아가는 신실한 신자들 모두를 본받아야 한다. 그러기 위해서는 경건한 신자들의 전기나 성경을 읽는 습관을 기르는 것은 물론, 성숙한 신앙을 지녔다고 생각되는 주변 사람들과 깊고 친밀한 관계를 맺는 습관이 필요하다. 그런 습관을 형성하는 것 역시 하나님의 인도에 해당한다. 냉소적인 사람들은 모방을 아첨의 일종으로 치부한다. 그럼에도 불구하고, 모방은 하나님이 우리를 인도하시는 가장 중요한 은혜의 수단 가운데 하나다.

토·론·과·성·찰·을·위·한·문·제

1. 누구의 영향을 받았다고 생각하는가? (실존하는 인물도 좋고 과거의 인물도 좋다. 또는 책을 통해 만난 사람도 괜찮다.)

2. 누구를 본받고 싶은가? 또, 그 이유는 무엇인가?

3. 저자는 "자기 이름을 위하여 의의 길로 인도하시는도다"라는 시편 23편 말씀을 설명하면서, "양이 다른 양들과 섞여 걸어갈 때 목자가 한눈을 판다고 생각하면 큰 오산이다. 마찬가지로, 하나님은 주권적인 섭리를 통해 일상생활 속에서 매순간 우리를 인도하신다. 특별히 중요한 결정이 필요한 때라고 해서 달라질 것은 아무것도 없다. 본보기가 될 만한 사람들을 통해 우리를 더욱 깊고 성숙한 길로 이끄시는 것도 하나님의 섭리 가운데 하나다."라고 말했다. 가장 최근에 하나님의 주권적인 섭리에 의한 인도와 보호를 경험한 바가 있는지 곰곰이 생각해 보라.

4. 양의 입장에서 목자를 생각해 보면, 하나님의 인도에 관해 많은 깨달음을 얻을 수 있다. 당시에는 몰랐지만 나중에 하나님의 인도를 깨닫는 경우도 많다. 그런 경험이 있는가?

5. 저자는 "본보기의 역할은 무엇일까?"라는 질문을 제기하고, "첫째, 우리의 비전을 넓혀 준다. ……둘째, 우리의 삶에서 무엇을 할 수 있고, 또 무엇을 해야 하는지 깨닫게 해준다. ……셋째, 우리의 소명을 이루는 데 도움을 준다."라고 대답했다. 자신의 현재 상황에 가장 적절한 대답을 선택한 뒤, 어떻게 해야 그러한 도움을 받을 수 있을지 생각해 보라.

6. 동료 신자들에게 신앙위인들에 관해 설교한다는 마음으로 히브리서 12장 1, 2절을 소리 내어 읽어 보라. "허다한 증인들" 가운데 가장 본받고 싶은 사람은 누구인가? 또, 어떤 자질을 가장 원하는가?

7. 히브리서 12장 1, 2절을 다시 읽어 보라. "이것이 그가 신앙위인들을 열거한 목적이었다. 예수님은 자신을 따르는 사람들에게 본이 되고자 하셨다." 예수님을 본보기로 삼고 그분을 바라보면, 어떤 모습이 떠오르는가?

8. "하나님의 교회 안에서는 모두가 지도자의 역할을 한다." 베드로전서 5장 2, 3절을 읽어 보라. 자신이 동료 신자들의 귀감이 될 수 있다고 생각하는가? 베드로의 교훈 중에서, 자신의 삶에 적용하면 교회 안에서 영적 지도자로서의 역할을 좀 더 잘 수행할 수 있을 것 같은 내용은 무엇인가?

9. 예레미야 22장 22절은 "네 목자들은 다 바람에 삼키울 것이요"라고 말씀한다. 이 같은 경고 앞에서 어떤 생각이 드는가?

10. "수고하고 무거운 짐진 자들아 다 내게로 오라 내가 너희를 쉬게 하리라……나의 멍에를 메고 내게 배우라"(마 11:28, 29). 예수님과 함께 멍에를 메고 있는 자신의 모습을 상상해 보라. 삶의 멍에를 함께 나누어 메신 예수님께 드리고 싶은 말씀은 무엇인가?

 하나님은 분별 있는 사고, 사람들의 조언, 깊은 사색, 기도와 같은 수단을 통해 우리의 길을 결정짓도록 유도하신다.

하나님의 부르심(소명)

"양떼를 따를 때에 여호와께서 나를 데려다가 내게 이르시기를 가서 내 백성 이스라엘에게 예언하라 하셨나니" (암 7:15).

어떻게 보면, 인생은 결정의 연속이다. 그러한 결정에는 별로 중요하지 않은, 사소하고 단기적인 결정들이 있다. 예를 들면, "무슨 옷을 입을까? 어떤 음식을 먹을까? 어느 극장에 예약할까?" 등이다. 이런 문제들은 별로 큰 차이가 없고, 장기적으로 볼 때도 파급효과가 전혀 없다. 하지만 어떤 문제들은 파급효과가 매우 크다. 그 경우, 결과를 예측할 수 있는 지혜가 필요하다. 예를 들면, 교육, 직업, 결혼, 거주지, 입양, 출석 교회 선택 등이다. 그런 문제들을 결정할 때는 상당한 고민이 뒤따른다.

물론, 우리의 결정이 가져올 결과를 정확히 예측하기는 불가능하다. 중요하게 생각했던 결정이 아무 영향을 미치지 않을 수도 있고, 하찮게 보였던 결정이 심각한 결과를 야기할 수도 있다. 사실, 사소하게 보였던 결정이 하나님의 섭리 가운데서 삶을 획기적으로 변화시키는 경우가 더러 있다. 예를 들면, 파티에 초대되어 갔다가 배우자가 될 사람을 만나거나, 우연히 모임에 참석했다가 직장을 제의받거나, 성경말씀을 읽다가 갈등 관계를 해결할 깨달음을 얻는 등 여러 가지 경우가 있을 수 있다. 그런 사건들은 뜻밖의 기쁨을 안겨 준다. 우리를 보호하시고 인도하시는 하나님의 섭리를 깨닫게 하기 때문이다. 또한, 하나님 앞에서 오랫동안 고민하며 결정했던 문제가 예상치 못한 상황 변화로 인해 갑자기 취소되어 모든 것을 처음부터 다시 시작해야 하는 경우도 있다. 그럴 때는 하나님이 모든 것을 잘 알아서 해결해 주실 것을 믿는 믿음이 필요하다. 하지만, 이 장에서는 이런 문제들은 잠시 제쳐두고, 삶의 방향을 결정짓는 중대한 결정(즉, 미래의 삶을 결정짓는 인생의 전환점)을 내리는 문제에만 초점을 맞추고자 한다.

우리는 그와 같은 결정을 "소명을 위한 결정"으로, 그와 관련된 하나님의 인도를 "소명을 위한 인도"로 일컫고자 한다. 그 이유는 기독교인들이 소명이라는 용어를 자주 사용할 뿐 아니라 하나님의 부르심에 복종하여 각자의 삶 속에서 그분의 뜻을 실천하는 것이 곧 올바른 삶을 결정하는 것을 의미하기 때문이다. "소명"을 뜻하는 라틴어 "보카티오"는 "부르심"을 뜻한다. 우리는 목회자나 선교사의 길을 걷는 사람들을 가리킬 때 종종 "소명"이라는 표현을 사용한다. "부르심"을 뜻하는 히브리어나 헬라어에는 그런 의미가 전혀 없지만, 특별한 길(즉, 목회사역, 이직, 이사 등)을 걷도록 "부르심을 받았다"는 표현은 교회 내에서 전통적으로 사용되어 왔다. 이렇듯, "소명"이라는 용어는 복음주의자들 사이에서 특별한 사건에 대한 경험을 묘사하는 용도로 널리 사용된다. 하지만, 이러한 용도가 늘 도움이 되는 것은 아니다. 세상 사람들이 기독교의 용어를 차용해서 그 의미를 변질시키는 일이 종종 있다. 일반 사회에서 "소명을 위한 하나님의 인도"는 직업 선택과 관련된 섭리로 인식되는 것이 보통이다. 오늘날에는 일시적인 직업이 많다. 그런 경우에 해당하는 "소명"은 평생의 헌신과 무관하다. 기독교는 소명을 삶 전체를 포괄하는 근본적인 사명을 뜻하는 의미로 받아들인다. 이 점은 예나 지금이나 변화가 없다.

소명의 본질

성경을 보면, 하나님과의 만남을 통해 한 사람의 삶이 근원적으로 바뀌는 사례를 찾아볼 수 있다. 모세는 불붙은 가시떨기 앞에서 하나님을 만났다. 하나님은 그에게 장인의 양떼를 치는 일을 중단하고 애굽으로 돌아가서 바로의 압제로부터 이스라엘 백성을 구원하여 약속의 땅으로 인도하라고 명령하셨다(출 3장 참조). 바울은 다메섹으로 가는 길에 부활하신 그리스도를 만났다. 당시 그는 기독교인을 고문하고 죽이기 위해 다메섹으로 가던 중이었다. 하지만 그는 바울이라는 새 이름을 얻어 기독교 역사상 가장 뛰어난 신학자이자 선교사가 되었다(행 9, 22, 26장 참조). 농부의 아들 기드온은 어느 날 느닷없이 이스라엘 백성을 미디안 족속의 압제에서 구원하라는 소명을 받았다(삿 6장 참조). 시골 농부였던 아모스는 벧엘에서 하나님의 말씀을 전하는 중에 그곳의 제사장 아마샤의 반대에 직면하자, "나는 목자요 뽕나무를 배양하는 자로서 양떼를 따를 때에 여호와께서 나를 데려다가 내게 이르시기를 가서 내 백성이스라엘에게 예언하라 하셨나니"(암 7:14, 15; 렘 1:4-8; 겔 2, 3장)라고 증언했다. 이들은 모두 하나님과의 만남을 통해 극적인 삶의 변화를 경험했다. 사람들은 흔히 그런 경우를 하나님의 소명으로 일컫는다. 맞는 말이다. 하지만 이 사건들은 매우 예외적이다. 성경이 이 사건들을 기록하고 있는 이유는 보편적인 원리를 제시하기 위해서가 아니라, 그들의 소명을 통해 매우 중요한 의미를 지닌 사역이 이루어졌기 때문이다.

하지만 19세기 말과 20세기 초에 이르러 복음주의자들 사이에서는 특별히 직업이나 결혼과 같은 문제와 관련하여 그런 식의 극적인 소명에 대한 기대감이 팽배해졌다. 사람들은 하나님이 초자연적인 섭리를 베푸셔서 자신들의 삶을 인도해 주시기를 바라고 기도했다. 그러한 경험이 없는 사람들은 '나는 아직도 하나님의 인도를 받지 못했어.'라고 생각하곤 했다. 그들은 과연 어떤 징조를 바랐던 것일까? 당시 사람들은 선택을 해야 할 때나 기회가 주어졌을 때 최소한 자신의 결정이 옳다는 "강렬한 마음의 확신"만이라도 느낄 수 있기를 바랐다. 하지만 특별한 감정이나 환상, 또는 음성에 의한 하나님의 인도는 과연 신뢰할 만한 것인가? 모세, 바울, 기드온, 아모스는 한 번도 꿈꾸지 않았던 일을 행하라는 부르심을 받았다. 그것이 바로 하나님이 직접적인 대면을 통해 그들에게 사역을 맡기신 이유였다. 하지만 결혼 문제나 목회자로서의 헌신, 또는 국내 선교사나 국외 선교사로서의 사역 등의 문제를 결정하는 일은 그런 범주에 속하지 않는다. 그런 문제들은 물론, 그와 유사한 문제들에 대해 하나님의 초자연적인 인도를 바라는 것은 한마디로 잘못이다. 그릇된 결정을 피하고 올바른 결정을 내리면 자연히 마음이 평화로워지고, 꼭 필요한 결정이었다는 생각이 들기 마련이다. 설혹 중대한 결정을 내려야 할 경우라 할지라도 하나님의 직접적인 인도, 즉 초자연적인 음성이나 환상을 기대하는 것은 결코 현명한 방법이 아니다.

잘못된 결정은 불행한 결과를 초래한다. 사람들은 하나님의 초자연적인 인도가 없을 때 당황해하고 실망하며, 결정을 내리지 않은 채 가만히 있거나, 심지어는 죄책감을 느끼곤 한다. 또, 내면에서 느껴지는 충동에 의존하거나 아무 생각 없이 되는 대로 삶의 문제를 결정짓는다. 그런 잘못을 저지르는 근본적인 이유는 두 가지다. 첫째는 성경에 근거한 이성적 추론을 불신하기 때문이다. 사람들은 이성적 추론을 영적 활동으로 생각하지 않는다. 둘째는 행복한 감정이든 우울한 감정이든, 감정의 충동을 신뢰하기 때문이다. 사람들은 감정 상태를 근거로 하나님의 인도를 점치곤 한다. 하지만 감정을 신뢰하는 것은 깊은 영성을 소유한 증거라기보다는 미신에 가깝다. 그것은 서구사회에 유행하는 낭만주의를 우스꽝스럽게 개조한 것이나 다름없다. 초자연적인 징조가 없더라도 성경에 근거한 이성적 추론을 신뢰하는 정신자세가 필요하다. 이성적 추론은 무려 3세기 동안 지속되어 온 개혁주의 전통(즉, 소위 "감정주의"에 오염되기 직전의 전통)으로 다시 복귀하는 것을 의미한다. 우리는 그동안 성경에 근거한 이성적 추론을 도외시하고 여러 가지 새로운 것들을 실험해 왔다. 하지만 모두 실패로 돌아갔다. 이제는 오랫동안의 검증 과정을 거쳐 효과가 입증된 방법을 다시 회복시킬 필요가 있다.

16세기 중반부터 19세기 중반에 이르기까지 개신교 지도자들은 직업 선택과 같은 문제를 논하지 않았다. 하지만 장래의 목회자를 세우는 과정에서는 직업 선택에 필요한 두 가지 질문을 제기했다. 즉, 그들은

"어떤 선택이 자신의 상황과 가장 적합한가?"와 "어떤 선택이 자신의 관심과 재능에 가장 잘 들어맞는가?"를 생각하라고 권고했다. 물론, 당시의 젊은이들은 직업을 결정할 때 가족들의 기대와 사회적인 체면을 고려해야 했다. 이와 달리, 오늘날에는 선택할 수 있는 직업의 폭이 매우 넓다. 아울러, 당시에는 신성한 결혼이라는 개념 아래 대부분 부모의 중매에 의해 반강제적으로 결혼이 이루어졌다. 하지만 요즘에는 당사자들의 결정에 의해 결혼이 이루어진다.

그런 문제들을 기도로 결정하는 방식은 예나 지금이나 크게 변하지 않았다. 직업 문제와 관련해서는 "제가 선택하려고 하는 직업이 평생의 직업이라면 일평생 행복한 마음으로 열심히 일하게 하옵소서."라고 기도하고, 결혼 문제와 관련해서는 "누구를 배우자로 선택해야만 죽음이 갈라놓을 때까지 평생토록 그(또는 그녀)를 진심으로 사랑할 수 있을지 알게 해주옵소서."라고 기도하면 된다. 기도의 초점은 하나님의 인도에 있으며, 올바른 결정을 내린 경우에는 자연스레 마음의 평화가 뒤따른다. 하나님 앞에서 여러 가지 상황을 꼼꼼히 따져 보고 합리적인 확신에 도달했다면, 올바른 결정을 내렸다고 생각해도 무방하다.

19세기 말에서 20세기로 접어드는 시기에 복음주의자들은 직업에 대해 매우 제한적인 생각을 가지고 있었다. 즉, 남성은 선교사, 목회자, 의사, 교사 등 네 개의 직업을, 여성은 선교사, 교사, 간호사 및 앞서 말한 네 가지 직업 중 하나를 선택한 남성의 아내가 되는 것을 가장 가치 있는 직업으로 치부했다. 이러한 사고방식이 먼 과거의 일이 된 것은 참으로 다행이다. 요즘에는 이러한 사고방식이 통하지 않는다. 오늘날에는 하나님을 영화롭게 하고 다른 사람들을 유익하게 할 수 있는 일,

즉 정직하고 신실하고 명예로운 일을 선택하는 것이 가장 중요하다. 패스트푸드 음식점의 종업원, 밤늦게 사무실을 깨끗이 청소하는 청소부, 증권 중개인, 아이들을 돌보는 보모, 밭을 가는 농부, 자동차 수리공, 글을 쓰는 저술가 등 어떤 직업에 종사하든, 자기가 하는 일을 신성하게 생각할 수 있다. 하나님은 모든 사람에게 재능과 은사와 기회를 허락하셨다. 하나님은 말로 하는 찬양뿐 아니라 그분의 이름으로 행해지는 모든 활동을 통해 영광받으신다. 허드렛일로 보이는 일도 얼마든지 하나님의 소명이 될 수 있다. 일의 종류는 중요하지 않다. 하나님의 영광을 위해 하는 일은 무엇이든 신성하다.

일이란 하나님과 다른 사람들을 섬기는 유익하고 창조적인 활동을 의미한다. 일을 하려면 재능이 필요하다. 하지만 보수는 있을 수도 있고 없을 수도 있다. 사실, 우리가 하는 일들 가운데는 보수가 없는 경우가 많다. 가사활동이 그 대표적인 경우다. 하지만 가사활동은 하나님의 중요한 소명 가운데 하나다. 특히 어린아이를 양육하는 것은 매우 중요하다. 부모는 자녀들을 돌보고 온 가족이 육체적, 감정적, 영적 자양분을 얻을 수 있는 환경을 조성함으로써 하나님과 다른 사람들을 섬긴다. 우리는 때로 가사활동이 하나님의 소명이라는 점을 간과한다.

캐롤린은 저명한 학자가 이따금 주일 아침에 교회 유아실에서 아이들과 놀아 주는 모습을 목격했다. 또 어떤 장로는 자신도 하기 싫은 불쾌한 일을 남들에게 맡기고 싶지 않아 직접 교회의 하수구를 청소했다. 소명을 직업과 신분과 보수 등의 요소들과 직결시켜 생각하는 사고의 틀을 깨뜨릴 필요가 있다. 신자가 자원하여 행하는 일은 모두 소명에 해당한다.

물론 위에 언급된 네 가지 직업은 하나님 나라의 건설에 매우 유익하다. 왜냐하면 다른 사람들에게 선을 행할 수 있는 잠재력이 매우 크기 때문이다. 누구라도 적합한 재능과 관심이 있다면 네 가지 직업 중에 하나를 선택하라고 추천하고 싶다. 목회자와 청소년 지도자들은 그런 일들에 소질이 있는 사람들을 잘 인도해야 할 책임이 있다. ("직업 적성 계발"은 전통적으로 목회사역의 중요한 부분으로 간주되어 왔다.) 이들 네 가지 직업은 그 자체로 높은 가치를 지니고 있다. 하지만 하나님은 젊은 사람들이 이들 네 가지 직업을 포함해 각자의 적성에 맞는 일에 종사하기를 원하신다. 직업을 바꾸고 싶어하는 사람들은 나이가 적든 많든 '내가 잘할 수 있고, 보람을 느낄 만한 일은 무엇인가? 하나님의 영광과 이웃들의 행복과 하나님 나라 건설에 가장 크게 이바지함으로써 인생의 참 만족을 얻게 해줄 일은 과연 무엇인가?'를 생각해야 한다. 이런 질문들을 곰곰이 생각하며 기도하면, 하나님이 생각의 방향을 인도하셔서 결국에는 소명을 발견하게 될 것이다. 그렇게 발견된 소명은 위의 네 가지 직업 가운데 하나일 수도 있고 다른 직업일 수도 있다. 분명한 확신이 설 때까지는 위의 질문들에 초점을 맞춰야 한다. 목자이신 하나님은 결정이 필요할 때마다 늘 곁에서 우리를 인도해 주신다.

소명을 결정하는 판단기준은 하나님이 허락하신 깨달음, 개인적인 관심, 재능, 의무감 등이다. 예를 들어, 가정에서 가족들의 행복을 책임지고 있는 경우에는 그 책임을 잘 수행할 수 있는 직업을 선택해야 한다. 어린 자녀들을 기르고 있는 부모들은 아이들을 잘 돌봐야 한다는 책임감 때문에 이따금 부업을 선택하기도 한다. 대개 그런 경우는 본업만으로는 가족의 생계와 자녀 교육에 소요되는 비용을 모두 감당하기 어려운 상황에서 이루어진다. 또, 어떤 부모들은 돈벌이가 좀 덜 되거나 사회적인 직위가 좀 낮더라도 조부모의 집이나 명문 학교 근처에서 직업 활동에 종사하기도 한다. 심지어는 십대 자녀의 스포츠 활동에 관심을 집중할 목적으로 직장 내에서의 승진을 포기하는 부모들도 있다. 마찬가지로 성인이 된 자녀들의 경우, 나이 든 부모의 행복을 생각해서 다른 도시로 이주하는 것을 포기하기도 하고, 부모의 병 수발이나 심부름을 해줄 시간이 부족하다는 이유로 넉넉한 보수의 좋은 직업을 거부하기도 한다. 가족들 가운데 특별한 보살핌이 필요한 부모나 형제, 또는 자녀를 둔 경우에는 그때그때의 상황에 따라 직업을 바꿀 수밖에 없다. 성경은 그러한 희생을 높이 평가한다. 예를 들어, 디모데전서 5장 8절은 "누구든지 자기 친족 특히 자기 가족을 돌아보지 아니하면 믿음을 배반한 자요 불신자보다 더 악한 자니라"고 말씀한다. 세상 사람들의 눈에는 그들이 거추장스런 가족 때문에 제 갈 길을 못 가는 것처럼 보여도, 정작 당사자들은 하나님의 구속사역의 기쁨을 다른 누구보다도 앞장서서 증언하는 경우가 많다.

소명의 요소

우리는 직업에 대한 소명을 선택할 때 지혜로운 결정을 내릴 수도 있고 어리석은 결정을 내릴 수도 있다. 또 신앙적인 선택을 할 수도 있고 그렇지 못한 선택을 할 수도 있다. 직업에 대한 소명을 결정지어야 할 순간에 하나님은 올바른 결정을 내릴 수 있도록 우리를 인도하신다.

구체적으로 말해, 하나님은 분별 있는 사고, 사람들의 조언, 깊은 사색, 기도와 같은 수단을 통해 우리의 길을 결정짓도록 유도하신다. 하나님은 그런 과정을 통해 올바른 결정을 내리도록 도와주시고, 결정을 내린 이후에도 고쳐 생각해야 할 것이 있으면 그렇게 할 수 있도록 인도하신다. 하나님은 양떼인 우리를 인도하시는 목자이시다. 하나님은 우리를 유심히 살펴보시며 안전하게 보호하신다. 하나님의 보호와 인도는 우리의 상상을 초월한다. 성부와 성자와 성령, 삼위일체 하나님이 목자가 되시어 모든 여정이 끝날 때까지 우리를 올바른 길로 인도하신다. 하나님은 우리를 인도하실 때 여러 가지 수단을 사용하신다.

직업에 대한 소명을 결정하는 문제는 매우 중대하다. 어떤 직업을 선택하느냐에 따라 우리의 인생이 달라진다. 직업에 대한 소명은 우리의 삶에 장기적인 영향을 미친다. 하지만 그런 문제를 결정해야 할 때 하나님은 몇 가지 과정을 통해 우리를 인도하신다. 다시 말해, 하나님은 몇 가지 예비적인 수단을 통해 우리의 길을 은근히 암시하시고, 뒤에서 계속 그 방향으로 나가게 하시거나 방향을 수정하도록 유도하신다. 이 점을 구체적으로 살펴보기 위해 성경에 등장하는 세 사람의 인물, 즉 모세, 느헤미야, 바울을 차례로 생각해 보기로 하자.

모세는 뛰어난 재능의 소유자였다. 하지만 그는 매사에 자신감이 부족했고, 종종 자제력을 잃을 정도로 성미가 급했다. 한마디로, 그는 결함이 많은 인간이었다. 하지만 그럼에도 불구하고 그는 위대한 하나님의 사람이 되었다.

느헤미야는 재치와 지략이 넘치는 인물이었지만 자기 자신을 의지하려는 성향이 매우 강했다. 그런데도 그는 어떤 행동을 취하기에 앞서 항상 기도했고, 또 다른 사람들에게 기도를 부탁하곤 했다. 그는 기도를 통해 자기 자신을 의지하려는 유혹을 물리치려고 노력했다. "행동하기 전에 기도하라."는 말은 영혼의 건강을 유지하는 데 필요한 보편적인 원리이자 규칙이다.

바울은 비전가이자 개척자였다. 그는 그리스도를 영접하기 전까지만 해도 성격이 불같았다. 그의 이야기를 읽어 보면, 그가 어리석을 정도로 무모했다는 사실을 알 수 있다. 하나님조차도 때로 그의 무모한 행동을 만류하셔야 했던 것으로 보인다(행 19:30, 31 참조).

마귀의 유혹은 종종 우리의 가장 큰 장점을 파고든다. 마귀는 우리가 강하다고 믿고 경계심을 늦춘 채 무엇을 하고 있는 줄도 모르고 스스로를 의지하는 순간을 절대 놓치지 않는다. 우리는 그런 잘못을 되풀이할 때가 많다. 지혜는 "안 된다. 습관을 바꿔야 한다."고 외치지만 우리는 귀 기울이지 않는다. 우리 자신을 신뢰해서는 안 된다. 위의 세 인물들은 그 점에 대해 많은 교훈을 준다.

사역을 위한 준비과정

하나님은 이들 세 사람이 각자 고유한 소명을 선택할 수 있도록 오랫동안 섭리의 손길을 멈추지 않으셨다. 먼저, 모세는 "장성하여 바로의 공주의 아들이라 칭함을 거절"했다(히 11:24). 갈대 상자 속에서 발견된 모세는 바로의 수양아들이 되었다. 그는 왕궁에서 왕족들과 함께 자랐으며, 애굽의 언어와 지혜를 배웠다. 바로는 그를 애굽의 왕자로 간주했다. 하지만 모세에게 젖을 물린 사람은 바로 그의 어머니였다. 그녀는 바로의 딸에게 유모로 고용되어 모세를 키웠다. 모세는 유모인 어머니를 통해 이스라엘 민족의 신앙과 자신의 정체성을 알게 되었다. 그는 이스라엘 민족이 애굽인의 노예가 된 것에 분개했다. 그러던 어느 날, 모세는 한 애굽인이 이스라엘 사람을 때리는 것을 목격하고 분노를 이기지 못한 채 그를 살해했다. 모세는 비록 왕자의 신분이었지만 그 일 때문에 몰래 도망해야 했다. 이 모든 일은 모세가 바로와 맞대결을 펼쳐 이스라엘 민족을 애굽에서 구원해 내고, 40년 동안 그들의 지도자로 살아가는 데 필요한 준비과정이었다.

다음으로, 느헤미야는 "왕의 술 관원"(느 1:11)이었다. 그는 유대인으로 바사 제국의 궁정에서 일했던 관원이었다. 노예의 신분으로 고위직을 맡은 셈이었다. 술 관원은 위험성이 높은 직책이었다. 왜냐하면 왕궁의 연회에 사용될 음식과 술을 맛보는 임무를 수행했기 때문이다. 음식이나 술에 독이 들어 있을 경우, 희생자는 왕이 아닌 술 관원이 되어야 했다. 이런 이유로 바사 왕은 종종 바사 사람이 아닌 사람을 술 관원으로 임명했다. 물론, 술 관원은 특권을 누리는 직위에 속했다. 왕은 술 관원을 절친한 친구나 조언자로 삼았다. 술 관원을 대하는 아닥사스다왕의 태도도 예외는 아니었다. 그는 느헤미야를 좋아했고, 또 신뢰했다. 그는 느헤미야의 충성심을 고맙게 여겼으며 그의 능력을 높이 샀다. 그들의 친밀한 관계는 하나님이 느헤미야에게 예루살렘 재건의 사명을 맡기시기 위한 준비단계였다.

바울은 예루살렘의 폭도들에게 "나는 유대인으로 길리기아 다소에서 났고 이 성에서 자라 가말리엘의 문하에서 우리 조상들의 율법의 엄한 교훈을 받았고 오늘 너희 모든 사람처럼 하나님께 대하여 열심하는 자라"(행 22:3)고 말했다. 바울은 문화를 초월하여 유대인, 헬라인, 로마인, 이방인 모두를 상대로 복음을 전했고, 기독교 신학을 그리스도 중심의 역사 철학으로 발전시켰으며, 신약성경 가운데 거의 4분의 1을 집필했다. 그가 "히브리인 중의 히브리인이요……바리새인"(빌 3:5)이고, 또 로마 시민으로 출생한 것은 바로 그러한 임무를 수행하게 하시려는 하나님의 섭리였다. 처음에 그는 교회를 무자비하게 박해했다. 그는 기독교인들을 잡아 죽였다. 하지만 그는 그런 행위조차 복음사역을 위해 자신을 준비시키신 하나님의 섭리로 이해했다. "내가 전에는 훼방자요 핍박자요 포행자이었으나 도리어 긍휼을 입은 것은 내가 믿지 아니할 때에 알지 못하고 행하였음이라……내가 긍휼을 입은 까닭은 예수 그리스도께서 내게 먼저 일체 오래 참으심을 보이사 후에 주를 믿어 영생 얻는 자들에게 본이 되게 하려 하심이니라"(딤전 1:13, 16). 이렇듯, 하나님은 바울에게 지도자의 임무를 맡기시기 위해 그를 준비시키셨다.

하나님은 우리 각자에게 임무를 맡기시기 위해 오랜 기간에 걸쳐 우리를 준비시키신다. 우리는 대개 사역의 윤곽이 확연히 드러나기 전까지는 하나님이 우리를 준비시키셨다는 사실을 의식하지 못한다. 하나님이 우리를 준비시키시는 동안 발생하는 중요한 사건들은 오히려 우리를 당혹스럽게 만들곤 한다. 이스라엘의 구원자가 되고 싶었던 모세의 꿈은 삽시간에 물거품으로 변했고, 그는 도망자의 신분으로 애굽을 떠나야 했다. 바울은 공식적인 권위를 부여받고 다메섹의 기독교인들을 제거하러 가는 도중에(행 9:1-3 참조) 그리스도를 경험하고 자신이 하나님의 뜻에 정면으로 위배되는 행위를 저지르고 있다는 사실을 깨달았다. 나는 일곱 살 때 도로에서 사고를 당해 머리를 다치는 바람에 우울한 어린 시절을 보내야 했다. 하지만 그로부터 11년 후, 나는 어린 시절의 부상 때문에 2차 세계대전 당시 징집을 면제받고, 옥스퍼드 대학교에 진학하여 그곳에서 그리스도를 영접할 수 있었다. 그 뒤 나의 삶은 완전히 변했으며, 오늘날까지 복음사역을 위해 헌신하고 있다.

아무 의미도, 목적도 없어 보이는 불행한 사건들이 축복을 베풀기 위한 하나님의 섭리와 계획으로 드러나는 순간, 말할 수 없는 기쁨이 찾아온다. 그런 사건들이 풍성한 열매를 맺게 하기 위한 하나님의 계획이라는 사실을 확신하는 데는 믿음이 필요하다. 물론, 결과가 밝히 드러나기 전까지는 하나님의 계획이 어떤 식으로 전개될지 아무도 알 수 없다.

사역을 향한 첫걸음

하나님은 대개 상황을 섭리하셔서 평생의 소명을 깨닫게 하신다. 하나님은 결정적인 순간을 기억하게 하심으로써 사역을 위해 헌신하고자 하는 사람의 마음에 소명의 현실을 뚜렷하게 각인시키신다. 모세의 경우가 대표적이다. 모세는 불붙은 떨기나무에서 하나님을 만났고, 애굽으로 돌아가라는 지시를 받았다. 하나님과의 만남은 결코 잊을 수 없는 사건이었다.

느헤미야도 마찬가지였다. 어느 날, 아닥사스다왕이 그에게 "네가 병이 없거늘 어찌하여 얼굴에 수색이 있느냐 이는 필연 네 마음에 근심이 있음이로다"(느 2:2)라고 말했다. 느헤미야는 애국심이 투철하고 하나님을 경외하는 유대인이었다. 그는 예루살렘 성벽이 무너지고, 고국에 있는 유대인들의 사기가 크게 저하되었다는 소식을 듣고는 곧 금식하며 기도했다. 그 소식은 그로 하여금 예루살렘을 재건해야 한다는 사명감을 느끼게 했다. 느헤미야는 "이 사람 앞에서 은혜를 입게 하옵소서"(느 1:11)라고 기도했다. 이는 아닥사스다왕의 마음을 움직이시어 자신이 예루살렘에 갈 수 있게 해달라는 기도였다. 하지만 그는 신하 된 자로서 아닥사스다왕에게 먼저 말을 꺼낼 수 없었다. 느헤미야는 그 문제를 놓고 3개월간 기도했다. 하지만 그동안 아무 일도 일어나지 않았다. 그러던 어느 날, 갑자기 불쑥 튀어나온 아닥사스다왕의 말 한마디가 그동안 기도해 오던 문제를 거론할 수 있는 빌미를 제공했다. 왕의 심기를 조금이라도 건드렸다가는 사형을 면할 수 없었기에 느헤미야는 왕의 말에 크게 긴장했을 것이 틀림없다. 하지만 그는 그동안 간절히 바랐던 일, 즉 왕의 재가 아래 예루살렘을 재건할 수 있는 절호의 기회를 포착할 수 있었다. 분명 왕의 말은 느헤미야의 기억 속에 영원히 새겨졌을 것이다.

하나님은 바울에게도 그런 경험을 허락하셨다. 그는 다메섹으로 가는 길에서의 경험을 일평생 잊지 못했을 것이다.

소명을 위한 도우심

현재의 우주적인 질서(아니, 어쩌면 무질서라고 해야 할지 모르겠다) 내에서 세상과 마귀는 일치단결하여 하나님과 그분의 뜻을 대적한다. 소명을 이루는 일은 그런 싸움이 치러지는 한복판에서 진행된다. 모세와 느헤미야와 바울만 보아도 그들이 사역하는 동안 상상할 수 없는 고통과 시련을 겪었다는 사실을 분명히 확인할 수 있다. 그들은 자신들의 권위와 정책에 반기를 들고, 그들이 애써 이룩한 것을 무너뜨리려는 악의적인 사람들 때문에 온갖 역경과 좌절을 겪어야 했다.

모세의 경우에는 나답과 아비후(레 10장 참조), 고라, 다단, 아비람(민 16장 참조)을 비롯해 심지어는 그의 형제와 누이였던 아론과 미리암(민 12장 참조)의 도발에 직면했다. 그밖에도 그는 백성들의 끊임없는 불평에 시달려야 했다. 결국, 모세는 생애 말년에 이스라엘 백성을 향해 "너는 목이 곧은 백성이니라……네가 애굽 땅에서 나오던 날부터 이곳에 이르기까지 늘 여호와를 거역하였으되"(신 9:6, 7)라고 말하지 않을 수 없었다.

느헤미야는 산발랏, 도비야, 게셈으로부터 끊임없는 반대에 시달리면서 예루살렘을 재건했다. 그가 예루살렘을 떠날 무렵에는 그동안 애써 구축해 온 영적, 도덕적 질서가 대부분 와해되었고, 그가 총독으로 두 번째 임기를 수행하기 위해 다시 돌아왔을 때는 강제적인 조처가 불가피할 정도로 문제가 심각했다(느 13:4-31 참조).

바울은 무고한 비난에 직면하자 그동안 자신이 걸어 온 과정을 다음과 같이 털어놓았다.

"유대인들에게 사십에 하나 감한 매를 다섯 번 맞았으며 세 번 태장으로 맞고 한 번 돌로 맞고 세 번 파선하는데 일 주야를 깊음에서 지냈으며……또 수고하며 애쓰고 여러 번 자지 못하고 주리며 목마르고 여러 번

굶고 춥고 헐벗었노라 이외의 일은 고사하고 오히려 날마다 내 속에 눌리는 일이 있으니 곧 모든 교회를 위하여 염려하는 것이라"_고후 11:24-28.

하지만 하나님은 그들을 굳게 붙잡아 주셨다. 모세는 지도자의 중책을 수행하면서도 건강을 잃지 않았다. 성경은 "모세의 죽을 때 나이 일백이십 세나 그 눈이 흐리지 아니하였고 기력이 쇠하지 아니하였더라"(신 34:7)고 말씀한다. 느헤미야는 "내 하나님이여 나를 기억하사 복을 주옵소서"(느 13:31)라는 기도로 자신의 기록을 끝마쳤다. 겸손하면서도 자신이 넘치는 그의 심정을 엿볼 수 있다. 바울도 생애 말년에 "주께서 나를 모든 악한 일에서 건져 내시고 또 그의 천국에 들어가도록 구원하시리니"(딤후 4:18)라고 말했다. 이들이 마지막에 남긴 말들에는 한결같이 희망과 평화와 소망이 짙게 배어난다. 하나님은 자신의 충실한 종들을 버리지 않으신다.

용기와 방향 수정

때로 하나님은 우리가 소명을 이행하는 동안 방향을 재조정하거나 더욱 분발하도록 독려하신다. 그때에는 합리적이고 유연한 태도로 기꺼이 변화를 도모해야 한다. 그렇지 않고, 변화를 완강하게 거부하며 스스로를 합리화하다 보면 교만에 사로잡혀 소명을 이행하는 데 막대한 지장이 초래된다.

모세는 다른 지도자들을 세워 권한을 위임하라는 장인 이드로의 조언을 받아들여 방향을 수정했다. 이드로는 모세가 일하는 모습을 하루 종일 지켜본 뒤에 사소한 문제는 다른 사람들에게 일임하고 백성 전체를 영적으로 감독하는 일에 주된 관심을 기울이라고 조언했다. 모세는 장인의 조언을 겸손한 태도로 수용했다. 지혜로운 결단이었다.

바울도 2차 선교여행 당시 선교계획을 변경해야 했다. 당시 바울과 디모데는 소아시아 남부를 지나 서쪽으로 향하는 주도로를 여행하던 중이었다. 그런데 "성령이 아시아에서 말씀을 전하지 못하게"(행 16:6) 막으셨다(당시 소아시아 남동부는 아시아 지역의 로마 영지였다). 그들은 북쪽으로 방향을 틀어 해안지역을 따라 무시아(소아시아 북부)에 이르렀고, 그곳에서 비두니아(소아시아 북동부)로 가고자 했다. 하지만 "예수의 영이 허락지"(7절) 않으셨다. 따라서 그들은 하나님의 계획이 무엇인지 궁금해하며 드로아까지 내려갔다(드로아는 서쪽을 마주 대하고 있는 항구도시였다). 그날 밤, 바울은 환상 속에서 한 마게도냐 사람을 보았다. 그는 바울에게 "마게도냐로 건너와서 우리를 도우라"(9절)고 말했다. 바울과 디모데는 그대로 행했다. 그 결과, 유럽에 복음이 전파되는 계기가 마련되었다. 그로써 소아시아에 복음을 전하는 것보다 훨씬 더 중요한 발전이 이루어졌다.

이러한 방향 수정은 본래의 소명을 방해하지 않고 오히려 더욱 촉진시킨다. 우리는 항상 하나님이 우리보다 더 좋은 길을 알고 계신다는 점을 기억해야 한다.

요약

하나님은 누구를 소명의 길로 인도하시는가? 모든 기독교인이다. 하나님은 각 사람을 제각기 다른 소명으로 부르신다. 하지만 안타깝게도, 일부 기독교인들은 하나님의 소명에 관심을 기울이지 않는다.

그러면, 하나님의 소명을 확신할 수 있는 방법은 무엇인가? 먼저 상황을 고려하고, 다음에 우리의 관심사와 재능을 살펴보고, 마지막으로 내면의 동기를 점검해야 한다. 아울러, 하나님과 다른 사람들을 위해 가장 하고 싶은 일이 무엇인지 생각하고, 하나님의 구원을 감사하는 마음, 사람들을 사랑하는 마음, 이 세상에서 하나님을 위해 의미 있는 일을 하고자 하는 마음을 기준으로 소명을 결정해야 한다.

소명을 결정한 뒤에는 어떻게 해야 하는가? 성실하게 행동해야 한다. 최선을 다해 소명을 이루어 나가면서 때로 하나님 앞에서 스스로를 돌아보고, 방향 수정이나 변화가 필요한 부분이 있는지 점검해야 한다. 모세나 바울처럼 방향 수정이 필요한 경우도 있고, 느헤미야처럼 필요 없는 경우도 있다.

마음속으로는 소명의식을 느끼는데 능력이 부족하다고 생각해 선뜻 나서지 못하는 경우에는 어떻게 해야 하는가? 어느 정도의 자질만 있다면 나머지는 하나님이 채워 주실 줄로 믿고 일단 전진하면 된다. 확신이 잘 서지 않을 때는 자신을 잘 알고 있는 사람들에게 조언을 구할 수 있다.

그러면, 소명의 길에서 물러서야 할 때는 언제인가? 소명을 결정할 때와 마찬가지로, 상황이 가장 중요하다. 상황이 더 이상 허락하지 않는 순간이 곧 물러설 때다. 하지만 그때까지는 자신의 소명을 하나님과의 약속으로 생각하고 끝까지 최선을 다해 수행해야 한다.

어느 날, 캐롤린은 인생의 중대한 전환점을 맞이했다. 그녀는 당시의 사건을 돌아볼 때마다 참으로 신비롭다는 생각에 사로잡힌다. 하지만 그녀의 경험 역시 지금까지 논의한 여러 가지 원리들에 비추어 충분히 설명이 가능하다.

캐롤린은 오하이오 남부의 시골지역에서 성장했다. 당시만 해도 고등학교를 마치고 대학에 진학하는 사람들이 많지 않았다. 캐롤린의 가족들 가운데도 대학에 진학한 사람은 아무도 없었다. 그녀의 친구들이나 이웃들도 대학 진학을 꿈꾸지 않았다. 그런데, 캐롤린이 다녔던 공립학교에 존 르노라는 교사가 있었다. 기독교인이었던 그는 캐롤린에게 대학 진학을 권유했다. 심지어 그는 캐롤린을 포함해 세 명의 학생에게 방과 후에 수학을 가르쳤다. 대학 진학을 준비시키기 위해서였다(그는 넓은 방에 학생들을 모아 놓고 자율학습을 시키며 그들을 감독하기도 했다). 그는 캐롤린에게 휘튼에 있는 기독교 대학에 진학할 것을 제안했다.

캐롤린은 12마일이나 떨어져 있는 도립 도서관을 찾아가서 여러 대학의 안내책자를 뒤적거렸다. 그 결과, 그녀는 전국에 수십 개의 기독교 대학이 존재한다는 사실을 알게 되었다. 각 대학 교수들의 이력을 살펴보면서 그녀는 한 가지 공통점을 발견했는데, 그것은 대다수의 교수들이 휘튼 대학에서 학사과정을 이수했다는 점이었다. 그녀는 곧 휘튼 대학의 안내책자를 훑어보기 시작했다. 하지만 학비가 생각보다 비싸 여름방학 동안 아르바이트한 것만으로는 턱없이 부족했다.

아무튼, 캐롤린은 휘튼 대학에 입학원서를 제출했다. 그즈음, 그녀는 한 번도 듣지도 보지도 못한 대학에 진학하는 것이 하나님의 소명인 듯한 느낌을 받기 시작했다. 하지만 비싼 학비가 가장 큰 문제였다. 그녀는 "케터링 재단"에 이공계 학생 장학금을 신청했다. 그들은 그녀에게 대학 생활에 필요한 경비 가운데 6개월분을 장학금으로 지급하겠다고 약속했다. 하지만 장학 위원회는 기금을 경제적으로 운영한다는 방침 아래 그녀에게 주 정부의 기금으로 운영되는 대학, 그것도 오하이오 주 내에 있는 대학에 진학하는 것을 조건으로 내세웠다.

하나님은 그녀를 다른 방향으로 인도하실 생각이셨을까? 캐롤린이 선택한 첫 번째 길을 가로막고 훨씬 더 좋은 길을 열어 주시려는 것일까? 그렇다면, 그녀는 왜 한 번도 본 적 없는 학교에 그토록 마음이 끌렸을까? 당시 열여덟 살이었던 캐롤린은 그런 중요한 문제를 결정하기에는 아직 나이가 어렸다. 하지만 그녀는 다시 한번 자신의 생각과 동기를 점검하고 학교와 관련된 제반사항을 꼼꼼히 따져 보며 하나님께 기도했다. 학기가 시작되기 2주 전, 캐롤린은 고용주에게 1년 더 일해서 대학 학비를 마련하고 싶다는 의사를 밝혔다. 그런 다음, 휘튼 대학에 입학을 이듬해까지 연장시켜 달라는 편지를 작성했다. 하지만 그녀는 그 편지를 우체통에 선뜻 집어넣기가 두려워 며칠 동안 화장대 위에 놔두었다. 학기 시작을 2주 앞둔 시점에서 꼭 휘튼 대학에 가기 위해 대학교육을 1년 뒤로 늦추는 것이 과연 올바른 결정인지 궁금했기 때문이었다. 그것이 하나님의 인도였는지, 아니면 자신의 어리석음에서 기인한 것인지 당시에는 구별하기가 몹시 어려웠다.

휘튼 대학에 보낼 편지가 며칠 동안 화장대 위에 놓여 있는 동안, 장학 위원회의 대표자가 전화로 "학교에 갈 준비가 다 되었나요? 어디로 장학금을 송금하면 됩니까?"라고 물어 왔다. 캐롤린은 감사의 인사와 동시에 사과의 말을 전한 뒤에 휘튼 대학에 나중에 진학하기로 결정했다는 의사를 밝혔다. 그러자, 그는 "기다려 보세요. 무슨 방법이 있는지 알아보고 연락드리죠."라고 대답했다. 그로부터 2주 후, 캐롤린은 할아버지가 썼던 가방에 물건들을 챙겨 넣고, 장학증서를 손에 든 채 휘튼 행 열차에 몸을 실었다.

그다지 특별한 결정은 아니다. 수많은 고등학교 졸업생들이 매년 이와 비슷한 결정을 내린다. 캐롤린은 당시를 떠올릴 때마다 하나님이 모든 상황을 인도하셨다는 사실을 새삼 깨닫곤 한다. 그녀는 하나님이 주신 지성, 열심히 일하는 가족들, 고등학교 시절의 선생님, 도서관에서 대학별 안내책자를 뒤적거리던 일, 자신의 미래에 대한 꿈과 희망, 한 번도 가 보지 않은 곳에 대한 묘한 매력 등 모든 것에서 하나님의 손길을 느낀다. 그러한 결정은 훗날 놀라운 결과를 가져왔다.

토·론·과·성·찰·을·위·한·문·제

1. 지금까지 살아오면서 결정한 문제들 가운데 가장 중요한 문제 하나를 생각해 보고, 어떤 과정을 거쳐 그런 결정에 도달했는지 말해 보라.

2. 저자는 "소명의 본질" 항목에서 성경에 관한 이성적 해석, 기회, 재능, 관심을 기준으로 하나님의 인도를 구하는 사람들이 있는 반면, "마음의 느낌"을 근거로 하나님의 인도를 구하는 사람들도 있다고 말했다. 삶의 문제를 결정할 때 둘 중 어떤 방법으로 하나님의 인도를 구하는 편인가? "그런 문제들을 기도로 결정하는 방식은 ……"으로 시작하는 단락을 다시 읽어 보라. 삶의 문제를 결정해야 하는 상황에서 하나님의 인도를 구할 때 어떤 태도를 취해야 한다고 말하는가?

3. 소명을 위한 하나님의 인도 가운데는 가족들에 대한 헌신이 포함된다. 바울은 "누구든지 자기 친족 특히 자기 가족을 돌아보지 아니하면 믿음을 배반한 자요 불신자보다 더 악한 자니라"(딤전 5:8)고 말했다. 이와 같은 원리에 복종하는 사람, 또는 복종하지 않는 사람을 주변에서 찾는다면 누구인가? 또, 이 말씀을 통해 자신은 어떤 도전을 받는가?

4. "가족들 가운데 특별한 보살핌이 필요한 부모나 형제, 또는 자녀를 둔 경우에는 그때그때의 상황에 따라 직업을 바꿀 수밖에 없다." 주변에 특별한 보살핌이 필요한 가족을 둔 사람이 있다면, 그를 위해 잠시 기도하는 시간을 가지라.

5. 모세, 느헤미야, 바울의 헌신적인 삶을 깊이 생각하라. 이들 가운데 자신의 상황에 가장 큰 영향을 미친다고 생각하는 사람은 누구인가? 또, 그 이유는 무엇인가?

6. "하나님은 대개 상황을 섭리하셔서 평생의 소명을 깨닫게 하신다." 자신의 소명을 결정할 때 가장 큰 영향을 준 상황이 있었다면 무엇인가? 또, 그 상황을 하나님의 인도로 생각할 수 있는 근거는 무엇인가?

7. 모세와 느헤미야와 바울이 생애 말년에 남긴 말들을 생각해 보라. 자신의 인생을 마감할 때 남기고 싶은 말을 적어 보라.

8. 하나님은 모세와 느헤미야와 바울이 그들의 소명과 다른 길로 치우칠 때 방향을 옳게 수정해 주셨다. 지금까지 살아온 삶을 돌아보면서, 그런 경험이 있었는지 생각해 보라.

9. 현재 좌절과 실패를 경험하고 있는 상황이라면, 하나님이 어떤 식으로든 방향을 수정해 주실 때 그 징후를 어디에서, 어떻게 찾을 수 있을지 생각해 보라.

10. 저자는 "논의의 요약" 항목에서 다섯 가지 질문을 제기했다. 자신의 현재 상황에 가장 적절하다고 생각되는 질문을 하나 선택하라. 어떤 깨달음을 얻었는가?

 선한 목자이신 하나님은 자신의 양떼를 사랑하시고 돌보신다. 하나님은 그분의 인도를 구하는 모든 이들에게 충실하시다. 상황 속에서 하나님의 인도를 구하는 사람은 반드시 그분의 도우심을 발견할 것이다.

환경을 통한 인도

"내가 그들에게 이르기를 금이 있는 자는 빼어 내라 한
즉 그들이 그것을 내게로 가져 왔기로 내가 불에 던졌
더니 이 송아지가 나왔나이다"(출 32:24)

— 아론

"전능하신 하나님은 내게 특별한 일을 지시하실 때마다
어떤 식으로든 그 일을 알 수 있도록 인도하신다."

— 에이브러햄 링컨

"왜냐하면 내가 할 수 있었기 때문이다."

— 빌 클린턴

지금으로부터 40년 전, 즉 "자유분방한 60년대"로 알려진 그 10년간은 음산한 시대였다. 당시 "상황 윤리"로 알려진 새로운 도덕철학이 대서양을 사이에 둔 양쪽 대륙에서 혜성처럼 모습을 드러내 기독교 윤리에 막대한 영향을 미치기 시작했다. 상황 윤리는 말 그대로 상황에 걸맞게 행동하라는 도덕원리를 내세운다. "사랑이 법보다 우선한다"는 원리에 근거해 다른 사람들에 대한 행동을 결정해야 한다는 것이 상황 윤리의 주장이다. 상황 윤리에 따르면, 성경에 기록된 하나님의 율법은 이웃 사랑을 예시하는 일반규칙에 불과하고, 예외적으로 인정할 수 있는 타당한 행동들이 얼마든지 있을 수 있기 때문에 항상 상황을 주의 깊게 살펴야 한다. 상황 윤리를 주장한 사람들은 하나님의 명령과 모세의 율법이 모두 사랑으로 귀착된다고 생각했다. 그들에 의하면, 구약시대의 상황에서 신약시대의 상황으로 넘어오는 과정에서 주축이 되었던 그리스도의 법 역시 일시적인 성격을 지닌다고 한다. 성경의 법칙은 사랑의 법을 성취하는 방법을 가르치는 하나님의 명령이 아니라 대부분의 상황 속에서 사랑이 요구하는 바를 경험적으로 진술한 인간의 해석에 불과하다는 것이 이들의 지론이다. 바꾸어 말해, 이는 성경의 법칙 외에도 얼마든지 다른 가능성이 있을 수 있다는 주장이다. 상황 윤리의 주장자들은 십계명의 후반부(이웃에 관한 계명)가 십계명의 전반부(하나님에 관한 계명)의 성취이자 완성이라고 생각한다. 상황 윤리의 등장은 기독교의 영향력이 약화되고 있던 당시의 추세를 더욱 가속화시켰다. 사실, 그것은 상황 윤리가 빚어낸 결과였다.

별로 달갑지 않은 윤리관이다. 1960년대는 자기 만족을 추구하던 세속주의가 이미 곳곳에서 위세를 떨치기 시작했던 시기였다. 상황 윤리는 다른 사람들을 만족시키는 것을 사랑(기독교의 사랑)이라고 인식하게 만드는 데 한 몫을 톡톡히 했다. 즉, 상황 윤리는 사람들이 요구하는 것을 제공하고, 그들의 필요를 채워 줌으로써 유아에서부터 노인에 이르기까지 모두를 만족하게 하는 것을 사랑으로 정의했다. 사람들은 사랑이라는 이름으로 자신이 원하는 것을 추구했다. 특히 성적 표현과 관련해 그런 현상이 더욱 두드러졌다. 다양한 형태의 성적 관계를 추구하면서 사람들은 자신들의 행동을 사랑이라는 이름으로 미화시켰고, 과감하게 금기를 깨뜨리기 시작했다. 이처럼, 상황 윤리는 감정의 미성숙, 부도덕한 행위, 일관성을 잃은 지성 등을 부추겼다. 그 여파는 오늘날까지 계속되고 있다.

상황 윤리는 한때 공리주의로 불렸다가 지금은 결과주의로 일컬어지는 이념에서 비롯되었다. 결과주의란 행위의 옳고 그름이 전적으로 결과에 달려 있다는 주장을 의미한다. 결과주의에 따르면, 선(즉, 쾌락, 이익, 특권, 진보 등)을 극대화하고 피해를 극소화하는 행동을 선택하면, 곧 해야 할 의무를 다하는 셈이 된다. 하지만 하나님의 명령과 금령을 진지하게 받아들이는 기독교인이 볼 때, 이는 균형 잃은 논리에 불과하다. 기독교인은 율법과 사랑이 서로 불가분의 관계를 맺고 있다고 믿는다. 즉, 율법은 사랑을 인도하는 눈이고, 하나님과 이웃에 대한 사랑은 율법의 정신이다. 율법과 사랑은 하나다. 이는 결코 타협할 수 없는 기독교적 입장이다. 따라서 성경을 믿는 기독교인은 상황 윤리를 결코 반기지 않는다. 이것이 바로 복음주의자들이 상황 윤리를 잘 언급하지 않는 이유다.

하지만 상황 윤리는 한 가지 물음을 남긴다. 잘 알다시피, 개인적, 사회적, 문화적 압력을 비롯해 서로 배타적인 주장들과 여러 가지 중에 하나를 선택할 수 있다는 가능성 때문에 우리의 상황은 시시각각 변한다. 그런 복잡한 상황 속에서 과연 우리는 어떻게 올바른 결정을 내릴 수 있을까?

상황의 교리

삶의 상황을 생각할 때는 세 가지를 염두에 두어야 한다. 첫째는 하나님의 주권이다. 하나님의 주권은 무엇을 의미할까? 하나님은 온 우주를 창조하셨을 뿐 아니라 적극적인 개입을 통해 우주를 지탱하신다(그렇지 않으면 우주는 흔적도 없이 사라질 것이다. 물론, 우주의 일부인 우리도 마찬가지다). 하나님의 주권이란 우주의 창조자시요 유지자이신 하나님이 과거와 현재와 미래의 일을 모두 알고 계시기 때문에 우리의 이해를 초월하는 신비로운 방법으로 모든 일을 계획하고 결정하고 관장하신다는 것을 의미한다. 우주는 그 안에서 보면 엄격한 인과율을 근거로 한 거대한 체계로 보인다. 과학자들은 그러한 관계를 발견하고 추적하여 어느 정도의 예측을 시도한다. 그렇게 할 수 있는 이유는 우주의 전 과정이 규칙에 의해 진행되는 것처럼 보이기 때문이다. 하지만 기독교인은 과학으로 알 수 없는 사실을 알고 있다. 즉, 우주의 전 과정은 지극히 작은 것 하나까지라도 모두 하나님의 의지와 계획에 의해 이루어진다. 물론, 자는 동안 우리를 어리둥절하게 만드는 꿈, 머릿속에서 자유롭게 떠올랐다가 사라지는 수많은 생각의 단편들, 해야 할 일과 해서는 안 될 일에 관한 의식적이고 의지적인 결단도 예외가 될 수 없다. 인간의 마음과 육체가 기능하고, 자연 만물이 규칙적으로 돌아가는 이유 역시 하나님의 의지와 보호 때문이다. 하나님의 의지가 없으면 그 무엇도 존재할 수 없다.

과거에 한 십대 소년이 패커에게 "제임스 패커, 통제 불능."이라고 말한 적이 있었다. 패커가 무슨 의미냐고 묻자, 그는 그냥 칭찬으로 하는 소리라고 대답했다. 하지만 패커는 그것이 왜 칭찬인지 알 수 없었다. 아무튼, 십대들이 사용하는 표현이란 항상 변하기 마련이기에 패커는 그저 과거에 있었던 에피소드 가운데 하나로 생각하기로 마음먹었다. 하지만 "통제"라는 말은 그에게 옛 찬송가 하나를 상기시켰다. "거룩한 시간을 가져라 네 영혼을 잠잠히 하라 모든 생각과 감정을 그분이 나스리세 하라"는 노랫말을 가진 찬송기였다. 또한, 그와 동시에 시편

139편 말씀이 머릿속에 떠올랐다. "여호와여 주께서 나를 감찰하시고 아셨나이다……멀리서도 나의 생각을 통촉하시오며……여호와여 내 혀의 말을 알지 못하시는 것이 하나도 없으시니이다 주께서 나의 전후를 두르시며 내게 안수하셨나이다"(1, 2, 4, 5절). 패커는 그 말을 그렇게밖에는 이해할 수 없었다. 그의 모든 것이 하나님의 은혜와 섭리 안에 있었기 때문이다. 그는 전적으로 하나님의 통제를 받는다. 그는 그런 삶을 살기 원한다. 바라건대, 우리 모두 그와 같은 생각을 가졌으면 좋겠다.

하나님은 우리의 안팎에서 일어나는 모든 것을 주관하신다. 물론, 우리의 생각, 말, 행위, 동기, 목적, 태도, 반응은 외부의 강요가 아닌 우리의 내면에서 자발적으로 이루어진다. 따라서 우리는 모든 일에 대해 책임을 져야 한다. 우리는 다른 사람들과 자기 자신의 양심을 비롯해, 궁극적으로는 하나님에 의해 판단된다. 이는 확실한 진리다. 하지만 우리의 실존과 삶의 모든 활동이 하나님과 깊은 관계를 맺고 있듯이, 하나님도 우리의 상황, 동기, 행동, 관계, 경험, 기쁨, 고통, 즐거움, 탄식, 모험 등 우리의 일상생활을 구성하는 모든 요소에 깊이 관여하신다. 이 또한 변할 수 없는 진리다. 로켓을 발사하려면 발사대가 필요하듯이, 참 지혜가 생각 속에서 높이 비상하려면 그러한 진리를 굳게 확신할 수 있는 믿음이 필요하다.

둘째는 마귀의 활동이다. 마귀의 활동은 에덴동산에서 처음 이루어졌다. 뱀이 하와를 속여 하나님께 불순종하게 만들었다. 그녀의 선택은 인류 전체를 타락시켰다. 신약성경은 뱀이 마귀였다고 증언한다. 마귀는 악의적인 파괴자다. 마귀를 뜻하는 "사탄"은 "대적자"를 의미한다. 마귀는 인간을 끊임없이 대적한다. 그 이유는 하나님을 대적하기 위해서다. 마귀는 하나님의 계획을 방해하고, 그분의 사역을 와해시키려고 노력한다. 세상에 사는 동안, 우리는 항상 마귀의 공격에 노출되어 있다. 신약성경에 보면, 마귀는 그리스도와 교회와 성도를 대적할 뿐 아니라(눅 4:1-13; 마 16:23; 요 14:30; 벧전 5:8; 계 2:10, 12장; 눅 22:31, 32; 엡 6:10-18 참조), 사람들을 사로잡아 진리와 믿음과 영적 생명과 축복된 삶에서 멀어지게 만든다(눅 13:16; 고후 4:4; 엡 2:2; 딤후 2:26; 요일 3:8, 5:19 참조). 따라서 우리는 세상을 살아갈 때에 마귀가 우리를 유혹하기 위해 늘 기회를 엿보고 있다는 사실을 잊어서는 안 된다. 예수님은 겟세마네 동산에서 잠든 제자들에게 "시험에 들지 않게 깨어 있어 기도하라"(마 26:41)고 말씀하셨다. 우리는 이 말씀을 명심해야 한다. 또한, 주기도문에는 "우리를 시험에 들게 하지 마옵시고"라는 기도가 포함되어 있다. 이 기도문에는 마귀의 유혹에 대한 경각심을 늦추지 말라는 의미가 담겨 있다.

셋째는 개인적인 책임이다. 하나님은 우리가 지혜롭고 사려 깊게 살아가기를 원하신다. 그런 삶을 살기 위해서는 삶의 우선순위를 잘 분별하고, 성경의 원리를 적용하며, 단기적으로 생각해야 할 일과 장기적으로 생각해야 할 일을 주의 깊게 견주어 보고, 여러 가지 대안의 결과들을 미리 예측하여 신중하게 행동해야 한다. 마귀는 최선의 길이 있는데도 차선을 선택하게 만들거나 때로는 악을 선으로 위장한다(마귀는 에덴동산에서 그런 식으로 하와에게 접근했다). 마귀의 속임수에 넘어가지 않으려면 마음의 계획이나 생각을 하나씩 자세히 검토해야 한다. 속임수는 마귀가 즐겨 사용하는 전략이다. 기도하면서 여러 가지 생각들을 심사숙고해야 한다. 하나님의 영광과 그분의 나라를 위해 가장 크게 이바지할 수 있는 길을 알려 달라고 기도하면, 올바른 결정을 내릴 분별력을 얻게 될 것이다. 잠시 경계심을 늦추고 생각 없이 행동할 경우, 위험을 자초하게 될 뿐 아니라 마귀에게 백기를 들고 투항하는 신세로 전락할 수도 있다.

자기 현혹과 마귀의 유혹

우리는 부딪치는 상황들 속에서 여러 가지 대안을 서로 견주어 보고 항상 최선을 선택해야 한다. 그러기 위해서는 지혜로운 판단과 분별력이 필요하다. 또한, 반복되는 실수나 잘못을 저지르지 않으려면, 우리의 마음에 도사리고 있는 죄의 현실과 우리의 귓전에 거짓을 속삭이는 마귀의 존재를 늘 의식해야 한다. 패커는 일전에 성냥갑에서 "경험은 참 소중하다. 똑같은 실수를 다시 반복하지 않게 해주니까."라는 문구를 발견했다. 하지만 기독교인들은 똑같은 실수를 반복하는 함정에 자주 걸려들곤 한다. 상황이 특정한 방향으로 치우치는 듯하고, 또 그 일을 하고 싶은 충동을 느끼는 경우, 우리는 "이 일을 하는 것이 하나님의 뜻이야."라고 섣부른 판단을 일삼는 경향이 있다. 그런 경우에는 두 가지 실수를 동시에 저지르게 된다. 즉, 계시된 하나님의 말씀을 고려하지 않은 채 상황만 보고 판단을 내리는 잘못과 인간의 욕구를 하나님의 감동으로 생각하는 잘못이다. 그러면 결국 그릇된 결정과 행동을 반복하는 불행한 결과가 초래될 수밖에 없다.

그런 함정에 빠지면, 우리의 양심을 일시적인 마비상태로 몰고 가는 두 가지 현상이 일어난다. 하나는 마귀의 역사다. 즉 마귀는 그 틈을 놓치지 않고 우리에게 거짓된 생각을 불어넣는다. 에덴동산의 일화는 이 점을 분명히 보여 준다. 뱀은 하와에게 거짓된 생각을 부추겼다. 예수님이 공생애를 시작하시기 전에 광야에서 40일 동안 금식하실 때도 마귀는 거짓을 속삭이는 수법을 사용했다. 바울의 경우도 예외는 아니었다. 바울이 "육체의 가시"로 인해 고통받을 때, 마귀는 그 기회를 노려 사도의 직무를 더 이상 감당할 수 없다는 무기력한 생각을 그에게 불어넣으려고 했다. 다시 말해, 마귀는 바울에게 절망감을 심어 주려고 했다. 바울이 "육체의 가시"를 "사단의 사자"라고 일컬은 것은 바로 이런 이유에서다. 또 다른 하나는 우리 자신의 유익을 추구하려는 생각에서 비롯되는 자기 현혹이다. 자기 현혹의 원인은 스스로의 위상을 높이고 싶어하는 교만에 있다. 교만이란 사람들 앞에서 자신의 능력을 과시함으로써 칭찬과 인기를 얻고, 나아가 자신이 이룩한 업적을 보고 스스로 만족을 얻으려는 심리상태를 뜻한다. 우리는 금송아지를 만든 아론을 통해 이 점을 구체적으로 확인할 수 있다.

    모세의 형이자 동료였던 아론은 이스라엘의 대제사장으로 활동한 인물이지만 그에 대한 정보는 그다지 많이 알려져 있지 않다. 그는 실생활에서도 뚜렷한 실체를 파악하기 어려운 사람이었던 것 같다. 사실, 아론은 지도자라기보다는 조력자였다. 그는 영원한 진리를 굳게 붙들지 않고, 절대로 가까이 해서는 안 될 사람들의 말에 귀를 기울이는 습성이 있었다. 모세가 바로 앞에서 하나님의 영광과 심판을 선포할 때나 므리바에서 불경한 태도로 하나님의 영광을 가렸을 때(민 20:6-13 참조), 또 모세의 누이 미리암이 교만한 태도로 모세의 권위에 도전하여 문둥병에 걸렸을 때에도 아론은 늘 들러리 역할을 했다(그는 미리암이 문둥병에 걸리자 하나님께 기도하여 그녀를 낫게 해달라고 모세에게 부탁했다. (민 12장 참조). 그러던 그가 금송아지 사건에서는 처음으로 사람들의 앞잡이 노릇을 했다. 사람들이 "일어나라 우리를 인도할 신을 우리를 위하여 만들라"(출 32:1)고 소리치기 시작하자, 아론은 그들의 등쌀을 견디지 못하고 우상을 만들었다. 그 후에, 모세와 마주친 아론은 "내가 그들에게 이르기를 금이 있는 자는 빼어 내라 한즉 그들이 그것을 내게로 가져 왔기로 내가 불에 던졌더니 이 송아지가 나왔나이다"(24절)라는 말도 안 되는 이유를 붙여 스스로를 변호했다. 사람들의 요구를 뿌리치지 못하는 유약함과 옳고 그름을 분별하지 못하는 어리석음이 아론의 약점이었다. 그것이 바로 아론이 잘못된 길로 접어들게 된 이유였다. 아론은 최소한 다음 세 가지 잘못을 저질렀다.

첫째, 하나님을 섬기려는 마음보다 자신을 섬기는 마음을 가졌다. 아론의 마음도 다른 모든 사람과 같이 원죄에 오염되었다. 원죄의 본질은 교만이다. 교만은 크게 네 종류로 나뉜다. 얼굴의 교만, 인종의 교만, 직위의 교만, 은혜의 교만이 그것이다. 이 중 은혜의 교만이 가장 심각하다. 아론의 경우는 직위의 교만에 해당한다. 그는 부지도자로서 백성들의 존경을 받기 원했다. 그는 백성들이 그릇된 요구를 해오더라도 얼마든지 들어주고자 했다. 혹시나 백성들로부터 존경을 받지 못할까 봐 두려웠기 때문이다.

둘째, 하나님이 가르치신 종교보다 인간이 만든 종교를 선택했다. 당시 모세는 산 위에 있었고 아직 십계명을 전달하지 않은 상태였다. 하지만 아론은 과거의 역사만 잘 돌아보았더라도 하나님을 황소(힘의 상징)의 모습으로 형상화하여 숭배하는 것이 잘못이라는 사실을 분명히 알 수 있었다. 간단히 말해, 아론은 백성들의 잘못을 바로잡아 주어야 했다. 하지만 그는 백성들의 소원을 들어줌으로써 오히려 그들의 미신적인 욕구를 충족시켜 주고자 했다.

셋째, 겸손하게 잘못을 고백하지 않고 스스로를 정당화했다. 모든 형태의 교만, 특히 직위의 교만은 자신이 저지른 잘못이나 실수, 또는 무지나 어리석음을 인정하려 들지 않고, 적당한 변명을 둘러대어 책임을 모면하려는 속성을 지닌다. 아론은 모세 앞에서 하나님을 경외하는 마음으로 잘못을 인정하기보다, 자신과 아무 상관없이 금송아지 숭배라는 불행한 사건이 일어난 것처럼 책임을 모면하려고 했다. "이 백성의 악함을 당신이 아나이다"(22절). 모세는 아론에게 아무런 대꾸도 하지 않았다. 추측하건대, 아론이 너무 혐오스러운 나머지 더 이상 할 말을 잃었던 것 같다. 혐오스럽다는 말은 이 경우에 매우 적절한 표현이다.

아론은 스스로 현혹되었다. "죄의 유혹으로 강퍅케 됨"(히 3:13)이라는 말씀대로 아론의 양심은 일시적으로 마비되었다. 그것이 그가 도덕적으로 부정직한 태도를 취했던 이유다. 아론은 교만으로 양심이 무뎌져 자신의 행위를 옳게 여겼고, 장래에도 모든 일이 잘될 것이라고 믿었다. 마귀의 활동을 직접적으로 언급하는 내용은 없다. 하지만 아론의 타락을 유도했고, 그의 양심을 부패시킨 장본인은 바로 마귀였다.

아론의 경우는 상황 윤리가 그릇된 결정과 행동을 유도한다는 것을 여실히 보여 준다. 그와는 달리, 상황 속에서 올바른 결정을 내림으로써 승리의 길을 걸어간 사례가 있다. 광야에서 시험당하신 예수님의 경우이다.

기초적인 내용 몇 가지를 정리하면 다음과 같다. 첫째, 광야의 시험은 예수님이 제자들에게 전해 주신 이야기이다. 그분이 말씀하시지 않았다면 그 이야기는 세상에 전해지지 않았을 것이다. 둘째, 마태복음과 누가복음의 기록을 비교해 보면, 두 번째 유혹과 세 번째 유혹의 순서가 서로 다르다는 점을 알 수 있다. 마태와 누가의 신학적인 관심이 서로 달랐기 때문이라고 생각할 수도 있겠지만, 예수님이 광야의 시험에 관한 말씀을 여러 차례 하셨기 때문이라는 가능성도 배제할 수 없다. 즉, 예수님이 당시의 이야기를 말씀하실 때 순서를 바꾸셨을 수도 있다. 셋째, 이야기의 내용이나 표현방식이 개인적이며 메시아적인 특성을 띤다. 하나님의 아들이신 예수님은 성부의 뜻에 온전히 복종하셨다. 즉, 예수님은 "왕이 되기 위해 태어나신 존재"(도로시 세이어스의 표현)로서 하나님 나라의 구원사역 안에서 자신이 짊어져야 할 역할과 운명을 분명히 의식하셨다. "하나님의 아들"은 메시아를 의미하는 호칭이다. 마귀는 하나님의 아들과 메시아라는 두 가지 신분이 서로 불가분의 관계를 맺고 있다는 사실을 알고 그 점에 초점을 맞춰 교묘하게 예수님을 유혹했다. 넷째, 예수님의 이야기는 그 자체로 해결할 수 없는 몇 가지 의문을 제기한다. 예를 들면, "마귀가 눈에 보이는 형상으로 나타나서 귀로 들을 수 있는 말로 그분을 유혹했는가? 아니면, 우리의 경우처럼 마귀가 예수님의 생각이나 마음속에 은근히 자신의 생각을 불어넣었는데, 예수님이 그것을 마귀의 속삭임으로 분별하신 것일까?"와 같은 의문들이다. 우리는 후자의 입장이다. 하지만 이 문제를 정확히 아는 사람은 아무도 없다.

또한, 우리는 누가복음에 기록된 순서를 따르고자 한다. 우선, 누가는 "마귀가 모든 시험을 다 한 후에[또는 "다음 기회가 올 때까지"](NST)]

얼마 동안 떠나니라"(눅 4:13)는 말로 광야의 시험을 마무리한다. 우리처럼, 예수님도 거듭해서 마귀의 유혹을 받으셨다.

첫 번째 유혹 : 예수님은 금식기도를 하셨기 때문에 몹시 시장하셨다. 마귀는 돌로 떡을 만들어 허기진 배를 채우라고 유혹했다. 말하자면, 초자연적인 방법으로 육체적인 욕구를 충족시킬 수 있는 나라를 건설하라는 뜻이었다. 예수님은 육체적인 필요보다는 하나님의 뜻이 더 중요하다는 말씀으로 마귀의 제안을 단호히 거부하셨다. 예수님은 "사람이 떡으로만 사는 것이 아니요"(신 8:3)라는 성경말씀을 인용하셨고, 그 말씀으로 마귀의 유혹을 물리치셨다.

두 번째 유혹 : 마귀는 예수님께 천하만국을 보여 주면서 자기에게 경배하면 모든 권세와 영광을 넘겨주겠다고 유혹했다(물론, 마귀는 거짓말쟁이고 약속을 지킬 능력이 없다. 우리는 이 유혹을 경건하지 못한 방법으로 세상을 정복하라는 뜻으로 이해할 수도 있다). 예수님은 전과 마찬가지로 "주 너의 하나님께 경배하고 다만 그를 섬기라 하였느니라"(눅 4:8; 신 6:13 참조)고 말씀하심으로 마귀의 그릇된 제안을 거절하셨다.

세 번째 유혹 : 세 번째 유혹은 예수님의 생각 속에서 이루어졌던 것이 분명해 보인다. 마귀는 예수님께 예루살렘 성전 꼭대기에서 뛰어내려 아무 데도 다치지 않은 모습을 보여 주라고 요구했다. 이는 배트맨이나 슈퍼맨처럼 초인적인 능력을 지닌 메시아라는 사실을 입증함으로써 초인적인 능력에 근거한 왕국을 건설하라는 유혹이었다. 하지만 예수님은 "하나님의 보내심을 받은 구원자-왕"이라는 자신의 소명에서 한 치도 물러서지 않으셨고, 제자화라는 영적 방법을 통해 영적 왕국을

건설하는 것이 자신의 목표라는 점을 분명히 하셨다. 마귀는 예수님이 성경말씀을 인용하여 유혹을 물리치시는 것을 보고, 이번에는 성경말씀을 근거로 유혹의 손길을 내밀었다. 하지만 마귀는 곤경에 처했을 때 보호하시겠다는 하나님의 약속을 아무렇게나 행동해도 그분의 보호를 받을 수 있는 것처럼 잘못 적용했다. 예수님은 마귀의 생각을 훤히 꿰뚫어 보시고, "주 너의 하나님을 시험치 말라 하였느니라"(눅 4:12; 신 6:16 참조)는 말씀으로 대응하셨다. 이 말씀은 하나님이 우리의 종이라도 되는 듯 일부러 어려운 상황을 만들어 그분을 시험하거나 노엽게 해서는 안 된다는 뜻이다.

마귀의 유혹은 한결같이 예수님을 그릇된 길로 유도하는 데 초점을 두었다. 하지만 예수님은 이미 알고 계셨던 하나님의 뜻을 굳게 붙잡으셨기 때문에 스스로 속지 않으셨고, 또 사역을 엉뚱한 방향으로 몰고 가지 않으셨다. 아담과 하와는 넘어졌지만, 예수님은 굳건히 서셨다. 그들은 생각 없이 행동했던 탓에 스스로를 망쳤지만, 예수님은 사려 깊은 행동으로 죄를 극복하셨다. 생각이 없이 욕망만 앞설 경우에는 스스로 속아 넘어갈 수밖에 없다. 야고보는 "오직 각 사람이 시험을 받는 것은 자기 욕심에 끌려 미혹됨이니 욕심이 잉태한즉 죄를 낳고······내 사랑하는 형제들아 속지 말라"(약 1:14-16)고 말했다. 마귀는 욕망을 부추기고 이용한다. 마귀의 속임수는 항상 그런 식으로 이루어진다. 마귀의 전술을 알게 된 우리는 이제 더 이상 욕망에 사로잡혀 무분별한 행동을 저지르지 않도록 조심해야 한다. 욕망에 이끌려 생각 없는 행동을 일삼다가는 반드시 넘어지게 되어 있다.

다윗의 생애는 승리와 패배로 점철되어 있다. 그의 삶은 우리에게 많은 교훈을 제공한다. 다윗은 어려운 시절에 영적 승리를 거두었다. 특히, 그는 두 번이나 사울왕을 제거할 수 있었지만, 그때마다 계시된 하나님의 뜻을 먼저 생각했다. 그는 하나님이 사울왕을 버리셨고, 자신을 왕으로 세우셨다는 사실을 잘 알고 있었다. 당시 사울왕은 무장한 군사를 보내 다윗을 추적하게 했다. 그를 죽이려는 시도였다. 그 때문에 다윗은 도망자의 신분으로 살아가야 했다. 그러던 어느 날, 동굴에 숨어 있던 다윗의 일행은 사울왕이 동굴 안으로 혼자 걸어 들어오는 모습을 목격했다. 다윗의 용사들은 "하나님이 주신 기회입니다. 어서 사울왕의 목숨을 취하여 그분의 뜻을 이루십시오."라고 말했다. 하지만 다윗은 사울왕이 하나님의 기름 부음을 받은 사람이라는 이유를 들어 그들의 권고를 거절했다(삼상 24장 참조). 옳지 않은 방법으로 쉽게 목적을 이루려는 태도는 하나님의 뜻과는 거리가 멀다. 그 후 얼마 지나지 않아 그런 기회가 또다시 찾아왔다(삼상 26장 참조). 다윗과 아비새가 가까이 접근했는데도 사울왕과 그의 군대는 아무 낌새도 차리지 못한 채 깊은 잠에 빠져 있었다. 아비새는 "하나님이 당신의 원수를 당신의 손에 붙이셨습니다. 제가 창으로 단번에 목숨을 끊어 놓겠습니다."라고 말했다. 하지만 다윗은 전과 마찬가지로 "누구든지 손을 들어 여호와의 기름 부음을 받은 자를 치며 죄가 없겠느냐"(삼상 26:9)고 대답했다. 그때까지만 해도 다윗은 아무 흠이 없었다. 그는 하나님이 정하신 한계를 잘 알고 있었기 때문에 절호의 기회를 맞이했음에도 불구하고 유혹에 굴복하지 않았다. 이렇듯, 상황이 가능하다 해도 하나님의 규칙을 깨뜨려서는 안 된다. 그것은 하나님의 뜻과 거리가 멀다. 때가 되자, 사울왕은 전쟁터에서 전사했고, 다윗은 왕위에 올랐다. 그는 하나님께 복종하는 마음으로 자신의 욕망을 억눌렀으며, 덕분에 자기 현혹에 빠지지 않았다. 하나님은 그런 그를 기쁘게 여기셨다.

하지만 밧세바와 우리아를 대할 때의 다윗은 전혀 다른 사람이었다(삼상 11, 12장 참조). 다윗은 해서는 안 될 범죄를 저질렀고, 교묘히 그 책임을 모면하고자 했다. 욕망이 생각을 지배하고 양심을 마비시켰다. 다윗은 자신이 하나님의 율법을 어겼다는 사실을 생각하지 않았다. 앞에서 살펴본 대로, 그는 십계명 가운데 다섯 가지 계명을 어겼다. 그는 자신이 왕이기 때문에 어떤 일을 해도 괜찮다고 생각했고, 그 때문에 스스로 속고 말았다. 다윗의 양심은 그로부터 1년 뒤에 나단이 찾아와서 잘못을 일깨워 줄 때까지 죽은 듯이 잠자고 있었다. 그때부터 다윗의 삶은 하향곡선을 그리기 시작했다. 가장 훌륭한 사람조차도 자기 만족과 자기 현혹 때문에 얼마든지 그릇된 길에 빠져들 수 있다.

상황을 통한 인도

반세기 전에 등장했던 상황 윤리는 사랑과 율법을 대치시킴으로써 그릇된 방향으로 치우쳤다. 하지만 상황 윤리는 "인생을 살면서 무슨 일을 해야 할까? 앞으로 어떤 계획을 세우고 어떤 경력을 쌓아 가야 할까? 하나님의 일꾼으로 세상을 변화시키려면 어떻게 해야 할까?"와 같은 일반적인 삶의 문제나 "이 위기를 어떻게 극복해야 할까? 이 사람과 결혼해야 할까? 그 친구와 관계를 회복하려면 어떻게 해야 할까?"와 같은 구체적인 삶의 문제를 하나님의 뜻에 따라 결정하는 데 상황이 중요한 역할을 할 수 있다는 점을 일깨워 주었다. 삶의 문제를 결정하기 위한 첫 단계는 바로 전반적인 상황을 고려하는 것이다. 상황을 통해 현명하고 올바른 결정을 내리려면 다음의 몇 가지 단계가 필요하다.

첫 번째 단계 : 상황을 분석하라. 모든 사실을 종합하여 깊이 생각하고, 계속적으로 전개되는 새로운 사실들에도 깊은 관심을 기울일 필요가 있다.

두 번째 단계 : 상황이 제기하는 문제들을 식별하라. 문제가 하나 이상인 경우에는 한 번에 하나씩 풀어 나가려고 해야 한다. 대수학에서 불분명한 값이 너무 많으면 등식이 성립될 수 없듯이, 하나님의 뜻도 구체적인 상황에 국한시켜 생각하지 않으면 쉽게 분별하기 어렵다. 가장 먼저 해결해야 할 문제가 무엇인지 알려면 때로 다른 사람들의 도움이 필요할 수도 있다.

세 번째 단계 : 상황과 관련된 성경구절을 찾아보라. 성경의 원리와 사례를 찾아내 적용하라. 이 경우, 성경을 잘 아는 사람의 조언이 필요할 수도 있다.

네 번째 단계 : 상황과 관련하여 스스로를 성찰하라. 행동을 결정할 때 성급하게 굴거나 부정적인 태도를 취하기 좋아하는 기질상의 약점이 있는 경우에는 각별히 조심해야 한다. 마귀는 우리의 교만과 두려움, 탐욕과 분노, 마음의 상처와 게으름, 유약하고 소극적이고 무분별한 대도 따위를 부추겨 어리석은 결정을 내리게 하려고 호시탐탐 기회를 엿보고 있다. "친구 외에 자신이 존경하고 신뢰할 수 있는 신자 가

운데 최소한 두 사람의 조언을 구하는 것이 좋다."[1] 마귀가 우리의 약점을 노려 하나님의 뜻을 분별하지 못하게 하려고 기회를 엿보고 있다는 점을 한시라도 잊어서는 안 된다.

다섯 번째 단계 : 하나님 앞에서 상황을 솔직하게 고백하라. 하나님께 자신의 상황을 일목요연하게 아뢰면서 청결한 마음과 명확하고 현실적인 사고를 바탕으로 하나님을 영화롭게 할 수 있는 길을 알려 달라고 기도하라. 심사숙고하여 올바른 결정을 내렸을 경우, 하나님의 평화가 마음에 가득 넘친다. 안개가 걷히면 감추어 있던 풍경이 서서히 모습을 드러내듯이, 하나님의 뜻도 처음에는 불분명하지만 점차 확연히 드러나기 마련이다. 하나님의 결정적인 뜻을 발견할 때까지 계속 기도해야 한다.

여섯 번째 단계 : 상황을 극복할 수 있는 방법을 결정할 때까지 느긋하게 행동하라. 분별과 계획은 시간을 요한다. 처음 생각보다 두 번째, 세 번째 생각이 더 나은 경우가 많다. 기도하자마자 즉각 하나님의 뜻이 드러나기를 기대하지 말라. 그런 생각은 성경과는 거리가 먼 미신에 불과하다. 물론, 결정을 내릴 무렵이면 대개 하나님의 뜻을 구체적으로 알 수 있다. 하지만 그분의 뜻을 즉시 알 수 있다는 기대는 하지 않는 것이 좋다.

일곱 번째 단계 : 모든 상황 속에서 하나님께 온전히 복종하라. 하나님의 뜻과 그분의 영광은 분별의 과정을 통해 서서히 드러난다. 우리는 합리적인 수단과 방법을 통해 하나님의 인도를 구해야 한다. 합리적인 사고를 벗어난 마음의 충동과 기분을 하나님의 뜻과 동일시해서는 곤란하다. 물론, 하나님이 때로 합리적인 수단과 방법으로 그분의 뜻을

구할 때 특별한 느낌을 허락하실 수도 있다. 그런 경우에는 존경하고 신뢰할 수 있는 신자들의 조언을 구하는 것이 좋다. 그들의 확신도 있고, 마음의 평화가 있을 때만 행동에 돌입하라.

이것이 바로 성경적인 상황 윤리다. 선한 목자이신 하나님은 자신의 양떼를 사랑하시고 돌보신다. 하나님은 그분의 인도를 구하는 모든 이들에게 충실하시다. 상황 속에서 하나님의 인도를 구하는 사람은 반드시 그분의 도우심을 발견할 것이다.

토·론·과·성·찰·을·위·한·문·제

1. 서두에 인용된 세 개의 문장을 깊이 생각하라. 이들 문장을 남긴 사람들은 각자 상황을 어떤 식으로 이해하고 있는가?

2. 상황 윤리를 내세워 행동에 정당성을 부여한 경우를 경험했거나 목격한 적이 있는가?

3. 결과를 미리 예측하면 결정을 내리는 데 큰 도움이 된다. 즉, 우리는 선을 최대화하고 악을 최소화할 수 있는 결정을 내려야 한다. 이러한 판단 기준이 결정을 내릴 때 유익한 점은 무엇이며, 또 그 한계는 무엇인가?

4. "하나님의 명령과 금령을 진지하게 받아들이는 기독교인이 볼 때……율법은 사랑을 인도하는 눈이고, 하나님과 이웃에 대한 사랑은 율법의 정신이다. 율법과 사랑은 하나다. 이는 결코 타협할 수 없는 기독교적 입장이다." 이 말이 사실이라면, 하나님은 어떤 본성을 지니고 계시는가? 아울러, 이 말은 하나님의 백성이 어떤 윤리를 추구해야 한다고 암시하는가?

5. 저자는 삶의 상황이 "하나님의 주권", "마귀의 활동", "개인적인 책임"으로 구성된다고 말했다. 지난주의 상황을 이들 세 가지 요소와 결부시켜 생각해 보라.

6. 아론이 금송아지를 만든 사건을 다시 읽어 보라(출 32장 참조). 아론의 태도는 어떤 점에서 잘못되었는가?

7. 시험받으신 예수님에 관한 성경의 기록(눅 4:1-13 참조)을 읽어 보라. 예수님은 마귀의 세 가지 유혹에 어떻게 반응하셨는가? 어려운 상황에 부딪친다면 예수님의 어떤 태도를 본받고 싶은가?

8. 다윗의 이야기를 다시 읽어라. 다윗의 이야기가 주는 긍정적인 교훈과 부정적인 교훈은 무엇인가?

9. 저자는 "상황을 통한 인도" 항목에서 현명한 결정을 내리기 위한 일곱 가지 단계를 차례로 열거했다. 그 가운데 지금 자신의 상황에 적용할 수 있는 한 가지를 선택하라. 그 과정에서 어떤 도움을 받기 원하는가?

10. 자신이 처한 힘든 상황을 생각하면서 하나님의 보호와 인도를 구하는 기도를 드리라.

우리가 초점을 맞춰야 할 대상은 성령이 아닌 예수 그리스도시다.
하지만 우리가 예수님을 바라볼 수 있는 것은 전적으로 성령의 사역 덕분이다.

성령님의 인도하심과 보호하심

"은혜로우신 성령, 하늘의 비둘기시여, 위로부터 임하셔서 빛과 위로를 주옵소서. 우리의 모든 생각과 발걸음을 보호하고 인도하소서."

— 시몬 브라운(1680–1732)

작은 모래가 조개 껍질 안에 들어갔을 때 진주가 만들어지기 시작하듯이, 이 책은 하나님의 뜻을 알고 싶어하는 사람들, 즉 잘못된 결정을 내려 돌이킬 수 없는 영적 피해를 입을까 봐 두려워하는 사람들에 대한 관심에서부터 시작되었다. 우리가 볼 때, 그런 사람들은 매우 많다. 우리는 그들을 도울 목적으로 지금까지 다음과 같은 몇 가지 진리를 제시하고자 노력했다.

첫째, 하나님의 인도는 선택하신 백성을 돌보시겠다는 언약에 포함된 약속이다.

둘째, 우리가 어리석은 양처럼 잘못된 결정을 내려 그릇된 길로 나아가는 경우, 목자이신 하나님, 즉 우리를 영원히 사랑하시고 영광스럽게 하시겠다고 작정하신 삼위일체 하나님이 우리의 삶에 개입하셔서 다시금 생명과 희망을 주시고, 우리와의 영적 교제를 회복시키신다.

셋째, 하나님은 성경의 진리, 지혜, 동료 신자들의 조언, 과거와 현재의 모범적인 신앙위인들, 특히 예수님의 성품과 미덕을 본받는 데서 비롯하는 영감과 통찰력으로 우리를 인도하신다.

넷째, 인생에 중대한 영향을 미치는 장기적인 결정이 필요한 경우, 하나님은 깊은 생각과 기도를 통해 긍정적이든 부정적이든 우리가 고민하는 문제를 결정짓도록 이끄신다. 하나님은 그런 과정을 통해 우리를 그분이 원하시는 길로 인도하시고 마음의 평화를 허락하신다.

패커는 전에 펴낸 책에서 "성경의 관점에서 바라본 하나님의 인도"라는 제목으로 이와 비슷한 내용을 설명한 바 있다. 그 내용을 간단히 요약하면 다음과 같다.

1. "하나님을 위해 내가 할 수 있는 최선의 일이 무엇일까?"를 생각하며 살아가라.
2. 성경의 가르침에 주목하라. 성경은 하나님 사랑과 이웃 사랑을 명령하고, 기쁘고 활동적인 삶(전 9:10; 고전 15:58 참조)을 강조하며, 지혜를 활용함으로써 여러 가지 대안 가운데 최선을 선택하라고 권고한다. 그밖에도 우리는 율법이 금지하는 것과 명령하는 것에 주의를 기울여야 한다.
3. 성경위인들의 경건한 믿음과 예수님의 사랑과 겸손을 본받아라. 그러면, 절대로 그릇된 길에 치우치지 않을 것이다.
4. 지혜를 활용하여 최선의 행동을 결정하라. 고립적인 신앙생활을 지양하라. 하나님의 뜻을 발견했다고 생각하거든, 그러한 판단이 옳은지 점검해야 한다. 자신보다 더 지혜로운 사람들에게 조언을 구하라.
5. 하나님의 인도에 민감하게 반응하라. 특별한 사역이나 봉사에 관심을 느

끼는 경우, 또는 이유 없이 마음이 불안한 경우 등을 예로 들 수 있다. 후자의 경우에는 무엇인가 변화가 필요하다는 증거일 수 있다.

6. 마음의 평화를 소중히 여기라. 바울은 하나님의 평강이 그분의 뜻을 따르는 이들의 마음과 생각을 항상 안전하게 지켜 줄 것이라고 말했다.
7. 상황의 한계를 예의 주시하라. 한계가 제거되지 않는다면, 하나님의 뜻으로 받아들여라.
8. 결정의 순간이 올 때까지 하나님의 뜻이 확연하게 드러나지 않을 수도 있다. 그래도 조급해하지 말고, 하나님이 한 번에 한 걸음씩 인도해 주시기를 기대하라. 하나님의 인도는 대개 그런 식으로 이루어진다.
9. 때로 하나님은 우리가 원치 않는 길로 우리를 인도하신다. 그런 경우에도 기꺼이 복종해야 한다.
10. 그릇된 결정을 내렸더라도 모든 것이 끝나는 것은 아니다. 하나님은 우리를 용서하시고 다시 회복시켜 주신다. ……주님은 우리를 인도하시는 목자이시다. 그 사실을 알면 큰 위안을 얻을 수 있다.[1]

삼위일체 하나님이 우리를 인도하시고 보호하신다. 우리는 성부 하나님과 선한 목자이신 예수님께 초점을 맞췄을 뿐 우리를 인도하시고 보호하시는 성령의 사역에 대해서는 자세히 논하지 않았다. 이제부터 우리는 이 점을 자세히 살펴볼 생각이다. 왜냐하면 성령의 사역은 매우 중요하기 때문이다.

성령에 대한 소개

세상을 창조하신 성령은 계시와 영감을 주신다. 성경은 성령의 영감으로 기록되었다. 성령은 마음을 새롭게 하고 삶을 변화시키시며, 우리에게 구원의 확신을 주시고, 구세주를 섬기게 하신다. 물론, 구세주와 신자의 연합도 성령에 의해 이루어진다. 우리는 성령을 "그것"이 아닌 "그분"으로 호칭한다. 구약성경은 성령을 인격체가 아니라 하나님의 능력으로 묘사하는 듯한 인상을 준다. 하지만 신약성경은 성령을 보혜사로 일컫는다. 성령은 말씀하시고 가르치시며, 탄식하시고 신자들을 위해 중보기도를 하신다. 또한, 신약성경은 "성령을 속였다"는 표현을 사용하기도 한다. 이런 표현들은 모두 인격체를 묘사할 때 사용된다. 이처럼, 성령은 성부와 성자와 마찬가지로 인격체이시다.

하나님은 한 분이시지만 그 안에 삼위로 존재하신다. 성령은 그 가운데 세 번째 위를 차지하신다. 하지만 이는 서열상의 구분이 아닌 위격상의 구분일 뿐이다. 성령은 성부와 성자와 마찬가지로 "거룩하시다"(요 6:69, 17:11 참조). "거룩함"은 하나님의 신성을 표현하는 성경 용어로서 하나님이 우주 만물과 본질적으로 구별되시는 절대 타자, 즉 위대하시고 순결하시고 경이로우시고 두려우신 존재라는 사실을 암시한다. 거룩함은 하나님의 모든 속성(즉, 하나님의 존재와 행위의 근간을 이루는 근원적 성품)을 아우르는 본질적 속성이다. 이런 점에서 교회가 하나님을 "거룩하신 삼위일체"로 부르는 것은 지극히 옳고 자연스럽고 적절하다. 성령은 성부와 성사가 행하시는 섭리와 은혜의 사역을 수행하신다. 성성은 사랑을 성부와 성자와 결부시키고, 능력을 성령과 결부시긴다.

이는 성령이 신적인 능력을 통해 온 우주 만물 안에서 운행하시며 새로운 변화와 혁신을 일으키는 사역을 수행하신다는 뜻이다.

신약성경의 삼위일체 교리를 명확하게 설명한 사람은 어거스틴이었다. 그는 하나님이 행하시는 사역은 무엇이든지 세 분 하나님이 모두 동참하신다고 말했다. 우리의 표현대로 하면, 일종의 연합작전에 해당하는 셈이다. 또한 신약성경은 세 분 하나님의 협력사역이 하나의 목적(즉, 성자를 영화롭게 하시려는 성부의 작정)을 지향한다고 말씀한다. 다시 말해, 성부는 창조사역과 구속사역을 통해 성자를 영화롭게 하신다. "모든 사람으로 아버지를 공경하는 것같이 아들을 공경하게 하려 하심이라"(요 5:23)는 말씀이 그 점을 분명히 한다. "만물이 다 그로 말미암고 그를 위하여 창조되었고……만물이 그 안에 함께 섰느니라"(골 1:16, 17)는 말씀은 창조사역을 통해 성자를 영화롭게 하시는 성부를, "그는 몸인 교회의 머리라 그가 근본이요 죽은 자들 가운데서 먼저 나신 자니 이는 친히 만물의 으뜸이 되려 하심이요"(18절)라는 말씀은 구속사역을 통해 성자를 영화롭게 하시는 성부를 각각 보여 준다. 성자는 성육신을 통해 인간의 몸을 입으시고 세상에 오셨다. 그분은 삶과 죽음과 부활과 승천을 통해 영원한 중보자가 되셔서 교회를 세우시고, 신자의 구원을 보장하는 모든 축복을 내려 주신다.

이 사실은 요한계시록에서 더욱 분명하게 나타난다. 요한계시록의 다른 내용은 해석이 불확실하지만 구세주이시자 중보자시요, 교회의 신랑이신 그리스도의 영광에 관한 내용만큼은 너무나도 뚜렷하다(1:5-7, 13-18, 2, 3장, 5:5-14, 7장, 14:1-5, 19:6-16, 21:22-22:5, 12, 13, 16, 20, 21 참조). 아들을 "지극히 높여 모든 이름 위에 뛰어난 이름을"(빌 2:9) 주시는 것이 곧 성부의 뜻이다. 이렇듯, 예수 그리스도가 사람들의 운명을 결정짓는 궁극적인 권위와 현실이자 궁극적인 중요성을 지닌 존재가 되는 것이 성부의 영원한 계획이다. 부활 승천하신 그리스도는 성부의 계획을 이루기 위해 오순절에 성령을 보내 주셨다.

성령은 오순절을 기점으로 그리스도가 십자가의 고난을 당하시기 전에 약속하신 사역을 본격적으로 행하기 시작하셨다. 이와 관련해 요한복음은 매우 유익한 정보를 제공한다. 왜냐하면 모든 신자에게 적용되는 성령의 보편적 사역을 증언하고 있기 때문이다. (요한은 성령의 사역에 특별한 관심을 기울였다. 그는 예수님이 제자들을 상대로 가르치신 성령의 사역을 소상히 기록했다.) 성령의 사역과 관련된 요한복음의 핵심구절 몇 개를 소개하면 다음과 같다.

성령은 예수님이 세례를 받으실 때 비둘기의 형태로 그분께 임하셨다. 성령의 기름 부음이 이루어진 목적은 예수님이 성령으로 세례를 주시는 분이라는 사실을 알리기 위해서였다(성령으로 세례를 준다는 것은 성령의 인도를 받는 삶을 살 수 있게 한다는 뜻이다). 예수님은 성령으로 기름 부음을 받으심으로써 성령으로 세례를 주실 수 있는 존재가 되셨다(요 1:32, 33 참조).

성령은 거듭남의 사역을 통해 사람들을 하나님 나라로 인도하신다 (거듭남이란 "새롭게 태어난다", 또는 "위로부터 난다"는 뜻이다). 거듭난 사람은 예수님을 하나님이 보내신 구세주로 영접한다(3:3-15 참조).

성령은 그리스도 앞에 나오는 사람들의 영적 갈증을 해갈해 주신다. 그리스도를 믿는 자는 마음에서부터 "생수의 강"이 흘러나온다. 이 말씀은 에스겔 47장 1-12절을 암시한다. 성경은 신자를 하나님이 거하시는 성전으로 묘사한다. 따라서 이와 같은 표현들은 기쁨과 평화와 소망과 사랑이 가득 흘러넘치는 상태를 상징한다. 요한은 예수님이 영광을 받으신 후에는 신자들 각자가 그런 경험을 하게 될 것이라고 말했다(7:37-39, 17:5 참조).

성부와 성자는 신자들에게 성령을 보내셔서 그들을 위로하고 조언하고 격려하고 도와주는 보혜사의 역할을 하게 하신다(헬라어 "파라클레이토스"의 의미를 온전하게 표현하는 단어는 영어에 없다). 성령은 신자들 곁에 영원히 머무신다. 아울러, 성부와 성자는 성령의 임하심을 통해 신자들 안에 영원히 함께 거하신다(14:16, 17, 23 참조).

성령의 사역은 전적으로 그리스도 중심적이다. 예수님은 "그가 내 영광을 나타내리니 내 것을 가지고 너희에게 알리겠음이니라"(16:14)고 말씀하셨다. 성령은 자신이 아닌 그리스도께 관심을 기울이게 만드신다. 성령은 마치 수줍어하면서 문 뒤에 몸을 감추는 어린아이처럼 우리 앞에 자신의 모습을 드러내지 않으신다. 성령의 사역은 투광조명등과 비슷하다. 벽 틈에 숨겨진 투광조명등은 시야에 드러나지 않은 채 빛을 뿌려 사람들이 볼 수 있게 한다. 그리스도는 우리 앞에 모습을 드러내셔서 우리를 가르치시고 부르시는 반면에, 성령은 우리 뒤에 모습을 감추신 채 우리 어깨 너머로 빛을 뿌려 그리스도를 보게 하시고 그분을 알게 하신다.

또한 성령은 우리의 심령을 향해 "그리스도가 '내게 와서 배우라. ……내게서 안식을 찾아라.' 하고 말씀하시지 않았느냐? 그분께 가서 이 모든 일을 아뢰라."고 말씀하신다. 이 말씀은 비단 회심할 때뿐 아니라 신앙생활을 하는 내내 적용된다. 주 예수님을 사랑하고, 섬기고,

앙모하고, 그분을 의식하고, 그분께 늘 가까이 다가가는 것이 신앙생활의 본질이다. 우리가 초점을 맞춰야 할 대상은 성령이 아닌 예수 그리스도시다. 하지만 우리가 예수님을 바라볼 수 있는 것은 전적으로 성령의 사역 덕분이다.

또 다른 비유가 얼마든지 가능하다. 성령은 예수님을 밝히 보게 만드신다는 점에서 콘택트렌즈 같기도 하시고, 우리를 그리스도께 인도하시어 영원히 연합하게 만드신다는 점에서 중매쟁이 같기도 하시다. 또한, 성령은 그리스도와 우리의 의사소통을 가능케 하신다는 점에서 인터폰과 비슷한 역할을 수행하시고, 건강한 마음으로 그리스도를 사랑하게 만드신다는 점에서 우리의 심장에 장착된 맥박 조정기와 유사한 역할을 수행하기도 하신다. 그리스도는 이 모든 성령의 사역을 통로로 삼으셔서 우리의 예배와 거룩한 삶과 사역에 자신의 생명과 능력을 부어 주신다. 성령은 늘 자신의 모습을 감추신다. 성령은 우리 안에서 사역을 행하시면서 자신이 아닌 그리스도가 관심의 초점이 되게 하신다.

그리스도의 고별 강연은 성령의 사역에 관한 가르침을 전후에 두고, 그 중심에 아름다운 비유를 위치시킨 형태로 구성되어 있다. 예수님은 그 비유에서 자신을 포도나무로, 우리를 가지로 비유하셨다. 하나님의 생명을 받아 삶의 열매를 맺으려면 가지가 포도나무에 붙어 있어야 한다. 성경에서 이 비유보다 예수님과 제자들의 연합관계를 생생하게 묘사하는 비유는 없다. 이 비유는 성령의 사역을 명확히 언급하지는 않지만 분명히 그것을 전제로 하고 있다.

성령은 죄와 의와 신판에 대해 세상 사람들을 책망하신다. 성령은 그리스도를 믿지 않는 것이 가장 큰 죄이며, 변화하지 않으면 길 잃은 사람처럼 목적 없이 살아갈 수밖에 없다는 점을 깨우쳐 주신다. 예수님 당시의 사람들은 그분을 죄인이자 광신도로 생각하여 십자가에 못 박아 죽였다. 하지만 성령은 예수님이 절대적으로 의로우시며, 현재 하나님과 함께 영광 중에 거하신다고 증언하신다. 성령은 죄에 대한 하나님의 심판이 이미 시작되었으며, 그리스도의 십자가와 부활을 통해 마귀가 결정적인 타격을 입었다는 사실을 깨닫게 하신다(16:8-11 참조).

마지막으로, 성령은 예수님이 하셨던 것과 같은 방식으로 복음을 전할 수 있는 능력과 통찰력과 지혜를 제자들에게 허락하신다(20:22, 23 참조). 예를 들어, 베드로는 마술사 시몬의 영적 상태를 단번에 간파했고, 그의 악함을 지적하며 하나님께 용서를 구하라고 말했다(행 8:20-23 참조). 그가 영적 분별력을 지닐 수 있었던 이유는 바로 예수님이 약속하신 성령의 사역 때문이었다.

바울은 성령의 다양한 사역을 언급했다. 예를 들면, 말씀을 깨닫는 능력, 영적 이해력, 부활하신 그리스도와의 연합을 통한 새 창조, 구원의 확신, 승리하는 삶, 거룩하고 의로운 삶을 통해 그리스도의 형상을 닮아 가는 도덕적 변화, 성품의 변화를 일구어 내는 아홉 가지 영적 열매, 교회의 사역과 직분, 마지막 영광을 바라보는 소망 등이다. 이 모든 것이 성령의 사역에 의해 이루어진다(성령의 사역에 관한 바울의 가르침을 기록하고 있는 성경구절은 다음과 같다. 롬 5:5, 7:1-6, 8장, 14:17, 15:13; 고전 2:9-15, 3:16, 6:11, 12장; 고후 3:14-4:6; 갈 3:1-13, 4:4-6, 29, 5:15-26; 엡 1:13, 14, 4:30, 5:18-21). 바울의 가르침은 그리스도 중심적이다. 또한 그는 성령의 사역이 성령 자신이 아니라 그리스도께 초점을 맞추고 있다고 가르쳤다. 그에 의하면, 성령의 사역은 그리스도와의 교제를 가능케 하는 수단이다. 이는 요한복음의 가르침과 정확히 일치한다. 이제 성령의 사역을 인도라는 주제와 결부시켜 생각해 보기로 하자.

두 가지 극단

두 가지 극단적인 사고방식에서부터 시작해 보자. 하나는 "심령주의"이고, 다른 하나는 "성경주의"이다. 우리는 이들 양극단에 치우치지 않고, 중립적인 입장을 지켜 나갈 생각이다.

먼저, "심령주의"는 헌신적이고 열정적인 신자들 사이에서 흔히 나타난다. 이들은 모든 행동을 하나님의 뜻에 일치시키려 열심히 노력한다. 올바른 태도다. 하지만 자신들이 올바른 결정을 내렸다는 확신을 얻기 위해 특별한 성령의 감동이나 표적을 구하는 데 문제가 있다. 그들은 그런 경험이 없으면 하나님의 인도를 받지 못했다고 생각하며, 주로 감정이나 기분을 성령의 감동과 동일시하는 경향이 있다. 그들은 그런 감정을 느꼈다고 생각하는 순간, "하나님이 내게 말씀하셨다."고 말하며, "하나님의 영으로 인도함을 받는"(롬 8:14; 갈 5:18)이라는 말씀을 자신에게 적용시킨다. 그들은 최선의 결정이나 행동을 분명하게 판단할 수 있는 상황인데도(즉, 성경의 가르침, 지혜의 원리, 친구들과 조언자들의 의견, 교회의 판단 등이 모두 일치하는 상황) 성령의 감동이 없다는 이유로 선뜻 결정을 내리지 못하고 머뭇거리기도 하고, 반대로 성령의 감동을 느꼈다고 생각하는 경우에는 동료 신자들이 모두 다른 의견을 제시하더라도 주저하지 않고 선뜻 결정을 내리기도 한다. 이렇듯, 그들은 매우 헌신적이고 열심이지만 종종 이치에 어긋난 행동을 일삼는 탓에 함께 일하기가 매우 어렵다. 물론, 때로는 해야 할 일과 하지 말아야 할 일에 관해 성령의 감동을 느끼는 경우도 있다. 하지만 그런 경우는 매우 예외적이다. 하나님의 인도는 대개 일반적인 원리를 통해 주어진다. 항상 성령의 감동을 구하는 태도는 다음의 세 가지 잘못을 저지르게 된다.

첫 번째 잘못 : 하나님의 선물인 이성을 과소평가하기 쉽다. 우리는 성경에 근거한 이성적 판단과 하나님과의 영적 교제에서 비롯하는 지혜를 통해 그분을 가장 영화롭게 할 수 있는 일을 분별하여 실천에 옮겨야 한다. 철저하게 검증된 이성적 추론을 통해 올바른 판단이 섰을 때는 더 이상 다른 증거를 구하지 말고 지체 없이 행동으로 옮겨야 한다.

두 번째 잘못 : 하나님의 인도를 기다릴 때 지나치게 조심스러운 태도를 취하기 쉽다. 하나님은 때로 인내심을 가지고 확신이 들 때까지 기다렸다가 행동을 결정하게 하신다. 이는 우리가 마땅히 실천해야 할 영적 훈련 가운데 하나다. 하지만 상황이 행동을 요구하는데도 아무 결정도 하지 않은 채 무작정 하나님의 특별한 지시만을 기다리는 것은 옳지 않다. 그런 태도는 하나님을 영화롭게 하지 못한다. 하나님보다 뒤늦게 달려가는 것은 그분보다 앞서 달려 나가는 것 못지않은 잘못이다. 행동을 결정하기에 앞서 일일이 성령의 감동을 구하는 습관을 갖게 되면 아무 일도 하지 않고 무작정 기다리기만 할 공산이 크다.

세 번째 잘못 : 성령을 이용하기 쉽다. 성령이 우리의 기대대로 행동해 주시기를 바라며 기다리는 태도는 그분의 자유를 제한하는 것이나

같다. 물론, 그런 기대를 갖는 사람은 자신이 성령을 존중한다고 생각하기 쉽다. 하지만 그렇지 않다. 그것은 성령을 무시하는 처사다.

이와는 대조적으로, "성경주의"는 삼위일체 하나님 중에서 성령을 빼고, 성부와 성자와 "성경"을 신봉하는 태도를 가리킨다. "성경주의"는 "심령주의"보다 더 흔한 현상이다. 그 이유는 대략 세 가지다. 첫째, 합리주의에 근거한 사고방식이 100년 이상 북아메리카의 신학을 지배해 왔기 때문이고, 둘째, 심령주의가 지나치게 확대되어 합리적인 통제가 불가능해질 것을 우려해 잔뜩 경각심을 곤두세우고 있기 때문이며, 셋째, 이성주의에 입각해 성경이 말씀하는 것만 믿고 행하는 것이 충실한 기독교라는 마귀의 속임수 때문이다. 그러면 성경주의의 문제점은 무엇일까? 한마디로, 성부와 성자의 영적 교통을 통해 경건한 성품을 발전시켜 하나님의 부르심에 합당한 존재가 되는 것이 신앙생활의 핵심이라는 기본 진리를 도외시하는 데 있다. 달라스 윌라드는 "하나님의 명령을 이행하는 데에만 집착하면 그분이 원하시는 존재가 되어야 한다는 점을 등한시할 수밖에 없다."[2]고 지적했다. 한마디로, 성경주의자들은 존재를 도외시하고 행위에만 집착하는 경향이 있다. 성경주의는 존재가 행위의 근간이라는 사실을 무시하는 데서 비롯한다.

게리 프리슨은 『결정과 하나님의 뜻』에서[3] 직접적인 "느낌이나 인상", 또는 상황만을 토대로 하나님의 인도를 구하기보다 성경에 근거한 지혜를 통해 학교, 결혼, 직업 등 인생의 문제를 결정해 나가는 것이 옳다고 주장했다. 그의 주장은 많은 점에서 이 책의 내용과 일맥상통한다. 하지만 다음의 인용문은 그의 주장이 안고 있는 문제점을 간단히 요약한다. "그의 주장을 못마땅하게 여기는 사람들이 많다. 그 이유는 그의 어조가 신자의 삶에서 이루어지는 역동적인 성령의 사역을 일반적인 공식(비록 철저히 성경에 근거한 공식이라 해도)으로 대체시켜 오로지 그것을 토대로 어떤 상황에서든 합법적인 선택을 할 수 있어야 한다는 암시를 주고 있기 때문이다."[4] 패커는 일전에 "이신론자의 인도 교리"라는 제목으로 프리슨의 주장을 호되게 비판한 바 있다. 이신론이란 신자의 마음과 의식에서 이루어지는 성령의 사역을 부인, 또는 무시하거나 고려하지 않은 입장을 가리킨다. 프리슨의 주장은 언뜻 보면 매우 건전한 듯하지만 깊이 살펴보면 성경주의의 주장과 크게 다를 바 없다.

물론, 그렇다고 해서 성경주의자들이 전혀 기도하지 않는다고 생각해서는 곤란하다. 하지만 그들은 성경에 복종하고, 지혜와 조언을 구하는 것만이 하나님의 뜻을 분별할 수 있는 유일한 수단이라고 간주할 뿐, 성령의 사역을 고려하려 들지 않는다. 그런 사고방식은 심령주의와 마찬가지로 세 가지 잘못을 저지르게 된다.

첫 번째 잘못 : 하나님의 선물인 이성을 과대평가하기 쉽다. 이성적 추론은 하나님의 뜻을 분별하는 데 필수적인 요소 가운데 하나일 뿐이다. 그것이 전부라고 생각하면 오산이다. 인간을 로봇이나 『스타트렉』의 미스터 스포크처럼 생각하고 행동하는 기계로 취급해서는 곤란하다. 하지만 성경주의자들은 과거의 바리새인들이나 오늘날의 세속주의자들처럼 인간을 그런 식으로 생각하는 경향이 있다. 성경은 인간을 마음(즉, 내적 자아)의 관점에서 이해해야 한다고 말씀한다. 인간의 마음은 본질상 하나님을 거역하고, 그분의 말씀에 귀를 기울이려 들지 않는다.

인간의 마음에는 하나님을 대적하는 습성이 깊이 도사리고 있다. 인간의 부패한 마음은 삶과 관계에 대한 생각과 태도에 직접, 또는 간접적으로 영향을 미친다. 어거스틴 이래로 기독교인들은 이런 인간의 태도를 "원죄"라고 일컬어 왔다.

성령은 부활하신 그리스도를 인식하여 그분과 연합하게 하심으로써 마음을 새롭게 변화시키신다. 그와 같은 성령의 역사가 일어나는 순간, 인간의 사고방식은 즉각적으로 변화된다. 전에는 하나님을 멀리하고 대적했지만, 성령의 역사가 이루어지는 순간부터 하나님께 대한 사랑과 감사의 마음이 생겨나고, 그분을 찬양하고 기쁘시게 하고 싶은 소원을 갖게 된다. 물론, 그런 상태에서도 우리의 마음에는 여전히 옛 자아가 살아 있다. 성령의 사역을 통해 하나님을 사랑하고 섬기고 신뢰하는 마음과 동기를 부여받았지만, 우리의 옛 자아는 그런 마음을 갖지 못하도록 끊임없이 방해한다. 바울은 이 점을 염두에 두고, "육체의 소욕은 성령을 거스르고 성령의 소욕은 육체를 거스르나니 이 둘이 서로 대적함으로 너희의 원하는 것을 하지 못하게 하려 함이니라"(갈 5:17)고 말했다. 이런 이유로 우리는 때로 무엇이 올바른지 분명히 알고 있으면서도 육체의 욕망에 이끌려 엉뚱한 일을 행하곤 한다. 다시 말해, 우리는 하나님의 영광과 이웃의 유익에 아무 관심도 기울이지 않은 채 자기 연민, 자기 몰입, 자기 만족에 치우쳐 냉담하고, 나태하고, 격정적인 행동을 거듭 일삼는다. 이런 일이 일어나는 이유는 경건하게 살고 싶은 마음이 없기 때문이 아니라 우리의 마음에 도사리고 있는 죄가 그런 마음을 갖지 못하게 방해하기 때문이다. 따라서 우리는 하나님을 사랑하는 열정과 소망으로 항상 올바른 일을 올바른 방식으로 행할 수 있게 해달라고 기도해야 한다. 그런 일은 오직 우리 안에 거하시는 성령의 역사에 의해서만 가능하다. 하지만 이성적 추론을 통해 성경의 명령을 이해하여 실천하는 데만 모든 관심을 기울이고, 그런 행동을 하게 만드는 근원적인 추진력(즉, 마음의 태도나 동기)을 도외시한다면 행위만 중요시하고 동기는 무시하는 잘못을 범하기 쉽다. 이는 한마디로 이성을 과대평가하는 것에 지나지 않는다.

두 번째 잘못: 충실하게 하나님의 인도를 기다리는 태도를 과소평가하기 쉽다. 이성적 추론을 통해 성경에서 신앙과 행위의 법칙을 발견한 뒤에는 오직 그것만이 유일한 법칙이라는 폐쇄적인 태도를 취하거나, 스스로 모든 것을 성취할 수 있다는 그릇된 자신감을 갖게 될 가능성이 높다. 다시 말해, 신앙의 측면에서는 하나님을 고정된 틀, 즉 이성이 알고 있는 차원에만 국한시켜 생각하는 습성이 생겨나고, 행동의 측면에서는 바리새인처럼 성경에 근거한 규칙을 꼼꼼하게 지키려는 태도를 취하게 된다. 아울러, 신학적 측면에서는 인간의 이해를 초월한 하나님의 신비, 즉 하나님은 우리가 이해하는 것보다 훨씬 더 위대하시며 그분에 대한 우리의 지식이 지극히 작은 일부분에 지나지 않는다는 사실을 인정하지 않고 이성을 절대화하기 쉽고, 윤리적인 측면에서는 하나님의 인도와 관련하여 제자리걸음을 해야 할 때, 그 자리에 멈춰 서야 할 때, 걸어가야 할 때, 새로운 행동을 모색하기 전에 하나님의 섭리로 상황이 변할 때까지 기다려야 할 때를 분별하지 못하는 잘못을 범하기 쉽다. 이성은 하나님을 위해 사용되어야 할 도구에 불과하다. 이성의 힘만으로는 하나님의 인도를 분별할 수 없다. 그분의 뜻을 알게 하시는 분은 바로 성령이시다. 성령은 우리가 하나님의 뜻에 부합하지 않은 계획을 세울

때면 마음의 평화를 잠시 거두어 가심으로써 우리의 길을 인도하신다.

우리는 바울의 2차 선교여행 당시에 일어났던 사건을 통해 이 점을 분명히 확인할 수 있다. 바울은 소아시아에 복음을 전할 생각이었지만 성령의 만류로 다른 곳으로 발길을 돌려야 했다(행 16:6, 7 참조). 바울은 드로아에 도착한 첫째 날 밤에 환상을 통해 마게도냐 사람이 도움을 요청하는 모습을 목격했다. 바울은 그 환상으로 자신의 목표를 분명히 알게 되었다. 하지만 바로 전날 저녁만 해도(즉, 육로여행을 모두 마치고 드로아 해안에서 바다를 바라보고 있을 때만 해도) 바울과 그의 동료들은 하나님의 계획을 분명히 확신하기 어려웠다. 그들은 한 치의 오차도 없이 여행을 계속하여 계획했던 목적지에 도착하는 것이 하나님의 뜻이라고 생각했다. 만일 그들이 성령의 사역에 무감각했더라면, 하나님의 인도를 간과한 채 자신들의 계획(즉, 소아시아에 복음을 전하려는 계획)대로 밀고 나갔을 테고, 결국 하나님의 더 좋은 계획(즉, 유럽에 복음을 전파하여 교회를 세우시려고 했던 계획)에 큰 차질이 생겼을 것이 분명하다. 그들은 자신들의 이성적인 계획에 집착하지 않고 성령의 인도에 기꺼이 복종함으로써 하나님을 기쁘시게 했다. 합리적 사고방식에 근거한 성경주의는 이와 같은 성령의 역사에 무지한 경우가 많다. 성경주의자들은 성령의 인도를 의식하기가 매우 어렵다.

우리는 위에서 부정적인 측면에서 하나님의 인도를 언급했다. 즉, 하나님은 마음의 평화를 잠시 거두심으로써 "그 일을 해서는 안 된다. 그것은 나의 뜻이 아니다."라는 메시지를 전달하신다. 하지만 예수님과 바울이 언급한 대로, 마음의 평화는 매우 귀한 축복이다. 예수님은 제자들을 상대로 한 고별 강연에서 "평안을 너희에게 끼치노니 곧 나의 평안을 너희에게 주노라 내가 너희에게 주는 것은 세상이 주는 것 같지 아니하니라 너희는 마음에 근심도 말고 두려워하지도 말라……이것을 너희에게 이름은 너희로 내 안에서 평안을 누리게 하려 함이라 세상에서는 너희가 환난을 당하나 담대하라 내가 세상을 이기었노라"(요 14:27, 16:33)고 말씀하셨다. 바울은 빌립보 신자들에게 구할 것을 감사함으로 하나님께 아뢰면 "모든 지각에 뛰어난 하나님의 평강이……너희 마음과 생각을 지키시리라"(빌 4:7)고 말했다. 바울의 서신은 모두 예외 없이 하나님의 은혜와 평화를 비는 말로 시작한다. 베드로전후서와 요한이서, 삼서, 요한계시록도 마찬가지다. 평화와 은혜가 서로 짝을 이룬다면, 그보다 더 큰 축복은 없다. 평화는 참으로 크고 놀라운 축복이다.

성부와 성자는 그리스도를 본받아 거룩한 삶을 살고, 범사에 주님께 충실하며, "첫째는 예수님, 둘째는 이웃, 셋째는 나"라는 원리를 힘써 지키고, 세상과의 타협을 거부하고 구별된 삶을 통해 복음의 증인이 되고자 하는 모든 신자에게 평화의 선물을 허락하신다. 마음의 평화는 모든 것이 다 잘될 것이라는 확신을 의미한다. 구체적으로 말해, 마음의 평화는 "나의 삶이 올바른 곳을 향해 있고, 주님이 항상 곁에 계셔서 나를 보호하고 인도하시며, 모든 죄를 용서받아 천국의 소망을 바라보게 되었기에 그 무엇도 나를 그리스도의 사랑에서 끊을 수 없다."는 확신에서 비롯한다. 마음의 평화는 예수 그리스도의 존재처럼 그것을 느끼는 사람의 마음속에서 확실한 현실로 인식된다. 마음의 평화는 객관적인 현실(이 경우에는 하나님과의 화목한 관계)에 대한 주관적인 의식이다. 마음의 평화가 있을 때는 즉시 그 실체를 인식할 수 있다. 그런 경우에는 항상 만족감이 넘치고, 상쾌한 심령상태가 유지된다. 비록 불안과 슬픔과 고민이 마음에 침투하더라도 평화는 그대로 유지되고, 부정적인 감정들은 적절한 과정을 거쳐 모두 여과된다.

하나님의 평화가 사라진다는 것은 우리의 신앙생활에 문제가 발생했다는 적신호다. 그때에는 하나님의 뜻에 어긋나는 행동을 선택하기 마련이다. 하나님은 때로 마음의 평화를 거두어 가심으로써 결정이나 행동을 재고하게 하시고, 반성과 변화를 촉구하신다.

세 번째 잘못 : 성령의 사역을 제한하기 쉽다. 성경주의는 결정과 선택의 문제와 관련하여 성령이 항상 똑같은 방식으로 반응해 주시기를 강요할 공산이 크다. 다시 말해, 성경주의는 성령의 사역을 성경 영감과 성경 해석에 국한시킴으로써 그분의 활동을 제한한다. 성경의 논리 과정을 추적하여 교훈을 끄집어내는 것은 기독교를 믿지 않는 사람들도 능히 할 수 있는 일이다. 하지만 성령의 도우심이 있어야만 계시된 진리가 우리의 삶에 어떤 식으로 영향을 미치는지를 깨달을 수 있다. 성령은 겸손한 태도로 하나님을 예배하게 하고, 어려움에 처한 이웃에게 사랑과 친절을 베풀 수 있도록 이끄신다. 성경주의는 그와 같은 성령의 도우심을 필요로 하지 않는다. 성령의 도우심을 무시할 경우에는 진정한 예배 체험이나 참된 사랑의 실천이 불가능하다. 성경주의는 결국 깊은 사랑이 없는 얄팍한 영성으로 귀결될 뿐이다.

성령의 인도

바울은 성령으로 "인도를 받는다"는 말을 두 번이나 사용했다. 이 표현은 복음주의자들의 전문용어로 자리 잡았다. 신자들은 어떤 행동에 대해 강하고 특별한 충동을 느낄 때마다 성령의 인도를 받았다고 말하기를 좋아한다. 하지만 바울의 말에는 구체적인 결정이나 계획을 가리키는 의미가 포함되어 있지 않다. 오히려 바울의 말에는 삶의 근본적인 변화, 즉 영적 죽음에서 벗어나 새 생명을 얻었다는 의미가 함축되어 있다. "너희가 만일 성령의 인도하시는 바가 되면 율법 아래 있지 아니하리라"(갈 5:18)는 말씀에서 "율법 아래"라는 말은 죄의 빚 때문에 아무 소망 없이 심판을 받아야 할 운명을 암시한다. 이와 달리, "하나님의 영으로 인도함을 받는 그들은 곧 하나님의 아들이라"(롬 8:14)는 말씀에는 하나님의 자녀가 되어 그리스도와 함께 영광을 누릴 후사가 되었다는 뜻이 내포되어 있다.

ESV는 다른 번역성경들의 경우처럼 누가복음 4장 1, 2절을 "예수께서 성령의 충만함을 입어……광야에서 사십 일 동안 성령에게 이끌리시며"라고 번역한다. 하지만 바울과 누가가 사용한 헬라어 "아고"는 첫째, 어떤 행동을 강제로 유발시킨다는 구체적인 의미라기보다 어떤 행동을 자연스레 유도한다는 일반적인 의미를 가리키고, 둘째, 불완전시제로 사용된 것으로 보아 예수님이 40일 동안 이리저리 움직이셨다는 의미를 함축하며, 셋째, "성령에게"가 "성령 안에서"로 번역될 수 있기 때문에 예수님이 이곳에서 저곳으로 옮기실 때마다 성령의 직접적인 지시가 있었다고 보기보다 영적 감각을 최고조의 상태로 유지하고 계셨다는 의미로 이해할 수 있다. [누가가 성령의 직접적인 인도를 강조하고 싶었다면, 누가복음 2장 26절의 경우처럼 헬라어 "후포"의 속격을 사용했을 것이다.][5]

세 경우 모두, "성령의 인도를 받는다"는 것은 특정한 형태의 인도라기보다 성령 안에서 살아가는 상태를 뜻한다. 그러면 성령의 인도를 받는 삶은 어떤 특성을 지니고 있을까?

새로운 탄생 : 거듭남을 통해 인간의 타락한 본성을 새롭게 하는 사역은 우주 만물을 창조하신 사역과 마찬가지로 하나님의 능력에 의해 이루어진다. 어머니의 자궁에 새 생명을 잉태하게 만드시는 능력과 예수님을 죽은 자들 가운데서 다시 살리신 능력도 모두 하나님의 능력에 해당한다. 성령은 새 마음을 주신다. 새 마음이 주어지는 순간, 우리는 즉시 믿음과 소망과 사랑 안에서 하나님을 바라보게 되고, 구원의 확신 아래 기뻐하며, 자비로운 마음을 갖게 된다. 니고데모는 "이스라엘의 선생"(즉, 성경 전문가)이었지만 "물과 성령으로 난다"는 예수님의 말씀을 이해하지 못했다(요 3:5, 10 참조). 예수님은 니고데모에게 가르침을 베푸시면서 에스겔 36장 25-27절("맑은 물로 너희에게 뿌려서 너희로 정결케 하되……새 마음을 너희에게 주되 너희 육신에서 굳은 마음을 제하고 부드러운 마음을 줄 것이며 또 내 신을 너희 속에 두어 너희로 내 율례를 행하게 하리니") 말씀을 염두에 두셨을 것이 틀림없다. 신약성경은 오순절 성령 강림 이래로 성령이 우리를 부활하신 그리스도와 연합하게 함으로써 우리를 깨끗하게 하는 사역을 행하신다고 증언한다. 신약성경에 따르면, 우리는 그리스도와 "함께", 또 "그 안에서" 부활을 경험한다(엡 2:6, 1:15-2:10; 롬 6:3-11; 골 2:11-14 참조). 성령은 우리 안에 거하시고(고전 6:19 참조), 우리를 하나님의 소유로 인 치시며(엡 1:13, 14, 4:30; 고후 1:21, 22 참조), 영적 열매를 통해 그리스도의 성품을 닮게 하신다(갈 5:22, 23 참조). 신자는 이전과는 다른 본성을 지닌다. 신자는 완전

히 변화하여 그리스도 안에서 새로운 피조물이 된다(고후 5:17 참조).

새로운 생명 : 새롭게 된 마음은 "성령의 소욕"(갈 5:17)을 느낀다. "성령의 소욕"은 예수님이 느끼셨던 욕구를 의미한다. 예수님은 성자를 사랑하고 영화롭게 하기를 원하시는 성부를 섬기고, 기쁘시게 하고, 영화롭게 하고, 높이 찬양하려는 욕구를 지니셨다. 신자도 성부와 성자를 섬기고, 기쁘시게 하고, 영화롭게 하려는 욕구를 느낀다. 성령은 기도를 통해 성부와 성자와 교통을 나누도록 인도하시고, 우리가 마땅히 기도할 바를 알지 못할 때 우리를 위해 친히 간구하신다(롬 8:15, 16, 26; 갈 4:4-6 참조). 우리가 그리스도께 더욱 가까이 다가가려는 욕구를 느끼고, 그분과의 연합을 통해 더욱 친밀한 관계를 맺으려는 마음을 갖게 되는 것도 성령의 사역 때문이다(빌 3:7-14, 1:21 참조). 아울러, 성령은 거듭해서 새로운 깨달음을 허락하심으로써 우리의 본래 목적을 더욱 분명하고 생생하게 깨닫게 하신다(빌 3:15; 고후 2:6-16 참조). "우리가 다……주의 영광을 보매 저와 같은 형상으로 화하여 영광으로 영광에 이르니 곧 주의 영으로 말미암음이니라"(고후 3:18)는 말씀대로, 성령은 그리스도의 형상을 닮게 하신다. 또한 성령은 "그리스도 예수 안에서 선한 일을 위하여 지으심을 받은 자"(엡 2:10)라는 사실을 의식하고, "선한 일을 행하고 선한 사업에 부하고 나눠 주기를 좋아하며 동정하는 자"(딤전 6:18)가 되도록 노력하게 하신다. 그런 존재가 될 때 우리는 하나님의 자녀라는 새로운 정체성에 걸맞은 삶을 구현할 수 있다.

새로운 싸움 : 성령의 인도를 받는 삶은 두 가지 싸움에 직면한다. 하나는 밖을 향한 싸움으로, 세상을 부패시키고 교회를 오염시키며 정신적 타락을 부추기는 악과의 일전이다. 에베소서 6장 10-18절에 기록된 영적

싸움이 여기에 해당한다. 바울은 "그 힘의 능력으로 강건하여지고" 하나님의 전신갑주를 입고 성령의 검, 곧 하나님의 말씀을 가지라고 권고했다(10, 17절 참조). 성령은 우리에게 영적 싸움을 감당할 수 있는 능력을 주신다.

또 하나는 안을 향한 싸움으로, 우리 안에 거하는 죄와의 일전이다. 죄는 주도권을 빼앗겼을 뿐 아직 완전히 파괴되지는 않은 상태다. 죄는 마치 마귀의 지배를 받는 제2의 자아인 듯 우리 안에 존재하며 하나님을 대적하도록 유도한다. 죄는 우리를 현혹하여 그 본질과 정체를 쉽게 파악하지 못하게 함으로써 불순종과 자기 만족에 치우치게 만든다. 바울은 "선을 행하기 원하는 나에게 악이 함께 있는 것이로다 내 속 사람으로는 하나님의 법을 즐거워하되 내 지체 속에서 한 다른 법이 내 마음의 법과 싸워 내 지체 속에 있는 죄의 법 아래로 나를 사로잡아 오는 것을 보는도다"(롬 7:21-23)라는 말로 자신의 상태를 설명했다. 우리의 상태도 이와 마찬가지다. 따라서 우리는 죄가 삶 속에서 고개를 쳐들 때마다 육신의 행실을 억제하고(롬 8:13; 골 3:5 참조, ESV는 두 곳 모두 "죽인다"는 표현을 사용했다), 그리스도의 성품을 본받아 성령의 열매를 맺고 경건한 습관을 길러 나감으로써 그리스도 안에서 새로운 피조물이 되었다는 증거를 보여 주어야 한다. 죄를 죽이기 위해서는 예수님이 겟세마네 동산에서 제자들에게 하셨던 말씀에 복종해야 한다. "시험에 들지 않게 깨어 있어 기도하라"(마 26:41). 또한 그리스도와 훌륭한 신자들의 경건하고 도덕적인 삶을 본받아야 한다. 우리 안에 거하시는 성령의 인도에 복종하며, 어떻게 하는 것이 그들을 본받는 것인가를 하나님 앞에서 진지하게 생각해야 한다.

성령의 인도를 받는 삶을 살게 되면 사연히 하나님의 평화가 찾아온다. 물론, 갈등이나 문제에서 전적으로 자유로운 삶은 불가능하다. 이 세상에서 살아가는 동안에는 우리의 안팎에서 치열한 영적 싸움이 계속되기 마련이다.

새로운 임무 : 바울은 교회를 그리스도의 몸이라고 말했다. 이 점에서 교회도 인간의 육체처럼 다양한 역할과 기능을 하는 지체들로 구성된다. 성령은 모든 신자에게 은사와 직무를 주셔서 교회 안에서 각자의 역할을 하게 하신다(고전 12:4-7; 벧전 4:10, 11 참조). 은사는 가르치는 사역에 필요한 은사와, 실질적인 도움을 제공하는 사역에 필요한 은사 등 크게 둘로 나뉜다. 신자들은 각자 자신에게 주어진 성령의 은사를 발견하여 계발하고, 또 책임 있게 활용해야 한다. 가정생활이나 직장생활, 또는 시민으로서의 공공생활에서도 성령이 주시는 능력과 재능을 발휘해 하나님의 영광을 위해 살아야 한다. 성령의 인도를 받는 삶의 특징은 사랑의 섬김에 있다. 성령의 인도를 받는 삶은 보편적으로 적용되는 원리이다. 따라서, 기독교인이라면 누구나 이러한 삶을 실천해야 한다.

하나님의 직접적인 인도

하나님이 어떤 행동을 지시하실 때 종종 직접적인 음성이나 환상, 또는 성령의 감동이라는 방법을 사용하신다고 생각하는 사람들이 있다. 주변에서 그런 말을 들어 왔거나, 또는 과거에 그와 같은 경험을 해 봤다는 이유에서다. 그러면 그들의 주장은 모두 틀린 것일까? 그렇지 않다. 그들의 주장에도 긍정적으로 생각할 수 있는 부분이 있다.

첫째, 우리는 하나님을 규제할 생각이 없고, 하나님이 성령의 감동이라는 방법을 통해 자신의 뜻을 알리신다는 주장을 부인할 생각도 없다. 오히려 우리는 하나님이 성경시대에 사용하셨던 의사전달 방법(환상, 꿈, 음성, 내적 충동 등)을 오늘날에도 원하시면 얼마든지 다시 사용하실 수 있다고 믿는다.

둘째, 하나님의 직접적인 인도를 구할 때는 특별한 체험에만 초점을 맞추지 말고, 지금까지 설명해 온 방법들을 활용하여 하나님의 뜻을 구하려고 노력해야 한다. 그래야만 건전하고 올바른 인도를 받을 수 있다. 하나님의 평화가 마음에 가득 넘친다면 올바른 판단과 결정을 내렸다는 증거다.

셋째, 성경이 구하지 말라고 명령한 영적 체험을 구할 경우에는 마귀의 속임수에 현혹되어 그릇된 길로 치우치게 된다. 마귀는 참된 영적 체험을 모방하는 데 매우 탁월하다.

넷째, 하나님의 뜻이라고 결론을 내렸더라도 지혜로운 신자들의 조언을 구함으로써 다시 한번 엄밀히 점검해 보는 것이 좋다. 특히, 특별한 방법을 통해 하나님의 인도를 받았다고 믿는 상황에서는 더욱더 동료 신자들의 조언이 필요하다. 마귀와 죄는 속임수를 써서 올바른 판단을 방해한다. 따라서 일반적인 방법을 활용하지 않고, 혼자서 하나님의 직접적인 인도를 구할 경우에는 그릇된 판단을 내릴 가능성이 매우 높다.

다섯째, 하나님의 직접적인 인도는 성경의 한계를 벗어나거나 성경의 가르침을 도외시하지 않는다. 그런 일을 부추기는 내적 충동은 하나님으로부터 비롯된 것이 아니다.

즐겨 일하시는 은혜의 성령

우리는 앞에서 시편 23편을 중심으로 하나님의 인도라는 주제를 탐구하기 시작했다. 우리는 양떼를 정성껏 보살피는 목자의 모습을 묘사하는 시편 23편을 이해하기 위해 구약성경에 예시된 영적 현실을 신약성경의 관점에서 바라보았다. 시편 23편에 대한 탐구는 하나님의 백성에게 자신감과 확신을 심어 주는 중요한 영적 원리들을 깨닫게 해주었다.

시편 23편은 우리를 양으로, 하나님을 목자로 생각하라고 가르친다. 하나님은 선택하신 백성과 언약을 맺으셨고 그 약속을 항상 지키신다. 하나님이 언약을 충실히 지키신다는 것은 우리를 극진히 보살피신다는 것을 의미한다. 인도는 하나님이 우리를 보살피기 위해 행하시는 여러 가지 사역 가운데 하나다. 시편 23편 3절은 "자기 이름을 위하여 의의 길로 인도하시는도다"라고 말씀한다. 하나님이 우리를 인도하시는 목적은 이 세상에서나 장차 영원한 고향에 도착했을 때 그분의 놀라운 능력과 사랑과 은혜를 영원히 찬양하게 하시기 위함이다. "의의 길"은 우리의 모든 여정이 하나님과 다른 사람들과 우리 자신을 위해 올바른 길로 드러나게 될 것을 암시한다. 하나님의 기준과 의도와 관련해서도 옳고, 우리를 인도하신 모든 상황이나 조건과의 관계에서도 옳으며, 우리의 앞길을 가로막는 장애물을 처리하는 과정에 있어서도 옳은, 그런 길로 하나님은 우리를 인도하신다. 그 길을 가는 동안, 일시적으로 경험하는 실망이나 좌절은 우리를 더욱 능력 있고, 더욱 겸손하고, 더욱 성숙한 존재로 만들어 궁극적인 승리를 얻게 하는 계기가 될 수 있다. 우리는 "의의 길"을 걸음으로써 다른 사람들을 유익하게 하고, 우리를 사랑하시는 하나님께 온전히 충성할 수 있다. "하나님이 나를 인도하신 다"는 말은 하나님이 항상 그 뜻을 드러내셔서 나의 발길을 인도하시고, 온통 혼란스럽고 실망스럽기만 한 상황에서도 충실한 믿음을 지켜 나가는 방법을 배우게 하신다는 의미를 담고 있다. 참으로 놀라운 말씀이요, 놀라운 약속이 아닐 수 없다.

오늘날, 우리는 신약성경이 완성된 덕분에 이스라엘 백성과 언약을 맺으신 하나님이 삼위일체 하나님이시라는 사실을 알게 되었다. 하나님은 성부와 성자와 성령으로 존재하신다. 성부와 성자와 성령은 위격상으로는 서로 구별되시지만 능력과 영광은 동등하시다. 삼위 하나님은 사랑으로 하나가 되어 하나의 신적 현실을 드러내신다. 삼위일체 하나님 가운데 두 번째 위격이신 성자 하나님이 약 2천 년 전에 우리를 구원하시기 위해 인간의 몸을 입으시고 이스라엘 땅에 오셨다. 그분은 스스로를 하나님의 백성을 보살피는 선한 목자로 일컬으셨다. 예수님의 말씀(요 10:1-16 참조)은 시편 23편과 일맥상통한다. 성부와 성자 모두 목자의 사역을 수행하신다. 물론, 성령도 다양한 사역을 통해 다윗이 묘사한 하나님의 목양 사역에 깊이 관여하신다. 성령의 사역을 주제로 다룬 19세기 찬송가의 노랫말을 인용해 보았다. 패커가 어렸을 때 많이 불렀던 찬송가 가운데 하나다.

"복되신 구세주께서 마지막 작별을 고하시기 전에
위로자요 인도자이신 성령을 남겨 주셔서 우리 안에 거하시게 하셨네.
즐겨 일하시는 은혜의 성령이 부드럽게 우리를 감화하시고
겸손한 마음을 지닌 사람을 찾아 그 안에 머무시네.

우리의 귓가에 들리는 그분의 음성은 참 부드러워라.

고른 숨결처럼 부드러운 음성으로 잘못을 깨우쳐 주시고,

두려움을 달래 주시며, 하늘나라에 관해 말씀하시네.

우리의 모든 미덕, 모든 승리, 모든 거룩한 생각이 다 그분의 것이네."

그러면, 삼위일체 하나님의 목양 사역과 관련해 성령은 어떤 역할을 수행하실까?

우선, 성령의 사역은 항상 성부와 성자의 뜻에 정확히 일치한다. 성령의 사역을 다룰 때는 이 점을 한시도 잊어서는 안 된다. 성부와 성자가 함께 오순절에 성령을 세상에 보내셨다(요 14:16, 26, 15:26, 16:7; 행 1:23; 갈 4:6 참조). 이는 성부와 성자가 모든 신자에게 성령을 보내신다는 뜻이다.

성령은 사람들의 마음을 감화하셔서 죄를 뉘우치고 믿음을 갖게 하신다. 성령은 믿고 회개한 이들의 마음을 새롭게 하시고, 그 안에 거하셔서 인격을 변화시키신다. 성령은 그와 같은 사역을 행하실 때마다 성부와 성자의 대리자로서 일하신다. 성부와 성자는 성령을 통해 신자의 마음에 거하신다(요 14:23; 골 1:27 참조). 성령이 거하시는 사람은 그리스도가 기르시는 양떼에 속한다. 양은 자신의 이름을 부르는 목자의 음성을 의식한다. 목자이신 그리스도는 양들을 일일이 알고 계시고, 그들을 푸른 풀밭으로 인도하신다(요 10:3, 4, 9 참조).

성령은 우리가 온전히 이해할 수 없는 방법으로 우리의 마음 깊은 곳에 역사하셔서 그리스도의 십자가와 부활의 능력을 깨닫게 하시며, 그리스도 안에 믿음과 소망을 두고 그분을 사랑하는 마음으로 헌신하게 하신다. 때로, 혼란스런 생각과 마음에서 이는 유혹 때문에 믿음과 헌신

이 일관되지 못하고 일시적으로 약해질 때가 있다. 성령은 그럴 때마다 우리를 독려하신다. 우리를 돕고 위로하시는 것이 성령의 역할이다.

성경, 지혜, 동료 신자들의 조언을 통해 하나님의 뜻을 분별할 때도 성령은 우리의 마음과 생각과 사고와 기도의 과정을 일일이 주관하시며 격려를 아끼지 않으신다. 우리가 갈피를 잡지 못할 때, 성령은 그릇된 발걸음을 교정하시고, 새로운 결심을 하도록 용기를 북돋워 주시며, 다시 주님을 바라볼 수 있게 인도하신다. 성부와 성자는 무리를 이탈하거나 길을 잃고 헤매는 양들을 다시 본래의 자리에 되돌려 놓으신다. 성령도 그 사역에 동참하신다.

마지막으로, 성령은 모든 선한 일을 독려하실 뿐 아니라 능력을 베풀어 선을 행하게 하신다. 또한 복종의 행위, 그리스도를 본받는 행동, 복음전도를 비롯한 각종 사역 등 기독교인의 삶을 구성하는 모든 요소를 주관하신다. 앞에 인용한 찬송가의 노랫말대로, 모든 것이 다 "그분의 것"이다.

이처럼, 삼위일체 하나님이 모든 신자를 "자기 이름을 위하여 의의 길로 인도"하신다. 성령은 성부와 더불어 선한 목자이신 성자를 영화롭게 하신다. 성령은 자신의 모습을 드러내시지 않고 창조의 능력을 발휘하심으로써 모든 신자의 삶 속에서 새로운 창조를 이루시고, 하나님의 인도를 따를 수 있게 도와주신다.

토론과 성찰을 위한 문제

1. 서두에 인용한 시몬 브라운의 기도를 조용히 묵상하라. 그 기도를 드릴 때 하나님과 자신에 대해 어떤 생각이 떠오르는가?

2. "성령에 대한 소개" 항목을 다시 읽어 보라. 하나님은 한 분이시라고 주장하며 삼위일체 교리를 믿지 않는 사람과 대화를 나눈다고 가정할 때, 어떻게 성령의 존재를 이해시킬 수 있을지 생각해 보라.

3. 어거스틴은 "하나님이 행하시는 사역은 무엇이든지 세 분 하나님이 모두 동참하신다."라고 말했다. 이 진리를 받아들이면 어떤 태도로 성령의 인도를 구할 수 있을까?

4. "성령에 대한 소개" 항목에는 많은 성경구절이 인용되었다. 그 가운데 하나를 선택하여 읽고 그 의미를 탐구하라. 하나님의 인도를 이해하는 데 어떤 도움을 주었는가?

5. "두 가지 극단" 항목을 다시 읽어 보라. 성령의 인도에 관해 "심령주의"와 "성경주의" 중 어느 쪽에 더 가까운가? 또, 그 이유는 무엇인가?

6. "두 가지 극단" 항목의 세 가지 잘못을 다시 읽고 하나님의 인도에 관한 자신의 생각을 점검해 보라. 이 내용을 통해 어떤 도움을 얻었는가?

7. 저자는 "성령의 인도"라는 항목에서 성령의 인도를 받는 사람의 특징을 "새로운 탄생, 새로운 생명, 새로운 싸움, 새로운 임무"로 각각 나누어 설명했다. 자신의 삶에서 이루어지고 있는 성령의 사역을 이들 네 가지 특징 가운데 하나에 초점을 맞춰 생각해 보라. 또, 현재 자신의 삶에서 이루어지고 있는 하나님의 사역을 설명해 보라. 그 결과, 어떤 도전의식을 느꼈는가?

8. 성령의 사역을 언급하고 있는 로마서 8장 1-17절 말씀을 읽고, 자신에게 용기를 주거나 도전의식을 갖게 하는 구절을 하나 선택하라. 그 구절을 묵상하며 하나님께 기도하라.

9. 성령의 인도와 보호라는 주제를 좀 더 깊이 탐구할 수 있는 방법을 연구해 보라.

 하나님이 고의적으로 죄를 짓는 신자조차 포기하지 않으신다면, 그분의 뜻을 분별하려다가 실수로 죄를 짓는 경우는 말할 것도 없이 두려워할 필요가 없다.

두려움의 극복

"내가 너의 갈 길을 가르쳐 보이고 너를 주목하여 훈계하리로다"(시 32:8).

"하나님의 뜻을 알려면 먼저 준비과정이 필요하다. 하나님의 뜻을 아는 일에 있어서 준비과정이 차지하는 비중은 거의 95퍼센트에 달한다."

― 도널드 그레이 반하우스

하나님의 뜻을 잘못 파악함으로써 혹시나 잘못된 길로 치우칠까 우려하는 사람이 많다. 우리는 그들을 돕고 싶은 마음에서 이 책을 집필했다. 사람들이 두려움을 느끼는 이유는 크게 두 가지다. 하나는 하나님의 큰 은혜를 이해하지 못하기 때문이고, 다른 하나는 하나님의 인도를 미신적으로 생각하기 때문이다.

우리는 지금까지 세 가지 점을 부각시키려고 노력해 왔다. 첫째, 하나님의 인도는 우리를 죄의 어리석음과 마귀의 악의로부터 안전하게 보호하여 영광으로 인도하시기 위한 언약의 사역에 해당한다.

둘째, 하나님의 인도를 구하는 것은 커다란 삶의 문제 몇 가지를 결정하는 것이 아니라 일상생활의 모든 문제를 결정하는 데 필요한 지혜를 구하는 것을 의미한다.

셋째, 하나님이 사용하시는 가장 보편적인 인도 방법은 마음의 평화다. 우리는 상황을 관찰하고, 기도를 통해 올바른 생각과 분별력을 구하고, 성경을 부지런히 찾아보고, 경험 있는 친구들의 조언을 구하고, 하나님 앞에서 심사숙고하는 과정을 통해 참 지혜를 얻는다. 그러한 과정을 거쳐 올바른 판단에 이르렀을 경우, 하나님은 마음의 평화를 허락하셔서 확신을 갖게 하신다. 마음에 하나님의 평화가 찾아왔다면, 그것은 곧 그분의 뜻을 알게 되었다는 뜻(즉, 해결책을 찾았기 때문에 더 이상 고민할 필요가 없다는 뜻)이다.

성경이 인정하지 않는 영적 존재나 우주적인 힘이 운명을 지배한다는 생각은 잘못이고, 영적 실체들의 존재를 아예 부인하는 것 역시 잘못이다. 그런 태도는 미신적인 생각을 부추긴다.

비현실적인 신(우상)이나 귀신(사탄 숭배)에게 복을 비는 행위, 창조된 우주질서가 창조주에게 한계를 부여할 수 있다고 믿는 사상(과정신학, 이신론적 자유주의, 개방적 신론), 하나님을 조종하거나 그분의 능력을 이용하여 우리의 소원을 성취할 수 있다고 믿는 신념(마술), 공로를 세워 하나님의 은혜를 받을 수 있다는 생각(율법주의) 등은 모두 미신에 해당한다. 물론, 중요한 일을 잘못 결정함으로써 훌륭한 신자로 살아가지 못하는 것도 같은 범주에 속한다. 우리는 어떤 형태의 미신에도 치우쳐서는 안 된다.

신실하신 하나님

공중에 높이 올라가 아래를 내려다보면(예를 들면, 위성사진) 지상에서는 볼 수 없었던 유사한 지형적 특색이 한눈에 드러난다. 이와 마찬가지로, 신구약성경을 전체적으로 조망하면 성경본문을 세부적으로 탐구할 때 알지 못했던 유사점을 한눈에 파악할 수 있다.

신구약성경은 크게 두 가지 내용으로 구성된다. 첫째는 하나님이 베푸신 위대한 구원의 역사를 기록한 내용이고, 둘째는 구원받은 백성에게 주어진 명령과 권고의 내용이다. 물론, 하나님의 백성이 구원의 특권과 소망 안에서 온갖 우여곡절을 겪으며 살아온 이야기도 후자에 포함된다.

신약성경은 처음부터 하나님의 목적(예수 그리스도의 삶과 죽음과 부활과 승천과 재림을 통해 죄와 죽음으로부터 완전한 해방을 이루는 것)을 천명하고, 구약성경은 출애굽의 역사(애굽의 속박에서 해방되어 약속의 땅 가나안에 정착하는 과정)를 통해 그리스도가 이루실 완전한 구원을 암시한다. 신약성경의 구원 역사는 예수님의 공생애를 다루는 사복음서에 기록되어 있고, 구약성경의 구원 역사는 이스라엘의 40년 광야생활을 다루는 출애굽기, 레위기, 민수기, 신명기에 기록되어 있다. 신구약성경 모두 구원자이신 하나님을 절대적인 주권자이자 목자(시편 23편에 언급된 언약에 충실한 목자, 요한복음 10장에 언급된 선한 목자)로 묘사한다. 주권자이자 목자이신 하나님은 자기 백성을 본향으로 안전하게 인도하신다. 길을 가는 동안 장애물이 많고 위험요소도 많지만, 하나님의 보호 아래 있는 한 털끝 하나도 상하지 않는다.

우리는 이 책의 서두에서 하나님이 우리의 목자가 되신다는 진리를 부각시켰다. 이제 이 책의 말미에서도 똑같은 진리를 강조하고 싶다. 구약성경을 통해 이스라엘 백성이 애굽에서 해방되어 약속의 땅에 이르는 과정을 살펴보면, 세 가지 사실이 두드러지게 나타난다. 첫째는 하나님의 기적적인 구원이다. 모세의 출생과 생애와 훈련, 열 가지 재앙, 유월절, 홍해 도하(이스라엘 백성은 홍해를 육지처럼 건넜고, 바로의 군대는 수장되었다), 만나와 물의 공급, 구름기둥과 불기둥의 인도 등 모든 것이 하나님의 섭리와 기적에 의해 이루어졌다.

둘째는 이스라엘의 불신앙이다. 이스라엘 백성은 하나님을 거역하고 불평과 불만을 일삼았다. 그들의 불신앙은 가나안 정복을 거부했던 데서 그 절정에 달했다. 그것은 하나님의 분노를 자초하는 어리석고 불경한 태도였다. 결국, 그들은 38년 동안 광야를 떠돌아야 했다. 모세는 고별 강연에서 "너는 목이 곧은 백성이니라 너는 광야에서 네 하나님 여호와를 격노케 하던 일을 잊지 말고 기억하라……내가 너희를 알던 날부터 오므로 너희가 항상 여호와를 거역하였느니라"(신 9:6, 7, 24)고 말했다.

셋째는 하나님의 신실하심이다. 하나님은 이스라엘 백성의 불순종과 죄악에도 불구하고 변함없이 그들을 사랑하셨다. 하나님은 선지자 모세의 입을 통해 "네 하나님 여호와가 너의 하는 모든 일에 네게 복을 주고……이 사십 년 동안을 너와 함께하였으므로 네게 부족함이 없었느니라"(신 2:7)고 말씀하셨다. 이스라엘 백성의 어리석고도 유치한 도발에도 불구하고 하나님은 관대한 은혜를 베푸셨다. 하나님은 시내산에서 모세에게 "자비롭고 은혜롭고 노하기를 더디 하고 인지와 진실이 많은 하나님이로라 인자를 천 대까지 베풀며 악과 과실과 죄를 용서하나……"(출 34:6, 7)라는 말씀으로 자신을 소개하셨다. 하나님은 어리석고 부패한 이스라엘 백성에게 40년 동안 변함없이 은혜를 베푸심으로써 자신의 말씀을 입증하셨다.

우리는 이 책의 서두에서 하나님의 인도라는 주제 앞에 두려움(심지어는 공포)을 느끼는 기독교인들이 많다고 지적했다. 특히 소심한 성격을 가진 사람일수록 그런 경향이 많다. 그들은 하나님의 뜻을 잘못 판단하여 그릇된 길에 치우치면 어떻게 하나 하는 두려움을 떨치지 못한다. 요한은 "두려워하는 자는 사랑 안에서 온전히 이루지 못하였느니라"(요일 4:18)고 말했다. 물론, 그런 경우에는 지혜도 얻을 수 없다. 하나님이 우리를 언약의 백성으로 선택하셨다면, 우리는 그분의 자녀이자 목자이신 주님의 어린 양이다. 이는 아무리 강조해도 지나치지 않은 진리다.

성부와 성자와 성령이 우리를 굳게 붙드신다. 혹독한 시련과 슬픔을 당하거나, 심지어 못된 마음을 품고 죄와 사망의 길을 배회할 때에도 하나님은 우리를 버리지 않으신다. 선한 목자이신 하나님은 잃어버린 양을 되찾을 때까지 쉬지 않으신다. 우리가 길을 잃고 방황할 때 성령은 우리의 양심을 자극하시고, 성부는 죄를 뉘우치고 정신을 차려 다시 돌아오기를 학수고대하신다. 하나님이 고의적으로 죄를 짓는 신자조차 포기하지 않으신다면, 그분의 뜻을 분별하려다가 실수로 죄를 짓는 경우는 말할 것도 없이 두려워할 필요가 없다.

훌륭한 믿음이 있는 상태에서도 중요한 인생의 문제를 잘못 결정하는 일이 허다하다. 예를 들어, 배우자나 직장, 또는 인생의 진로를 잘못 선택할 수도 있고, 거주지를 잘못 이전하거나 문제가 많은 교회에 출석할 수도 있다. 또, 한동안은 어쩔 수 없이 그릇된 길을 걸어갈 수밖에 없는 상황이 존재할 수도 있다. 이스라엘 백성은 하나님이 가나안을 정복하라고 명령하셨을 때 불순종을 선택했던 탓에 38년 동안 광야에서 방랑생활을 해야 했다.

우리도 그들과 하등 다를 바가 없다. 하지만 "네 하나님 여호와가 이 사십 년 동안을 너와 함께하였으므로 네게 부족함이 없었느니라"(신 2:7)는 모세의 말을 통해 알 수 있듯이, 광야를 떠도는 동안에도 하나님은 그들을 극진히 보살피셨다. 겸손히 잘못을 인정하고 "그래도 여전히 주님의 뜻을 행하고 싶습니다."라고 뉘우치며 그분의 뜻을 구한다면, 이스라엘 백성과 마찬가지로 부족함이 없는 삶을 살게 될 것이다. 아무것도 두려워하지 말라. 하나님은 선하시다. 그분은 영원히 우리의 하나님이 되신다.

믿음의 기도

이제 이 책을 마무리하는 시점에서 기도에 관해 간단히 몇 마디 남기고 싶다.[1]

하나님의 뜻을 분별하는 데 기도가 차지하는 비중은 매우 크다. 우리가 말하고자 하는 기도는 성경의 가르침에 근거한 기도를 의미한다.

기도는 대화와 간구로 구성된다. 기도의 목적은 하나님께 필요한 것을 아뢰고 응답을 받는 것이다. 물론, 하나님의 임재를 경험하는 목적도 배제할 수 없다.

구약성경에서 가장 모범적인 기도의 사례는 시편이고, 신약성경에서는 주님이 가르치신 기도이다. 홀로 또는 여럿이 하든지, 묵상으로 또는 소리를 내서 하든지, 기도할 때는 먼저 간단하게라도 하나님을 부르면서 그분의 본성과 성품을 묵상한 다음, 그분이 베풀어 주신 은혜와 축복을 감사하고, 우리와 다른 사람들이 필요로 하는 것을 아뢰는 순서를 밟는 것이 좋다. 특히, 필요한 것을 구할 때는 우리 자신과 다른 사람을 유익하게 하고, 하나님을 영화롭게 할 수 있는 요구라는 점을 밝혀야 한다.

모든 기도는 궁극적으로 "이름이 거룩히 여김을 받으시오며 나라이 임하옵시고 뜻이 하늘에서 이룬 것같이 땅에서도 이루어지이다"(마 6:9, 10)라는 기도로 귀결되어야 한다. 기도는 하나님과의 언약 관계에 근거한다. 하나님은 그리스도를 통해 우리의 아버지가 되셨고, 예수님은 하나님의 자녀가 된 우리의 맏형이 되셨다. 예수님은 신자들의 기도를 듣고 응답하시겠다고 약속하셨다(요 14:13, 14, 16:23, 24; 요일 5:14, 15 참조).

하나님의 인도를 구하는 기도를 드릴 때는 먼저 어리석음과 교만과 강팍한 마음과 그릇된 사고를 부추기는 삐뚤어진 욕망을 버리게 해달라고 기도한 다음, 순수한 마음과 명료한 사고와 영적 감수성을 허락하셔서 하나님을 가장 영화롭게 할 수 있는 일을 선택하게 해달라고 기도하면 된다. 읽고, 생각하고, 말하고, 듣는 등 하나님의 뜻을 분별하기 위해 다각적으로 노력하면서 늘 마음속으로 그런 기도를 드려야 한다.

시편 23편은 하나님의 인도를 주제로 다루고 있는 대표적인 성경 본문이다. 하나님이 우리를 인도하시기로 작정하신 이상, 그분은 우리를 끝까지 인도하실 것이다.

시편 25편에서 우리는 하나님의 인도를 구하는 기도를 발견할 수 있다. 우리 모두 시편 25편의 기도를 우리의 기도로 삼아야 한다. 그 기도를 드리면, 하나님의 인도에 관한 고민과 두려움이 모두 사라지게 될 것이다.

"여호와여 주의 도를 내게 보이시고 주의 길을 내게 가르치소서 주의 진리로 나를 지도하시고 교훈하소서 주는 내 구원의 하나님이시니 내가 종일 주를 바라나이다……여호와는 선하시고 정직하시니 그러므로 그 도로 죄인을 교훈하시리로다 온유한 자를 공의로 지도하심이여 온유한 자에게 그 도를 가르치시리로다 여호와의 모든 길은 그 언약과 증거를 지키는 자에게 인자와 진리로다……여호와를 경외하는 자 누구뇨 그 택할 길을 저에게 가르치시리로다"_시 25:4, 5, 8-10, 12.

두려워하는 신자들

우리는 오랫동안 목회활동을 해오면서 일반 사회와 마찬가지로 구원받은 신자들로 구성된 신앙 공동체 내에도 두 부류의 사람들이 존재한다는 점을 발견했다. 하나는 어리석게 살아가는 사람들이고, 다른 하나는 두려워하며 살아가는 사람들이다.

중세 시대에 유행했던 네 가지 기질에 빗대어 말하면, 다혈질과 담즙질에 속하는 사람들이 전자에 해당하고, 점액질과 우울질에 속하는 사람들이 후자에 해당한다. 현대적으로 표현하면, 전자는 조증 환자, 후자는 울증 환자에 각각 해당한다.

조증 환자로 분류되는 사람들은 하나님을 섬길 때 충분히 생각하지 않고, 안일한 태도로 지나치게 서두르거나 또는 너무 피상적인 탓에 진지하고 지혜로운 삶을 살아가지 못한다.

반대로, 울증 환자로 분류되는 사람들은 매사를 비관하며 하나님을 충분히 신뢰하지 못하는 탓에 지혜롭고 평온한 삶을 영위하지 못한다. 그들은 항상 발을 잘못 디뎌 실족할지 모른다는 두려움에 사로잡혀 있다.

그 때문에 그들의 신앙생활은 그들 자신이 생각하는 것보다 훨씬 더 무기력하다. 고대사회의 기본 덕목에 비추어 말하면, 전자는 신중함이, 후자는 용기가 결여된 상태다.

두 가지 유형 모두 고유한 약점 때문에 하나님의 인도를 잘못 오해할 때가 많다. 이 책의 목적은 그런 신자들을 돕는 데 있다. 지금까지 우리가 많은 말을 해온 이유는 하나님의 뜻을 따르지 않고 제멋대로 살아가는 사람들을 돕고, 소심한 태도로 늘 머뭇거리기만 하는 사람들을 격려하기 위해서다.

출애굽의 역사에 여실히 드러난 대로, 하나님은 자신의 언약에 충실한 분이시다.

할렐루야! 그분께 아낌없는 찬양을 올려 드린다.

성경에 기록된 교리와 계명과 약속과 본보기와 권고를 마음으로 묵상하며,
날마다 말씀을 거울삼아 살아가다 보면, 영적 지혜가 쌓여 가고 은혜가 넘쳐나서
음악적인 재능을 지닌 사람이 소리를 척척 구분해 내듯이 옳고 그른 것을
쉽고 확실하게 판단할 수 있게 됩니다.

하나님의 인도

– 존 뉴턴(1725–1807)

"어떻게 해야 우리를 인도하시겠다는 하나님의 약속에 근거해 삶의 문제를 결정하고, 가야 할 길을 향해 올바로 발걸음을 내디딜 수 있을까?"라는 질문에 대한 답변의 글.

평안한지요. 주님은 자기 백성을 친히 굽어보시며 그 길을 인도하시겠다고 약속하시고, 또 우리가 좌로나 우로 치우칠 위험에 빠져 있을 때 등 뒤에서 "이것이 정도니 너는 그 길로 행하라."는 말씀을 들려주십니다. 자신의 약점과 결함 및 사방을 둘러싸고 있는 어려운 삶의 문제를 의식하고 있는 사람들에게 참으로 큰 위안이 되는 진리가 아닐 수 없습니다. 하나님은 우리를 인도하시기 위해 기록된 말씀을 허락하셔서 우리의 앞길을 비추는 등불로 삼게 하셨을 뿐 아니라, 성령의 가르침을 구함으로써 성경말씀을 올바로 이해하여 적용하라고 독려하십니다. 하지만 하나님의 뜻을 진심으로 알고 싶어하고, 확실한 보증과 권위를 가졌다고 생각하면서도 가야 할 길을 똑바로 가지 못한 채 중대한 잘못을 저지르는 사람들이 너무 많습니다. 그러한 결과가 나타나는 이유는 판단의 규칙을 잘못 적용하기 때문입니다. 약속은 확실하지만 우리가 고안해 낸 판단의 규칙은 얼마든지 잘못될 수 있습니다. 성경은 올바로만 이해하면 결코 우리를 속이지 않습니다. 하지만 성경을 왜곡하는 경우에는 그릇된 판단을 옳다고 믿는 잘못을 범할 수 있습니다. 성령은 자신에게 나아오는 사람들을 잘못된 길로 인도하시지 않습니다. 하지만 성령의 감화를 받지 못하는 상태인데도 마치 그런 듯 착각할 수도 있습니다. 따라서 마음의 평화와 우리의 거룩한 소명에 중대한 영향을 미치는 이런 주제와 관련해 몇 마디 말씀을 드리는 것이 필요하다고 생각됩니다.

많은 사람이 스스로 속아 넘어가는 이유는 행해야 할 의무나 관심 있는 사건들을 판단할 때 하나님이 인정하지 않으시는 방법을 적용하기 때문입니다. 하나님의 인도와 관련된 원리를 모두 열거하기란 쉽지 않습니다. 따라서 그중 몇 가지만 언급하는 것으로 만족하고자 합니다.

어떤 사람들은 의구심이 생길 때면 무작정 성경책을 펼친 다음, 눈길이 처음 머무는 성경구절을 판단의 단초로 삼으려고 합니다. 신중하지 못한 태도입니다. 성경을 모르는 이방인들도 자신들이 좋아하는 책을 그런 식으로 사용하기는 마찬가지입니다. ……성경 본문의 문맥이나 자신의 상황을 고려하지 않고, 또 성경의 전체적인 취지와 비교하지도 않은 채, 우연히 눈길이 머문 구절을 판단의 근거로 삼는다면, 비록 하나님의 말씀을 손에 들고 있다 해도 상식에조차 어긋나는 터무니없는 실수나 잘못을 저지를 가능성이 매우 높습니다. 예를 들어, 성경책을 펼쳐 드니, "여호와께서 왕과 함께 계시니 무릇 마음에 있는 바를 행하소서"(삼하 7:3)라는 구절이나 "여자여……네 소원대로 되리라"(마 15:28)는 말씀이 나왔다고 합시다. 그 말씀이 과연 마음에 품고 있는 간절한 소원을 곧장 실행에 옮기라는 뜻일까요? 중대한 영향을 미치게 될 문제에 직면한 상황에서 단지 성경구절을 잠시 찾아보는 것만으로 자신감과 확신을 이끌어 내는 것은 결코 바람직하지 않습니다.

또한 어떤 사람들은 자신의 관심과 관련 있어 보이는 성경구절에서 갑작스럽게 강한 인상을 받게 될 경우, 그것을 자신의 판단이 옳고 자신의 생각대로 일이 될 것임을 확신하는 증거로 받아들이는 경향이 있습니다. 그와 달리, 위협적인 내용의 성경구절을 발견한 경우에는 아무 근거도 없이 막연한 두려움에 사로잡히기도 합니다. ……마음의 인상에 의존하는 것은 성경책에서 눈길이 닿는 성경구절을 집어내는 것 못지않게 우리의 판단을 흐리게 만듭니다. 물론, 성경의 교훈이나 약속을 통해 마음이 겸손해지고 위로와 활력이 넘쳐나고, 진리에 대한 확신이 굳건해진다면 더할 나위 없이 유익하고 즐거운 경험이 아닐 수 없습니다. 하나님의 백성은 시기적절한 때(특히 어려운 상황에 처했을 때) 은혜의 말씀을 적용하고 보증하시는 성령의 사역을 통해 마음에 용기와 교훈을 얻곤 합니다. 하지만 마음의 인상이나 충동을 무조건 특별한 행동을 지시하시는 하나님의 음성으로 받아들인다면, 경솔하게도 큰 악에 치우쳐 중대한 잘못을 저지를 수 있습니다. 사실, 그런 식의 잘못을 저지르는 사람들이 매우 많습니다. 우리 영혼의 원수는 기회를 허락받기만 하면, 얼마든지 성경말씀을 그런 식으로 이용하여 우리를 속일 수 있습니다.

이밖에도 단지 기도하여 확신을 얻었다는 이유로 자신들이 생각하고 있는 계획의 본질과 결과를 판단하는 이들이 있습니다. 그들은 하나님께 자신의 길을 의탁하며 그분의 인도하심을 구하고 나서 심령에 자신감과 확신이 넘쳐났다고 말합니다. 그들은 그것을 하나님이 자신들의 계획을 기쁘게 생각하신다는 증거로 내세웁니다. 물론, 그런 주장을 전적으로 거부하고 싶은 마음은 없습니다. 하지만 그것을 보강해 줄 다른 증거가 없다면 그것만으로 확신을 갖기에는 불충분합니다. 기도로 자신감과 확신을 얻었다 해도 항상 쉽게 결정이나 판단을 내릴 수 있는 것은 아닙니다. 인간의 마음은 심히 부패된 상태입니다. 어떤 일에 골똘하다 보면, 그에 대한 간절함이 우리의 입을 통해 말로 표현되기 마련입니다. 사실, 이미 마음으로 결정을 내려놓고 하나님의 조언을 구하는 척하는 경우가 많습니다. 그런 상태에서는 모든 것을 아전인수 격으로 짜 맞출 가능성이 매우 큽니다. 그런 경우, 주님은 우리의 위선을 알아차리시고(우리는 우리 자신의 위선을 알지 못하지만 하나님은 우리의 심령을 꿰뚫어 보십니다) 우리의 마음속에 있는 우상을 섬기도록 놔두심으로써 징계를 베푸십니다(겔 14:3, 4 참조).

지금까지 사람들이 하나님의 뜻을 찾는 데 사용하는 몇 가지 방법에 대해 언급했습니다. 그중에 또 하나는 바로 꿈입니다. 물론, 우리는 꿈을 통해 시기적절하고 유익한 교훈을 얻을 수 있습니다. 하지만 종종 목격하는 바와 같이, 꿈을 근거로 삶의 문제를 결정하고, 꿈에 의해 감정과 행동과 기대감이 온통 좌우될 정도로 지나친 관심을 기울인다면, 그것은 매우 위험한 미신에 해당합니다.

물론, 하나님은 때로 어떤 사람들에게 특별한 방법으로 방향을 암시하거나 용기를 주기도 하십니다. 하지만 대체적으로 말해, 지금까지 언급한 방법들을 통해 하나님의 인도를 구하는 것은 성경에 어긋날 뿐 아니라 스스로를 옭아매는 일입니다. ……내가 관찰한 바에 따르면, 하나님의 계명에 어긋난 행동을 하면서도 그분을 섬기고 있다고 생각하는 사람들이 적지 않습니다. 스스로 현혹되어 결코 이루어지지 않을 일을 자신만만하게 외치는 사람들이 있습니다. 그들은 결국 실망할 수밖에 없습니다. 마귀는 바로 그때를 노려 가장 중요하고 명백한 진리를 의심하게 부추기고, 과거의 경험들이 한갓 망상에 불과했다는 생각을 갖게 만듭니다. 연약한 신자들은 실족하고, 진리는 비난을 받으며, 복음에 대한 반대가 거세지는 불행한 결과가 초래되는 이유가 여기에 있습니다.

그러면, 하나님의 인도를 구하는 올바른 방법은 무엇일까요? 지금까지는 이 문제를 부정적인 측면에서 다루었지만, 이제는 긍정적인 측면에서 몇 가지 대답을 살펴보기로 하겠습니다. 먼저, 하나님은 기도의 응답과 성령의 조명을 통해 신자들을 인도하십니다. 성령의 조명은 성경을 이해하고 사랑하게 만듭니다. 성경을 복권처럼 다루거나, 문맥과 전체적인 취지를 고려하지 않은 채 단편적으로 받아들여서는 안 됩니다. 성경은 우리에게 바른 원리를 제공하고, 우리의 판단과 정서에 올바른 영향을 미침으로써 올바른 행동을 선택하도록 인도합니다. 겸손한 마음으로 성령의 가르침을 구하며 성경을 연구하는 사람들은 자신들의 약점을 깨닫고, 주변의 모든 일을 옳게 헤아릴 줄 아는 지혜를 얻게 됩니다. 그러면 점차 하나님의 뜻에 복종하는 마음이 생겨나고, 인생의 다양한 상황과 관계 속에서 마땅히 해야 할 의무 및 유혹과 함정을 식별할 수 있는 안목이 생깁니다. 그들의 마음에 충만히 거하는 하나님의 말씀이 발길을 비추는 등불이 되어 실족하지 않게 도와주며, 위로와 능력을 줍니다. 성경에 기록된 교리와 계명과 약속과 본보기와 권고를 마음으로 묵상하며, 날마다 말씀을 거울삼아 살아가다 보면, 영적 지혜가 쌓여가고 은혜가 넘쳐나서 음악적인 재능을 지닌 사람이 소리를 척척 구분해 내듯이 옳고 그른 것을 쉽고 확실하게 판단할 수 있게 됩니다. 그런 사람은 실수를 저지를 가능성이 매우 희박합니다. 그 이유는 항상 그리스도의 사랑과 하나님의 영광을 구하려는 욕구가 그들의 마음을 지배하기 때문입니다. 우리의 가장 큰 목표는 바로 하나님의 영광입니다.

특별한 경우, 하나님은 그들의 앞길을 열어 주기도 하시고 가로막기도 하십니다. 다시 말해, 어떤 때는 앞길을 방해하는 장애물을 없애 주기도 하시고, 그릇된 길로 치우칠 위험성이 있으면 가시덤불로 울타리를 세워 앞길을 막기도 하십니다. 한마디로, 하나님은 필요할 때마다 섭리를 베푸십니다(섭리는 하나님의 뜻대로 상황을 다스리는 것을 의미합니다). 그들은 모든 소원이 하나님의 손에 달려 있다는 것을 알고 기꺼이 하나님의 인도를 따릅니다. 하지만 그들은 결코 하나님을 앞지르려 하지 않습니다. 하나님을 신뢰하기 때문에 인내심 없이 조급해하지 않습니다. 그들은 매일 기도하며 하나님의 때를 기다립니다. 특히, 특별한 목적이나 소원이 있는 경우에는 겉으로 드러난 상황에 쉽게 속지 않고, 앞길을 비춰 주는 하나님의 빛을 따라 조심스럽게 발을 내디딥니다. 그들이 아직 이런 단계에 들어서지 않았다 해도, 마음으로는 그렇게 되기를 간절히 원할 것이 틀림없습니다. 원하는 마음이 있기에 그대로 될 것입니다. 비록 신앙생활이 무기력해지고, 자아가 기승을 부리는 때가 있더라도 그들은 대부분 그와 같은 경건한 마음으로 살아갑니다. 그들이 섬기는 하나님은 그들의 기대를 결코 저버리지 않으십니다. 하나님은 그들을 올바른 길로 인도하시고, 수많은 함정에서 보호하시며, 그들을 만족스럽게 하실 것입니다. 하나님은 세상을 떠나는 순간까지 늘 그들을 인도하실 것입니다.[1]

- 『신앙생활에 관한 마흔한 통의 서신』 중 28번째 편지

토·론·과·성·찰·을·위·한·문·제

1. 맺는말의 제목은 "두려움의 극복"이다. 하나님의 인도에 관해 자신이 느끼는 두려움의 정도를 1부터 5까지의 숫자를 이용해 표시하고, 그렇게 생각하는 이유를 설명하라.

2. 저자는 기독교인들이 하나님의 인도를 구할 때 종종 치우치곤 하는 다섯 가지 형태의 미신을 설명했다. 이들 미신 가운데 어느 것에 가장 잘 치우치는 편인가? 어떻게 해야 미신에 치우치지 않도록 조심할 수 있을까?

3. 성경을 전체적으로 조망하면 하나님의 신실하심을 더욱 굳세게 확신할 수 있다. 왜 그런가?

4. "신실하신 하나님" 항목의 마지막 두 단락은 하나님의 인도에 관한 두려움을 극복하는 데 큰 도움이 된다. 왜 그런가?

5. 모든 기도는 궁극적으로 "이름이 거룩히 여김을 받으시오며 나라이 임하옵시고 뜻이 하늘에서 이룬 것같이 땅에서도 이루어지이다"(마 6:9, 10)라는 기도로 귀결되어야 한다. 이 기도를 하나님의 인도를 구하는 기도의 목적으로 삼는다면, 자신의 기도가 어떻게 달라질 것이라고 생각하는가? 또, 그런 기도를 드린다면, 하나님으로부터 어떤 응답을 기대할 수 있을까?

6. 하나님의 인도가 필요한 문제를 하나 생각해 보라. 하나님의 이름이 거룩히 여김을 받으시는 것을 목표로 삼는다면, 어떤 식의 기도를 드릴 수 있을까?

7. "어떻게 해야 우리를 인도하시겠다는 하나님의 약속에 근거해 삶의 문제를 결정하고, 가야 할 길을 향해 올바로 발걸음을 내디딜 수 있을까?"라는 질문에 대한 존 뉴턴의 답변을 통해 어떤 교훈을 배울 수 있는가?

8. 존 뉴턴에게 답장을 보낸다면 무엇을 좀 더 묻고 싶은가?

9. 시편 25편을 한 절씩 조용한 목소리로 읽으면서, 잠시 묵상의 시간을 갖기 바란다. 하나님의 탁월하신 성품을 생각하고, 그 하나님이 우리를 보호하고 인도하신다는 사실에 감사하라.

1장 목자이신 하나님

1) Philip Keller, *A Shepherd Looks at Psalm 23*(Grand Rapids: Zondervan, 1970).
2) Ibid., chapter 10, 114ff.
3) Ibid., 35ff.
4) Ibid., 45ff., 49ff.
5) Ibid., chapter 7, 92ff.
6) Ibid., chapter 8, 92ff.
7) Ibid., 37.
8) Ibid., 100-103.

2장 의의 길

1) Elisabeth Elliott, *A Slow and Certain Light*(Waco: Word, 1973), 46.
2) Ibid., 105.
3) J. A. Motyer, *The Message of Philippians: Jesus Our Joy*(Leicester, UK; Downers Grove, IL.: InterVarsity, 1984), 208.
4) Phillip D. Jensen and Tony Payne, *The Last Word on Guidance*(Homebush West, NSW: Anzea/Sydney, St. Matthias, 1991), 68.
5) Bruce Waltke, *Finding the Will of God: A Pagan Notion?*(Gresham, OR: Vision House, 1995), 67-68.
6) Dallas Willard, *Hearing God*(Downers Grove, IL.: InterVarsity, 1999), 111-12.
7) Waltke, *Finding the Will of God*, 68-69.
8) Elisabeth Elliot, *Through Gates of Splendor*(Wheaton, IL: Tyndale, 1981); idem., *Shadow of the Almighty*(New York: Harper & Row, 1979); idem., *These Strange Ashes*(London: Hodder & Stoughton, 1976); idem., *The Savage My Kinsman*(Ann Arbor: Servant, 1981); idem., *A Slow and Certain Light*. 엘리엇은 또한 자신의 경험을 토대로 다음과 같은 소설을 썼다. *No Graven Image*(New York: Harper & Row and London: Hodder & Stoughton, 1966).
9) Alister McGrath, *To Know and Serve God*(London: Hodder & Stoughton, 1997); idem., *J. I. Packer*(Grand Rapids: Baker, 1997). 아울러, 다음 자료를 참조하라. Christopher Catherwood, *Five Evangelical Leaders*(London: Hodder & Stoughton;

Wheaton, IL: Harold Shaw, 1985).

10) 티드마시는 다섯 명의 선교사가 와오라니(아우카) 부족에 의해 살해된 사건과 밀접한 관계가 있다. 다음 자료를 참고하라. Olive Fleming Liefield, *Unfolding Destinies*(Grand Rapids: Discovery House Publishers, 1998); *The Journals of Jim Elliot*, ed. Elisabeth Elliot(Old Tappan, NJ: Revell, 1978), 174-75, 219, 225, 261, 264, 368-72, 413, 426-27, 451.

11) Willard, *Hearing God*, 180-81.

12) 1950년대, 그 지역의 최초 방문자들은 그들 부족을 "아우카"라고 불렀다. 하지만 나중에 그들과 대화를 나눠 본 결과, 그들이 자신들을 "와오라니"("그 백성"이라는 뜻)로 부른다는 사실을 알게 되었다. "아우카"라는 명칭은 그들을 모욕하는 의미를 담고 있다. 왜냐하면 "야만인"이라는 뜻이기 때문이다. 그 후에 출판된 문헌들은 "와오라니"라는 명칭을 약간씩 변형해서 만든 명칭으로 그들 부족을 지칭하고 있다. 『기독교 역사』(*Christian History*, 2005년 여름호)에 실린 캐서린 롱과 캐롤린 나이스트롬의 글을 참고하라.

13) *The Journals of Jim Elliot*, 15-16.

14) Elliot, *The Savage My Kinsman*. 캐퍼가 쓴 머리글에서 인용했다.

3장 영적으로 건강한 삶

1) John Piper, *Desiring God: Meditations of a Christian Hedonist*, 3rd ed.(1986; Sisters, OR: Multnomah, 2003).

2) Jonathan Edwards, *The Miscellanies, a-500*, ed. Thomas Shafer, *Works of Jonathan Edwards*, XIII(New Haven: Yale University Press, 1994), 495. 이 말은 다음 책에 인용되었다. John Piper, *The Dangerous Duty of Delight*(Sisters, OR: Multnomah, 2001), 19. 또한, 우리는 에드워즈의 다음 논문에서도 이 말을 발견할 수 있다. Jonathan Edwards, *The End for Which God Created the World*(1729). 이 책은 다음 책을 통해 다시 출판되었다. John Piper, *God's Passion for His Glory: Living the Vision of Jonathan Edwards*(Wheaton, IL: Crossway, 1998), 242.

3) Richard Baxter, "A Treatise of Self-Denial," in *Practical Works*(Ligonier, PA: Soli Deo Gloria, 1990), 3.372.

4장 말씀을 통한 인도

1) 다음 자료를 참조하라. J. I. Packer, *"Fundamentalism" and the Word of God*(Grand Rapids: Eerdmans, 1958); idem., *God Has Spoken*, 3rd ed.(Grand Rapids: Baker,

1988); idem., *Truth and Power*(Downers Grove, IL: InterVarsity, 1996), idem., "Theology and Bible Reading" in ed. Elmer Dyck, *The Act of Bible Reading*(Downers Grove, IL: InterVarsity, 1996).

2) 로마 가톨릭 교회는 예수님의 말씀을 결혼의 영속성을 강조하는 뜻으로 이해한다. 하지만 개신교는 예수님이 어떤 이유에서든 이혼은 하나님의 이상에서 벗어난 불행한 결과라는 점에 초점을 두고 강조하신 것이라고 이해한다. 왜냐하면 예수님은 간음을, 바울은 불신을 각각 불가피한 이혼 사유로 인정하고 있기 때문이다(마 19:7-9, 5:32; 고전 7:12-16 참조). 이 문제를 여기서 더 깊이 다루기는 어렵다.

5장 지혜의 길

1) Oswald Chambers, *The Complete Works of Oswald Chambers*(Grand Rapids: Discovery House Publishers, 2000), 1194.

2) Calvin, *Institutes of the Christian Religion*, 3. 10; trans. F. L. Battles(Philadelphia: Westminster, 1960), 719-25.

3) 다음 책에서 인용했다. Hugh Evan Hopkins, *Charles Simeon of Cambridge*(London: Hodder & Stoughton, 1977), 205.

4) 이 점에 대해서는 다른 문헌을 참조하기 바란다. J. I. Packer, "Hot Tub Religion: Toward a Theology of Enjoyment," and "Joy: A Neglected Discipline," in *God's Plans for You*(Wheaton: Crossway, 2001), 47-72, 107-126.

5) Derek Kidner, *Proverbs*(London: Tyndale, 1964), 158.

6장 성숙한 조언

1) Olive Fleming Liefeld, *Unfolding Destinies: the Ongoing Story of the Auca Mission*(Grand Rapids: Discovery House Publishers, 1998), 17.

2) *Our Children: The Church Cares for Children Affected by AIDS*(Nairobi: World Relief; 2003), 45.

3) 라일이 리버풀의 영적 지도자로 명성을 떨치게 된 경위를 더 자세히 알고 싶으면 다음 자료를 참조하라. J. I. Packer, *Faithfulness and Holiness*(Wheaton: Crossway, 2002), 51-59; Ian D. Farley, *J. C. Ryle, First Bishop of Liverpool*(Carlisle, UK: Paternoster, 2000); Eric Russell, *That Man of Granite with the Heart of a Child*(Fearn, UK: Christian Focus, 2001), 133-209.

4) C. S. Lewis, *Mere Christianity*(New York: Simon & Schuster, 1996), 74-75.

9장 환경을 통한 인도

1) Willard, *Hearing God*, 215.

10장 성령님의 인도하심과 보호하심

1) J. I. Packer, *Knowing God's Purpose for Your Life*(Ventura: Regal, 2000), 395ff.
2) Willard, *Hearing God*, 11.
3) Garry Friesen with J. Robin Maxim, *Decision Making and the Will of God: A Biblical Alternative to the Traditional View*, rev. and updated ed.(1980; Portland: Multnomah, 2004).
4) 제임스 소이어의 말로서, 다음 책에서 인용했다. *Who's Afraid of the Holy Spirit?* ed. Daniel B. Wallace and M. James Sawyer(Dallas: Biblical Studies Press, 2005), 264.
5) 마태와 마가는 누가에 비해 성령의 구체적인 인도를 좀 더 강하게 암시한다. 마태는 "아고"의 부정과거형과 "후포"를 결합시킨 합성어의 속격을 이용해 성령의 인격적인 작용을 강조함으로써 "예수께서 성령에게 이끌리어……광야로 가사"(마 4:1)라고 표현했고, 간단명료한 표현을 즐겨 사용하는 마가는 그와 약간 다르면서 의미가 더 강한 용어를 사용하여, "성령이 곧 예수님을 광야로 몰아내신지라"(막 1:12)로 표현했다.

맺는말 : 두려움의 극복

1) 우리가 저술한 책 중 기도를 주제로 다룬 책은 다음과 같다. J. I. Packer and Carolyn Nystrom, *Praying: Finding Our Way through Duty to Delight* (Downers Grove, IL: InterVarsity, 2006).

부록 : 하나님의 인도(존 뉴턴)

1) John Newton, "Of the Lord's promised Guidance," letter 28, *Forty-One Letters on Religious Subjects*, in *The Works of the Rev. John Newton Late Rector of the United Parishes of St. Mary Woolnoth & St. Mary Woolchurch Hall*, vol. 6(1774; New York: Williams & Whiting, 1810), 294-301. 부록에 실은 뉴턴의 편지는 성경구절만 약간 손보아 편집했다.

사명선언문

너희가 흠이 없고 순전하여……세상에서 그들 가운데 빛들로
나타내며 생명의 말씀을 밝혀 _ 빌 2:15-16

1. 생명을 담겠습니다
만드는 책에 주님 주신 생명을 담겠습니다.
그 책으로 복음을 선포하겠습니다.

2. 말씀을 밝히겠습니다
생명의 근본은 말씀입니다.
말씀을 밝혀 성도와 교회의 성장을 돕겠습니다.

3. 빛이 되겠습니다
시대와 영혼의 어두움을 밝혀 주님 앞으로 이끄는
빛이 되는 책을 만들겠습니다.

4. 순전히 행하겠습니다
책을 만들고 전하는 일과 경영하는 일에 부끄러움이 없는
정직함으로 행하겠습니다.

5. 끝까지 전파하겠습니다
모든 사람에게, 땅 끝까지, 주님 오시는 그날까지
복음을 전하는 사명을 다하겠습니다.

서점 안내

광화문점 서울시 종로구 새문안로 69 구세군회관 1층
02)737-2288 / 02)737-4623(F)

강남점 서울시 서초구 신반포로 177 반포쇼핑타운 3동 2층
02)595-1211 / 02)595-3549(F)

구로점 서울시 동작구 시흥대로 602, 3층 302호
02)858-8744 / 02)838-0653(F)

노원점 서울시 노원구 동일로 1366 삼봉빌딩 지하 1층
02)938-7979 / 02)3391-6169(F)

일산점 경기도 고양시 일산서구 중앙로 1391 레이크타운 지하 1층
031)916-8787 / 031)916-8788(F)

의정부점 경기도 의정부시 청사로47번길 12 성산타워 3층
031)845-0600 / 031)852-6930(F)

인터넷서점 www.lifebook.co.kr